나의 사랑하는 딸 은영이를 위해 …

캐나다역사
다이제스트100

12
캐나다역사
다이제스트100

초판 1쇄 펴낸 날 | 2026년 2월 6일

지은이 | 최희일
펴낸이 | 홍정우
펴낸곳 | 도서출판 가람기획

책임편집 | 김다니엘
편집진행 | 김진호, 정채현, 박혜림
디자인 | 이예슬
마케팅 | 방경희

주소 | (03908) 서울시 마포구 월드컵북로 375, DMC이안상암1단지 2303호
전화 | (02)3275-2915~7
팩스 | (02)3275-2918
이메일 | brainstore@publishing.by-works.com
인스타그램 | https://instagram.com/brainstore_publishing

등록 | 2007년 3월 17일(제17-241호)

12
캐나다역사
다이제스트100

CANADA

최희일 지음

가람
기획

머리말

　2001년《캐나다 역사 100장면》초판이 출판될 무렵만 하더라도 서점에서 여행안내 책자 외에는 캐나다의 역사를 소개하는 서적을 찾아볼 수 없었다.

　부산에서 외과 전문의로 의사를 천직으로 삼고 살던 저자는 1991년 캐나다로 이민을 가게 되었다. 맑고 상쾌한 공기, 눈이 부시도록 아름다운 경치, 풍부한 지하자원, 안정된 정치. 풍요로운 사회복지의 나라라지만 아무런 연고도 없이 도착한 캐나다에서 의사란 전문직에 허락된 현실은 냉정했다. 처음 한해는 새로운 환경에 도취되어 시간 가는 줄 모르고 지냈지만, 시간이 갈수록 초조하고 불안했다, 그래서 찾아간 곳이 밴쿠버 커뮤니티 칼리지였고 여기서 캐나다의 역사를 공부할 기회를 가졌다,

　개척과 충돌, 타협과 공존, 원주민과 이민자, 제국과 식민지의 역사가 겹겹이 쌓여 형성된 캐나다의 지난 여정은 식민지와 독립, 전쟁과 분단을 겪고 살아온 저자의 삶과 깊이 맞닿아 있었다. 우리나라 역사는 물론 대부분의 아시아와 유럽 국가들의 오랜 역사에 비해 캐나다 역사는 매우 짧다. 그래서 캐나다 역사는 생동감과 박진감이 넘치고 현장감이 있다. 그들의 역사는 비록 짧지만, 장구한 우리나라 역사에 못지않은 고통과 갈등과 투쟁이 있었으며 그들이 현재 안고 있는 정치적 사회적 갈등도 그들의 역사에 깊게 뿌리를 두고 있다.

　10쇄 출판 후 오랜만에 개정판으로 11쇄 출판을 기획하고 있다는 연락을 받고 반가웠으며 이는 캐나다 역사에 대한 독자 여러분들의 관심과 애정 덕분이라 생각하고 감사드린다. 비록 이번 개정판에 크게 기여하지 못한 점은 매우 아쉽게 생각하나 이 책이 우리나라 최초로 캐나다 역사를 소개한 책이

고 비록 책은 바뀌어도 역사는 영원히 변하지 않는다는 진리 앞에서 그나마 위안을 가진다.

이 책이 학문적으로는 미흡한 점이 있겠지만 캐나다 역사에 관심이 있거나 북미 역사를 전공하는 많은 분들이 앞으로도 꾸준한 관심을 보여주길 기대한다.

2026년 1월
최희일

차례

제1장
미리 와 있던
사람들

CANADA

캐나다 땅을
처음 밟은 사람들

캐나다 땅에 인간이 처음 발을 들여놓은 것은 지금으로부터 약 30,000년
에서 35,000년 전의 일이다.

그 당시에는 지구의 많은 부분이 얼음으로 덮여 있었고, 여름철에도 눈이
녹지 않았으므로, 해가 거듭될수록 겨울철에 쌓인 눈은 두꺼운 얼음층을 형
성해갔다. 그 결과 북극과 남극 지방에 쌓인 얼음의 두께는 무려 3km나 되
었다. 또 북미대륙 중 1,550만km²나 되는 광활한 지역이 얼음으로 덮여 있었
으므로, 캐나다 전역과 미국의 상당한 지역 역시 늘 얼음으로 덮여 있었다고
해도 과언이 아니었다.

바닷물은 수증기가 되어 대기 중에 올라가면 다시 눈이 되어 육지에 쌓였
고, 눈은 얼음이 되어 대륙에 갇히게 되니, 바닷물은 줄어들었고 해수면 또한
자연히 낮아졌다. 이 때문에 당시 시베리아와 알래스카 사이에 있는 지금의
베링 해협은 빙판과 육지로 서로 연결되어 있었다. 연결된 부분의 폭은 수
백km나 되었고, 아시아에서 수렵생활을 하던 고대인들은 이곳을 통해 들소
떼와 순록떼 등을 쫓아 2만 년 동안 아시아와 북미대륙을 왕래했다.

그 당시 캐나다 땅에 온 아시아인들은 오래 머물지 않고 고향으로 돌아가

눈과 얼음으로 덮인 북서해안 지방.

곧 했으나, 나중에는 대륙을 덮었던 두꺼운 얼음이 녹기 시작하여 해수면이 점점 높아졌으므로 배와 항해술 없이는 돌아갈 수 없게 되었다.

아시아로 다시 돌아가지 못한 수렵인들은 그 당시 매켄지 강을 끼고 대평원으로 통하는 광활한 통로가 있는 것을 발견하고 그곳을 따라 남으로 남으로 내려갔다. 그들 중 일부는 지금의 남가주에 도착했고, 세월이 흘러 멀리 남미대륙에까지도 가게 되었다.

오늘날 우리가 '인디언Indian'이라고 부르는 북미대륙의 원주민들은 그 당시 아시아로 돌아가지 못한 수렵인들의 후예다. 그들은 모호크Mohawk · 휴런Huron · 해이다Haida · 믹맥Micmac · 이누이트Inuit 등과 같은 고유한 부족 명칭들을 갖고, 부족마다 각각 다른 언어와 복장, 종교와 풍습을 이어가면서 북미에서 살고 있었다.

이들 중 캐나다에 살고 있던 원주민들은 지역과 풍토에 따라 서로 다른 생활풍습을 가지게 되었는데, 캐나다의 풍토는 대략 북서해안 · 고원 · 평원 · 북극 · 아북극, 그리고 동부 삼림 지방 등 대략 6개 지역으로 나눌 수 있다.

북서해안·고원 지방 원주민

북서해안 지방 원주민

그때도 지금과 같이 북태평양 연안에는 높은 산이 많았고 평야가 적었다. 태평양에서 서풍을 타고 온 구름은 높은 산마루에 걸려 이 지방에 많은 비와 눈을 내리게 했다. 비가 자주 내렸기 때문에 삼나무·전나무·가문비나무 등으로 울창한 숲이 이루어졌고, 비와 눈이 녹은 물은 골짜기를 따라 개천과 강을 이루었으며, 그 속에는 많은 연어가 살게 되었다. 또 숲 속에는 사슴· 무스·곰·산양 등의 짐승들이 많이 살고 있었으며, 해안에는 독수리를 포함한 많은 새들이 서식하고 있었다.

이 지방에서 주로 살던 해이다Haida·누트카Nootka·치누크Chinook 등과 같은 부족들은 연어가 지나다니는 길목을 찾아 해안이나 강가에 마을을 이루고 살았다.

전형적인 부족마을에는 수십 채의 크고 작은 집들이 모여 있었으며, 가옥은 우람한 삼나무 목재로 지었고, 가옥 앞면을 조각과 그림으로 장식했다. 제일 큰 집에서는 여러 친척들이 모여 전쟁터에서 잡아온 노예들을 거느리고 살았으며, 많게는 50명 내지 60명이 한 지붕 밑에 살았다. 집안 중앙에는 불

을 피워 집안을 따뜻하게 했으며, 그 불에 음식도 익혔다. 여름철에 잡은 연어는 훈제를 하든지 말려서 삼나무로 만든 상자에 차곡차곡 넣어두고 겨우내 먹었다.

집집마다 우두머리가 있었고, 마을마다 재산이 많거나 혹은 전쟁에서 승리한 자가 추장이 되었다. 축제와 같은 특별한 행사 때나 이웃 마을과 전쟁을 치를 때는 온 마을 사람들이 모였고, 특히 결혼식이나 장례식, 추장 추대식 또는 전쟁에서의 승리를 축하할 때는 그 마을 사람들뿐만 아니라 멀리 이웃마을 사람들까지 모두 모였다.

그들은 큰 행사를 '포트라치 Potlatch'라고 했는데, 이때는 춤과 노래, 연설과 향응을 즐기면서 종교의식까지 곁들였다. 참석한 모든 손님들에게 모피·담요·카누 같은 값진 선물을 주었는데, 선물이 클수록 큰 포트라치로 간주되었다. 특히 북서해안 지방의 부족들은 문자가 없었기 때문에 중요한 일이 있을 때마다 큰 포트라치를 열어 그 당시 있었던 일들을 후손들에게 구전으로 전했다.

또 그들 생활에서 빼놓을 수 없었던 것은 삼나무였다. 삼나무는 곧고 잘 쪼개져서 널빤지를 만들거나 조각하기 쉬웠을 뿐 아니라 그 속껍질은 질기고 부드러워 긴 섬유를 만들 수 있었다. 원주민들은 이 삼나무로 집은 물론이고 카누·상자·그릇 등 온갖 것들을 만들어냈으며, 속껍질에서 나온 섬유로는 아기요람·옷·밧줄·그물 등을 만들었다.

또 먹을 것이 풍부하여 생활이 윤택했으며, 한가로운 시간이 많았던 그들은 조각과 그림에도 재능이 있었다. 그들이 만든 삼나무 상자는 뜨거운 증기를 쏘여 구부리고 연결 부위는 송진을 칠해 물이 새지 않게 했기 때문에 냄비로도 이용했다. 요리할 때는 생선과 물을 먼저 상자에 넣고 뜨겁게 달군 돌을 집어넣어 생선 등을 익혔다.

이들은 연어 외에도 광어 · 청어 · 게 · 조개 등을 잡았고, 굴과 해초 등도 땄다. 그뿐만 아니라 물개와 바다수달과 같은 것들도 작살을 이용해 잡았으며, 밴쿠버 섬에 살던 누트카 족은 고래 사냥도 했다.

그들은 인간을 포함한 이 세상에 존재하는 모든 만물은 신이 창조했으며, 신은 무소부재하여 어디든지 존재한다고 믿었다. 그들은 삼나무로 만든 가면을 쓰고 방울을 흔들며 신에게 제사를 지냈고, 소위 '토템폴Totem Pole'이라고 부르는, 아름드리 삼나무로 만든 거대한 장승에 신이 창조한 여러 가지 짐승들을 조각했다. 이 토템폴은 주로 포트라치 때 만들어졌고, 어떤 사건을 기리기 위한 기념비로서 혹은 혈통이나 계급을 나타내는 표시로서 마을 어귀에 높이 세웠다.

고원 지방 원주민

고원 지방은 태평양 연안에 있는 산맥과 로키 산맥 사이에 놓인 평활한 고지대를 말하며, 오늘날 브리티시 컬럼비아 주의 중부에서 남쪽으로 미국의 워싱턴 주와 오리건 주까지, 동쪽으로는 몬태나 주와 아이다호 주까지 펼쳐 있는 지역을 가리킨다.

이 지방은 북서해안 지방과 달리 비와 눈이 적게 내리며, 기온도 해안 지방에 비해 겨울에는 좀 더 춥고 여름에는 덥다. 수목으로는 대부분 소나무와 낙엽송이 주종을 이루며, 큰 강이 흐르는 산비탈을 따라 숲이 우거졌다. 강에서 멀리 떨어진 곳은 땅이 메말라 수목이 잘 자라지 못한다.

이 고원 지대에는 크고 작은 강이 많은데, 그중 대표적인 강은 톰슨 강 · 프레이저 강 · 컬럼비아 강이며, 이 강들은 모두 태평양으로 흘러들어간다. 이들 강줄기를 따라 산란을 앞둔 연어떼가 태평양 연안에서 고향을 찾아 수백km나 되는 이곳까지 거슬러올라온다.

　연어는 북서 해안족들과 마찬가지로 고원족에게도 중요한 식량이었다. 그
래서 그들도 역시 연어가 산란하는 강가에 마을을 이루었다. 연어가 강물을
거슬러올라가면서 한 번씩 물 밖으로 튀어오를 때, 그들은 작살 대신 긴 손
잡이가 달린 뜰채로 잽싸게 떠담는 방법으로 연어를 잡았다.

　또 숲 속에는 사슴과 같은 여러 가지 짐승들이 많았는데, 이 지방 원주민
들의 사슴 잡는 방법은 특이했다. 그들은 개를 이용하여 사슴을 물가로 몰아
넣고, 카누를 타고 쫓아가 활을 쏘아 잡았다. 그 외에도 이곳 원주민들은 산
딸기와 수초와 여러 가지 식물의 뿌리들을 캐먹으며 살았다.

　고원족들은 겨울철에는 움막에서, 여름철에는 원뿔 모양의 천막에서 지냈
다. 겨울철에 움막은 여자들이 지었다. 우선 땅을 넓고 움푹하게 판 다음 그
위에 서까래를 걸치고 나무 작대기를 엮은 후 흙을 덮어 지붕을 이었다. 가
장 큰 움막은 무려 30명까지도 수용할 수 있었다고 한다. 움막 한가운데 불
을 피워 추위를 면했으며, 그 불로 요리도 했다. 땅바닥에 짐승의 털가죽을
깔아 냉기를 막기도 했다. 천장에 그물침대를 매달고 잠을 잤으며, 음식물들
도 광주리에 담아 천장에 매달았다.

　여름철에는 고기와 산딸기 등 먹을 것을 구하기 위해 자주 이동을 해야 했
으므로 천막이 편리했다. 천막은 곧고 긴 소나무 막대기를 여러 개 세우고
동물가죽이나 모포를 둘러씌웠는데, 오늘날 서부영화에서 자주 볼 수 있는
인디언의 원뿔형 천막이 바로 그것이다.

그들이 강이나 호수에서 타고 다니던 카누는 통나무 속을 파내어 만든 것으로, 이 고장 나무들이 북서해안 지방의 삼나무보다 작았으므로 카누 역시 북서 지방의 것에 비해 작았다. 그들은 또 부들과 갈대로 바구니를 짰는데, 대단히 정교하여 물이 새지 않았기 때문에 북서해안족의 삼나무 상자와 같은 방식으로 음식을 익혀 먹는 데 이용되었다. 북서해안 지방 원주민들은 삼나무 섬유로 옷을 지어 입었으나, 이곳 고원 지방 원주민들은 사슴가죽으로 옷을 만들어 입었다.

평원·동부삼림 지방 원주민

평원 지방 원주민

북미대륙의 대평원은 남부 앨버타와 서스캐처원과 매니토바에서 남쪽으로는 멀리 뉴멕시코와 텍사스까지 펼쳐진 광활한 지역을 가리킨다. 한때 이곳 대평원에는 소수의 석기인들이 살면서 들소 사냥을 했으나, 12세기에 들어서 모두 떠나고 들소들만 남아 아무도 들소를 해치지 않았으므로, 대평원의 광활한 초원에는 수백만 마리로 번식한 들소들이 큰 무리를 지어 다녔다.

이곳에 사람들이 다시 찾아온 것은 13세기 말이었다. 동부 삼림 지방에서 살던 인디언들이 지금의 매니토바와 서스캐처원으로 이동해왔고, 북부에 살던 키오와 아파치족Kiowa-Apache, 아파치족Apache, 나바호족Navaho 등이 매켄지 강 유역을 떠나 남쪽으로 이동하여 멕시코 근방까지 내려왔다.

그들 중 기름진 땅을 찾은 포니족Pawnee과 만단족Mandan들은 한 곳에 정착하여 옥수수·호박·해바라기·콩 농사를 지으면서 고원 지방 부족들처럼 움막에서 생활했다. 그들의 식량은 초기에는 야생 쌀과 산딸기와 풀뿌리 같은 것이었고, 때로는 들소 사냥도 했으나 그 당시는 말이 없어 도보로 짐승을 쫓아다녔기 때문에 빨리 달리는 들소를 잡기는 매우 힘들었다. 들소 사

들소 사냥.

냥은 매년 두 번씩 봄철과 가을철에 했고, 특히 가을 사냥에서는 겨울용 옷
감으로 쓸 수 있는 두꺼운 모피를 구할 수 있었다.

들소를 사냥하는 방법에는 여러 가지가 있었는데, 무리에서 홀로 떨어진
들소에게 접근하여 활을 쏘아 잡는 방법과, 덫을 쳐놓은 우리나 막다른 골짜
기에 들소를 몰아넣어 잡는 것이 일반적이었다. 또 초원에 불을 질러 놀란
들소떼가 정신없이 달리다 높은 낭떠러지에서 떨어져 떼죽음을 당하게 하는
소위 '버팔로 점프Buffalo Jumps'라는 방법도 있었다. 이렇게 힘들여 잡은 들소
고기였건만, 길이 멀고 운반이 어려워 정작 집으로 많이 가져가지는 못했다.
이곳에 살던 평원족들은 그 후 스페인 사람들이 처음으로 북미대륙에 말을
들여오기까지 약 300년 동안 이와 같은 방법으로 들소를 사냥하면서 살아야
했다.

스페인 사람들이 지금의 멕시코와 뉴멕시코 지방에 도착한 후 원주민들도
드디어 말을 구할 수 있었고, 1750년에 들어와서는 멀리 평원 지방의 북쪽
끝까지 말이 보급되었다.

말은 평원족들의 생활에 획기적인 변화를 가져왔다. 원주민들은 말을 타
고 도망치는 들소떼들을 수km씩 따라가 잡을 수 있었고, 말 뒤에 두 개의 긴
작대기를 매어 그 위에 많은 사냥감을 싣고 집까지 운반할 수도 있었다. 매

년 봄철에는 들소떼가 지금의 캐나다 지역으로 이동해왔고, 겨울을 나기 위해서는 또다시 남쪽으로 이동했기 때문에 수족Sioux이나 블랙푸트족Blackfoot과 같은 평원족들은 들소떼가 이동할 때마다 그 뒤를 따라다녔다. 이리하여 농사를 짓는 원주민들도 들소 사냥철에는 모두 들소 사냥에 나섰다.

유럽인이 들여온 것은 말뿐이 아니었다. 유럽인들은 동부 삼림 지방 원주민들에게 총을 가져다주었고, 그들은 곧 평원 지방 원주민들과 총 거래를 시작했다.

총이 이곳 인디언들의 손에 쥐어지자 손쉽게 들소들을 잡을 수 있었고, 부족들간에 총기를 이용한 싸움이 벌어져 많은 사상자들을 내게 되었다. 특히 18세기와 19세기에는 말을 훔치기 위해 서로 상대방 부족을 습격했으므로 부족들 간의 싸움은 더욱 빈번하게 일어났다. 그러나 원주민들과 유럽인들의 남획으로 들소들이 멸종되자, 말을 타고 총을 쏘며 들소를 잡던 원주민들의 생활방식도 200년을 채 넘기지 못하고 끝났다.

당시 들소는 원주민들에게 하나도 버릴 게 없는 귀중한 존재였다. 그들의 주식이었던 고기는 햇볕이나 불에 말리면 오래 보관할 수 있었다. 특히 가을철의 두터운 털가죽은 추운 초원에서 겨울을 나는 원주민들에게 따뜻한 옷과 이불과 천막을 제공했고, 수컷의 목덜미 가죽은 방패를 만드는 데 이용되었으며, 힘줄은 활줄 등을 만드는 데 이용되었다. 심지어 그 가죽으로 배를 만들고, 뼈와 뿔로는 여러 가지 도구와 기구들을 만들어 사용했다. 그들은 언제나 들소떼를 따라 천막을 치고 살았으며, 이동할 때는 천막을 접고 천막의 기둥으로 쓰던 긴 작대기 두 개를 말 뒤에 묶어 그 위에 세간을 싣고 말과 개들과 함께 긴 행렬을 지어 초원을 이동했다. 당시 북미대륙의 원주민들은 수레바퀴의 개념이 없었으므로 수레 대신 긴 작대기를 말 뒤에 묶어 그 위에 짐을 싣고 끌고 다녔던 것이다.

동부 삼림 지방 원주민

동부 삼림 지방은 서쪽으로는 미시시피 강에서 시작하여 동쪽으로는 대서양 연안까지를 말하며, 이 지역의 구릉지와 계곡에는 단풍나무 · 자작나무 ·

느릅나무 숲이 무성하고, 수천 개의 크고 작은 호수와 강이 있다.

여름은 덥고 겨울은 추운데, 북쪽으로 갈수록 더욱 춥다. 10월부터 3월까지 눈이 내리기 때문에 농사철은 매우 짧은 편이다. 그러나 오대호와 세인트 로렌스 강과 오하이오 강 유역에 주로 살던 원주민들은 옥수수·콩·호박을 키웠으며 담배와 해바라기도 지배했다. 그들은 한 곳에 오래 머물렀으며, 캐나다에서 최초로 농경생활을 한 부족들이었다.

또 이 지방의 원주민 부족들은 서로 같은 생활관습을 가지고 유사한 언어를 사용하면서 살았다. 그들은 사방을 경계할 수 있도록 호숫가의 언덕 위에 마을을 세우고, 적의 공격을 막기 위해 마을 주위에 통나무를 겹겹이 세워 높이 5m 이상 되는 성벽과 같은 울타리를 쳤다. 그 안에 장방형의 긴 집들을 20채 또는 30채씩 짓고 살았다. 긴 집의 길이는 약 20m였고, 폭은 6m로 중앙에 길게 복도가 있고, 양쪽에 칸을 막아 한 세대에 2칸씩 배당하여 큰 칸은 잠자는 방으로 쓰고 작은 칸은 창고로 사용하도록 했다. 복도 중간에는 마주보는 두 세대 사이에 불을 하나씩 피워 음식도 하고 추위도 막았으며, 한 지붕 밑에는 8세대에서 때로는 24세대까지 함께 살았다.

농사는 여자들이 지었으며, 숲에 불을 질러 농토를 일구고 15년이 지나면 땅기운이 떨어져 다른 곳으로 옮겨가는 화전민과 같은 생활이 반복되었다. 농기구는 돌로 만든 것들뿐이어서 농사가 매우 힘들었지만, 남자들은 추수 때와 같이 바쁜 철만 농사를 도와주었다. 대부분의 남자들은 농사를 하는 것을 수치스럽게 여겼으며, 주로 이웃부족이나 멀리 아북극 주민들에게 옥수수나 담배 등을 가져가서 모피나 자작나무 껍질로 만든 카누 등 필요한 물건들과 바꾸어오는 일을 맡았다. 또 이웃 부족들과 전쟁을 하고 무기를 만들거나 전투훈련을 하는 것도 남정네들이 하는 일이었다. 특히 여름철인 6월에서 9월까지 물물교환이나 전쟁을 하기 위해 남자들이 집을 떠나면 늙은이와 아녀자들만 남아 있기 때문에, 이때 마을을 서로 공격하여 불을 지르고 죽이고 포로로 잡아가 노예로 삼기도 했다.

농한기에는 시간이 남아 여러 가지 축제와 종교의식, 재미있는 경기가 치러졌는데, 그물이 달린 라켓으로 하는 하키 경기와 비슷한 라크로스는 이들

동부 삼림 지방 마을.

이 고안한 가장 인기 있는 경기로, 수백 명의 선수와 여러 부족이 참가한 가운데 경기가 개최되었다.

동부 삼림 지방 원주민 중에 가장 강력하고 공격적인 부족은 이로쿼이족Iroquois이었으며, 그들은 16세기와 17세기에 테러 집단으로 악명이 높았다. 이로쿼이족은 원래 모호크족Mohawk, 오나이다족Oneida, 어넌다가족Onondaga, 세네카족Seneca, 카유가족Cayuga 등 5개 부족국가가 동맹을 맺은 인디언 부족동맹이었는데, 영국 이주민들이 들어와 이들 원주민들을 쫓아내자 투스카로라족Tuscarora까지 동맹에 참여하여 6개 부족국가 동맹체가 되었다.

이로쿼이 동맹Iroquois Confederacy은 각 부족의 지도자격인 추장들이 모여 만든 협의회를 통해 다스려졌다. 전쟁에 대한 결정을 할 때는 언제든지 어넌다가족 마을에 모여 회의를 했는데, 이때 모이는 추장의 수는 50명이나 되었다. 그들은 1년에 불과 며칠간만 모여 회의를 열었으나, 비상시 협의회를 열기 위해 각 추장들에게 연락을 하려면 지역이 워낙 넓어 몇 주일씩 걸렸다.

이곳 추장들은 여성들에 의해 선출되었다. 그 당시 이로쿼이족에서는 나이 많은 여성이 가정과 가문을 다스렸으며, 새 추장을 임명할 때는 가장 높은 여성이 다른 여자들의 의견을 충분히 물어보고 결정했다.

또 이로쿼이족의 가족제도는 모계중심으로서 자손의 성씨와 집안의 전통은 모친 쪽을 이어받았고, 자녀의 혼사도 전적으로 양가의 아내들이 모여 결정했으며, 이때 남편들은 관여하지 못했다. 그럼에도 불구하고 이로쿼이족 남자들은 평소 여성들과 여성들이 하는 일을 천하게 여겼다.

아북극·북극 지방 원주민

아북극 지방 원주민

태평양 연안의 브리티시 컬럼비아에서 대서양 연안 지방까지 캐나다 국토의 절반 이상을 차지하는 아북극Subarctic 지방은 소나무 · 자작나무 · 단풍나무들로 울창한 숲을 이루고 있었으며, 무스 · 사슴 · 순록 · 비버 · 토끼 · 사향쥐 등 여러 짐승들이 많이 살고 있었다.

이곳의 겨울은 길고 몹시 추우며 눈이 많이 내리고, 여름은 덥고 건조하다. 짐승들은 계절을 따라 봄에는 북쪽으로 이동하고 겨울철에는 남쪽으로 내려온다. 또 이곳에는 호수와 강이 많고, 특히 가을철에는 많은 물고기들이 산란을 위해 강을 따라 이곳으로 올라온다. 그래서 이곳에 사는 원주민들은 한곳에 오래 머물지 못하고 사냥감과 물고기를 따라 유목민처럼 항상 이동을 하며 살아야 했다.

그들은 운반할 때 편리하도록 집과 가재도구들을 가벼운 것으로 만들었다. 또 겨울철에는 눈에 빠지지 않기 위해 자작나무 가지로 만든 눈신을 신고 눈썰매를 이용했으며, 여름철에는 자작나무 껍질로 만든 카누를 타고 호수와 강물을 따라 이동했다. 모든 물건은 이동하기에 쉽고 가벼워야 했으므

로 자작나무와 같은 나무껍질로 집도 짓고 카누도 만들었다. 뿐만 아니라 요리하는 데 필요한 그릇과 음식을 보관하는 광주리도 자작나무 껍질로 만들었다. 특히 자작나무 껍질로 만든 카누는 가벼워서 육로를 통해 이 호수에서 저 호수로 옮길 때는 어깨에 메고 다녔다.

아북극 지방은 지역이 방대하고 여러 원주민들이 살았으므로 그들의 생활관습은 인접 지방의 것들에서 영향을 받는 경우가 많았다. 예를 들어 서부 아북극 지방의 원주민들은 고원족과 북서해안족의 생활관습을 많이 받아들였다.

가장 수가 많았던 부족은 오지브와족Ojibwa으로, 유럽인이 오기 전까지 단일민족으로는 캐나다에서 가장 큰 규모였으며, 한때 허드슨 만과 오대호 사이에 무려 2만 명이나 거주했을 정도였다. 그들은 300명 내지 400명 단위로 집단을 이루어 할당된 지역에서 사냥을 하면서 살았는데, 겨울철에는 눈신을 신고 주로 무스와 같은 큰 짐승을 잡으러 다녔다. 그리고 여름철에는 사향쥐와 비버와 같은 작은 짐승을 사냥했으며 산딸기를 따기도 했다. 가을철에는 야생 쌀을 수확하거나 산란하기 위해 강으로 올라오는 연어를 작살로 잡았으며, 봄철에는 단풍나무에서 단맛이 나는 시럽을 채취했다.

남쪽에 살았던 일부 오지브와족은 휴런족Huron으로부터 농사짓는 법을 배워, 옥수수와 콩 농사를 하면서 사냥과 고기잡이를 병행했다. 오지브와족은 노란색을 띠는 사슴가죽으로 의복을 만들어 입었다. 사냥터에서 잡아온 사슴·무스·순록은 그들에게 귀중한 식량이었으며, 그 가죽은 여인들의 손에 의해 옷과 장갑과 신발 등으로 만들어졌다.

오지브와족은 축제를 많이 열기로도 유명했는데, 풍성한 사냥이나 야생 쌀 수확과 단풍 시럽 채취 후에는 춤을 추며 잔치를 벌였다. 또 남자들은 오늘날 '라크로스Lacrosse'라고 불리는, 그물이 달린 라켓을 사용하는 하키와 비슷한 경기를 했고, 여자들도 그들 고유의 공놀이를 했다.

그들은 세상이 강력한 혼으로 가득 차 있다고 믿었고, 특히 무당들에게는 특별한 능력이 있다고 믿었다. 또 사냥꾼들은 풀뿌리와 생약과 깃털을 넣어 만든 주머니를 차고 다니면 악령과 질병으로부터 보호받을 수 있다고 믿었다.

아북극 지방의 부족들 중에 뉴펀들랜드에 살았던 베어툭족Beothuk은 1,000명 미만의 소수 부족으로 붉은 물감을 몸에 바르고 다녔기 때문에, 이곳에 처음 도착한 유럽인들은 그들을 '레드 인디언Red Indian'이라고 불렀다. 그들은 자작나무 껍질로 만든 천막과 카누로 유랑생활을 하는 매우 순진한 부족들로, 그들의 도구 또한 원시적이었다.

베어툭족은 뉴펀들랜드에 유럽으로부터 어부들이 도착한 후 어부들의 물건을 도둑질하고 다녔기 때문에, 화가 난 유럽인들은 베어툭족을 보는 족족 총을 쏴 죽였다. 유럽인들은 심지어 스포츠 삼아 레드 인디언들을 사냥하기도 했으며, 프랑스인들이 베어툭족을 한 명 죽이는 데 얼마씩 현상금까지 걸자, 당시 프랑스인들과 동맹을 맺어 총을 손에 넣게 된 믹맥족Micmac까지도 덩달아 무기라곤 활밖에 없는 무방비 상태의 베어툭족들을 사냥하러 나섰다.

유럽인들이 결핵과 같은 새로운 질병을 이곳에 퍼뜨리자 이들 질병에 면역이 되어 있지 않았던 베어툭족들은 점차 병이 들어 죽어갔으며, 19세기 초에는 겨우 몇 명만 살아남았다. 그 남은 몇몇 원주민들마저 유럽인들을 피해 도망다니면서 공포 속에서 살다가 끝내 지구상에서 멸종하고 말았다. 마지막 베어툭족으로 알려졌던 사나디트트Shanadithit라는 여인은 백인 가정의 하녀로 있다가 1829년 결핵에 걸려 죽었고, 이로써 베어툭족은 이 지구상에서 영원히 사라지고 말았다.

북극 지방 원주민

캐나다의 북단에 위치한 북극은 대부분 나무가 자라지 않는 평활한 지대로 '툰드라Tundra'라고 부른다. 이곳은 수많은 섬들과 북극해로 이루어졌으며, 눈과 얼음으로 덮인 매우 추운 곳으로 1년 중 9개월 이상 눈이 내린다. 어떤 곳은 일 년 내내 땅이 꽁꽁 얼어 있어 만년동토인 곳도 있다.

이곳에 사는 원주민들을 흔히 '에스키모Eskimo'라고 부르는데, 이는 '날고기를 먹는 사람들'이란 뜻이다. 그러나 그들의 언어로 그들을 '이누이트Inuit'라고 부르는 것이 올바른 호칭이며, 이는 '인민'이라는 뜻을 가지고 있다.

이누이트족은 북미에 마지막으로 도착한 아시아인이며 시베리아에는 아직도 이누이트족이 살고 있다. 그들은 지금으로부터 약 2000년 전에 북극의 서쪽 끝에 도착했고, 차츰 동쪽으로 이동하여 그린란드까지 왔으며, 일찍 도착한 부족들은 남쪽으로 내려가 아북극 지방에까지 도달했다. 그들은 긴 겨울 동안 마을에 머물면서 사냥을 하고 고래와 물고기를 잡아먹었으며, 여름철에는 마을을 떠나 순록떼를 쫓아다녔다.

이누이트족이 사는 집은 '이글루Igloo'라고 부르는데, 이것은 눈집뿐만 아니라 이누이트족이 사는 모든 형태의 집을 총칭하여 일컫는 말이다. 돔형의 눈집은 겨울 사냥터에서 임시로 기거하는 대피소와 같은 것으로, 한 시간 안에 완성할 수 있는 사냥 거점이다. 실제로 그들의 겨울 집은 만년동토의 얼음 바닥을 파고 고래뼈와 나무를 얼기설기 가로지른 다음 그 위에 뗏장과 짐승가죽으로 지붕을 이은 움막과 비슷한 집이었으며, 여름철에는 사냥터를 옮겨다녀야 했으므로 짐승가죽으로 천막을 치고 생활했다.

이누이트족은 육지에서는 활을 사용해서 순록 등을 사냥했고, 바다에서는 가죽 보트를 타고 다니며 작살을 사용하여 물개와 고래 등을 사냥했다. 여름철에 사냥한 고기는 얼음 속에 묻어놓고 겨우내 먹었으며, 산딸기는 물개 기름 속에 재워 오래도록 보관했다. 또 사냥한 순록의 위 속에 들어 있는 이끼

류를 먹음으로써 채소가 없는 이곳에서도 비타민 C를 충분하게 공급받을 수 있었다.

이누이트족은 에스키모라 하여 모든 음식을 날것으로 먹는 것은 아니고, 때로는 고기를 물개 기름 램프나 돌로 된 화덕을 이용해 익혀 먹었다. 따뜻한 옷은 동토에서 사는 그들에게 매우 중요한 필수품이었다. 그들의 옷은 두 겹으로 되어 있으며, 속겹은 모피를 뒤집어 털이 안쪽으로 향하게 하고 겉겹은 털이 바깥쪽으로 향하게 만들었다. 옷들은 크고 넉넉하게 만들었으나 목과 손목과 발목 부분은 보온을 위해 좁게 조여주었다.

이누이트족 역시 공예에 뛰어나서 나무와 동물뼈로 정교한 도구와 무기들을 만들었다. 그들은 교통수단으로 물 위에서는 짐승가죽으로 만든 배를 탔고 눈 위에서는 개들이 끄는 썰매를 만들어 탔다.

삶의 터전을 잃은
원주민

처음 유럽인들이 북미에 도착했을 때 캐나다의 원주민들은 수많은 부족으로 나뉘어 있었고, 유럽인들과 만나면서 원주민들의 생활에는 많은 변화가 왔다. 평원족과 같은 부족들은 유럽인들로부터 총과 말을 구하여 한때 번성을 누렸으나, 아북극 지방의 베어툭족과 같은 부족은 멸종하여 이 지구상에서 영원히 사라졌다. 원주민들은 그들이 어느 지방 어느 지역에 사는가에 따라 유럽인들로부터 받은 영향의 정도가 달랐으며, 북극 지방의 이누이트족이 가장 늦게 유럽인들의 영향을 받았다.

한편 유럽인들도 원주민들에게서 많은 영향을 받았다. 캐나다 초기 탐험과 정착사업, 모피 교역, 영·불 간의 전쟁, 미국혁명, 북서반란 등 캐나다 역사에서 원주민들이 관여하지 않은 것이 없었을 뿐더러 큰 몫을 했다고 해도 지나친 말이 아니다.

처음 캐나다에 정착한 유럽인들은 원주민들로부터 많은 것을 배워야 했고, 그들의 도움 없이는 아마 캐나다에서 살아남지 못했을 것이다. 휴런족은 프랑스인들에게 비타민 C가 들어 있는 가문비 나뭇잎으로 음료수를 만들어 괴혈병을 예방하는 방법 외에도 여러 가지 약초들을 이용하는 방법을 가르쳐주었다.

원주민들은 또 낯선 곳을 찾아온 정착민들에게 가벼운 카누를 만드는 법, 눈신과 눈썰매를 만드는 법, 짐승을 추적하는 법, 덫을 놓은 법 등을 알려주었다. 그리고 유럽 사람들이 처음 보는 옥수수·콩·호박·담배 등을 재배하는 법도 가르쳐주었다. 그뿐만 아니라 원주민들은 초기 탐험가들과 카누를 함께 타고 그들을 안내하여 캐나다 방벽을 건너고 대평원을 지나 로키 산맥 너머까지 유럽인들을 안내했다. 오늘날 캐나다 내의 많은 고속도로와 철도들도 그 옛날 원주민들이 안내해준 오솔길을 따라 건설되었다 해도 과언이 아니다.

원주민들은 유럽인들로부터 총과 칼 등 여러 가지 물건들을 받았다. 유럽인들이 가져온 것 중 가장 심각한 문제를 일으킨 것은 질병이었다. 원주민들에게 면역이 되어 있지 않은 천연두나 결핵 등과 같은 전염병이 들어와 부족 마을을 휩쓸면서 삽시간에 많은 원주민들의 목숨을 앗아갔다.

또 유럽인들은 원주민들에게 브랜디와 같은 여러 가지 술을 주었고, 술을 마셔보지 못했던 원주민들은 술로 인해 비싼 대가를 치러야 했다. 그뿐만 아니라 유럽에서 온 정착민들이 증가함에 따라 원주민들은 그들이 대대로 생활하던 사냥터와 농토를 잃었고, 소위 보호구역이라고 하는 좁고 척박한 땅에 갇혀 살아야 했으며, 19세기 말경에는 캐나다 내 원주민 수가 급격히 줄어들었다.

그러나 현재 캐나다 원주민들은 그 수가 다시 불어나고 있으며, 그들은 그동안의 억압 속에서도 그들의 문화를 지금까지 꿋꿋이 지키며 살아왔다. 오늘날 캐나다 원주민들이 가장 절실하게 원하는 것은 과거 캐나다 정부가 약속한 그들의 땅을 돌려받는 것과 인권과 평등의 기회를 쟁취하는 것이다.

제2장
신대륙 발견

CANADA

유럽 탐험가들의 탐사

캐나다 땅의 첫 유럽인

캐나다 땅에 처음 와본 유럽인은 바이킹Viking들이었다.

그 당시 스칸디나비아는 농사지을 땅이 부족하고 바이킹들의 횡포가 심하기는 했지만 8세기까지는 그런 대로 살 만한 곳이었다. 그러나 인구가 점점 불어나자 더 넓은 땅이 필요하게 되었고, 영국과 북유럽을 휩쓸고 다니며 약탈을 일삼던 바이킹들도 새로운 약탈지를 찾아나서야 했다. 그들은 서쪽으로 항해하던 중 우연히 지금의 아이슬란드에 도착하여 그곳에 정착하게 되었다. 그들 중 에릭Eric이라는 한 바이킹이 서기 982년에 이웃사람 3명을 살해한 죄로 아이슬란드에서 추방되었으며, 그는 몇몇 동료 및 가족들과 함께 살 곳을 찾아 서쪽으로 항해하던 중 지금의 그린란드에 도착하여 그곳에 정착하게 되었다.

그로부터 4년 후인 서기 986년에는 비야르니Bjarni라는 바이킹이 아이슬란드를 떠나 서쪽으로 항해하던 중 폭풍을 만나 표류했는데, 돌아가는 길에 선상에서 지금의 뉴펀들랜드로 짐작되는 육지를 보았다. 그가 바로 멀리서나마 북미대륙을 처음 본 유럽인이 되는 셈이다.

서기 1000년에는 에릭의 아들 레이프Leif가 그린란드를 떠나 서쪽으로 항해하던 중 지금의 배핀Baffin 섬과 래브라도Labrador 반도로 생각되는 새로운 땅을 보게 되었고, 남쪽으로 더 내려가 포도나무가 많이 자라고 있는 곳에 상륙했다. 사학자들은 그곳이 지금의 뉴잉글랜드, 아니면 뉴펀들랜드였을 것이라고 보고 있는데, 바이킹들은 그곳 연안에 머물면서 원주민들과 거래를 했다.

처음에는 매우 우호적이던 원주민들은, 시간이 지나도 바이킹들이 떠날 생각을 않고 그들의 땅에 눌러앉으려고 하는 눈치가 보이자 싸움을 벌였고, 결국 바이킹들은 원주민들에게 쫓겨 그곳을 떠났다. 바이킹들이 그곳에 정착해 있던 기간은 길지 않았으나, 바로 그들이 캐나다에 정착한 최초의 유럽인들이라고 할 수 있다.

그 후 15세기에 들어와서 이탈리아 태생의 항해사 콜럼버스Christopher Columbus는 지구가 둥글다는 생각을 전제로 서쪽으로 배를 타고 가도 인도에 도착할 수 있다고 믿었다. 그가 1492년 8월 3일 스페인 여왕 이사벨라Isabella가 제공한 세 척의 배에 120명의 선원을 태우고 항해한 지 70일 만인 그해 10월 12일 카리브 해의 한 섬에 도착했다. 그들은 그곳이 새로운 대륙인 줄 모르고 인도의 서쪽인 줄로만 알았다. 그래서 그들은 그곳 원주민들을 인디언이라고 불렀고, 그것이 유래가 되어 오늘날에도 북미 원주민들을 아메리칸 인디언이라고 부르고 있다.

콜럼버스는 오늘날 미대륙을 처음 발견한 사람으로 공인받고 있으나, 사실 15세기에는 이미 많은 항해사들이 지구가 둥글다는 것을 알았고, 많은 고기잡이 배들이 바이킹의 항로를 따라 유럽에서 대서양을 건너 멀리 뉴펀들랜드까지 수년 동안 대구와 고래잡이를 다녀갔다.

아무튼 콜럼버스가 미대륙을 발견한 후 많은 유럽인들이 동양으로 가는 가까운 항로를 찾아 대서양을 건너왔으나, 그곳이 인도의 서쪽이 아니라는 것은 아메리고 베스푸치Amerigo Vespucci에 의해 알려졌으며, 신대륙이라는 것은 1513년에 가서야 파나마Panama를 횡단하여 태평양을 발견한 발보아Balboa에 의해 확인되었다. 오늘날 아메리카 대륙의 이름은 베스푸치의 이름

아메리고를 딴 것이다.

캐나다에 들른 첫 탐험가들

1492년 콜럼버스가 미대륙을 다녀간 후 베니스 태생의 상인 캐벗John Cabot 도 대서양을 건너 계속 서쪽으로 가면 동양에 도착할 수 있다고 생각했다. 그는 동양과의 교역을 위해 새로운 항로를 개척하기로 작정하고 베니스의 상인들을 만나 도움을 청했다. 그러나 그들로부터 도움을 받지 못하고 결국 영국으로 건너가 브리스톨Bristol에 머물면서 상인들을 설득하여 재정적 지원을 받아냈다.

그는 1497년 5월 2일 18명의 선원들과 길이가 40m나 되는 매튜Matthew 호를 타고 브리스톨 항을 떠났다. 험난한 바다와 싸우며 52일 만에 간신히 육지에 도착했으나, 그곳은 중국이 아닌 새로운 땅이었다. 그는 그곳을 새로 발견한 땅이란 뜻으로 '뉴펀들랜드Newfoundland'라 명명하고, 영국 왕 헨리 7세의 기를 꽂고 영국 땅임을 선포했다. 그는 정착지를 찾아 북쪽을 좀 더 둘러본 후 영국으로 돌아갔는데, 돌아갈 때는 서풍을 타고 15일 만에 브리스톨에 도착했다. 그러나 사학자들은 당시 캐벗이 도착한 곳은 지금의 뉴펀들랜드가 아니고 케이프 브래턴 섬Cape Breton Island이었을 것이라고 생각한다.

캐벗은 동양으로 갈 수 있는 새로운 항로를 찾지 못한 대신 이미 다른 어부들이 알고 있는 대구어장의 어마어마한 어군에 대해서 브리스톨 상인들과 영국 왕실에 보고했다. 그는 대구떼가 너무 많아 여러 차례 배의 속력을 줄이지 않으면 안 되었다고 했다. 그의 보고를 듣고 많은 어선들이 뉴펀들랜드 연해에 있는 황금어장으로 모여들었다.

캐벗은 그 이듬해 5척의 배를 이끌고 다시 동양으로 가는 새로운 항로를 찾아 떠났으나, 항해 중 폭풍우를 만나 잠시 아일랜드Ireland에 들른 후 영영 소식이 끊겼다. 그러나 그는 역사상 북미대륙에서 최초로 영국 땅임을 주장한 사람으로 남게 됐다.

한편 16세기 초에는 스페인과 포르투갈이 중남미에 식민지를 세우고 많은 황금을 본국으로 실어날랐다. 이 소식을 들은 프랑스 왕도 드디어 황금 보화를 찾는 일에 참여하기로 결정하고 1534년 카르티에Jacques Cartier를 출발시켰다.

그들 일행은 프랑스 생 마로St. Malo 항을 떠나 20일간의 항해 끝에 뉴펀들랜드를 지나 지금의 세인트 로렌스 만에 도착했다. 그는 남쪽으로 더 내려가면서 동양으로 가는 항로를 찾

캐벗의 매튜 호.

아보았으나 아무것도 발견하지 못했다. 북쪽으로 다시 올라온 그는 가스페Gaspé 반도에 높이 10m의 십자가를 세우고, '프랑스 왕 만세'라는 글귀와 3개의 나리꽃이 그려진 프랑스 왕실기를 새긴 명판을 붙였다.

그 당시 지금의 퀘벡Quebec에 해당되는 스타다코나Stadacona에는 이로쿼이족Iroquois에 속하는 한 부족이 이곳에 근거지를 두고 가스페 반도에서 사냥을 주로 하면서 살았는데, 카르티에 일행이 온 것을 보고 카누를 타고 그들 일행을 만나러 왔다. 카르티에는 이곳에 온 증표로 추장 돈나코나Donnacona의 두 아들을 배에 싣고 다음 해에 돌려보내주겠다는 약속을 남긴 채 프랑스로 돌아갔다.

카르티에는 금은보화는 물론 중국 등 동양으로 가는 뱃길을 찾지 못한 채 원주민 추장의 두 아들만 데려갔다. 한 가지 수확이 있었다면 그가 본 엄청난 황금어장과 빽빽이 들어선 울창한 삼림에 대한 정보였다. 카르티에는 이 정보로 프랑스 왕을 설득하여 두 번째 항해를 허락받아 다시 도전하게 된다.

카르티에의
도전과 실패

　프랑스 왕을 설득하여 3척의 배와 110명의 선원들을 이끌고 두 번째 항해에 나선 카르티에는 지금 퀘벡 시에 해당되는 스타다코나에 도착하여 원주민 추장 돈나코나에게 프랑스로 데려갔던 추장의 두 아들을 약속대로 돌려주었다.

　카르티에는 원주민들로부터 강 상류에 가면 큰 마을과 아무도 끝까지 가보지 못한 큰 강이 있다는 이야기를 듣고 원주민들과 탐사에 나섰다. 세인트로렌스 강을 타고 거슬러 올라가던 원주민들이 북쪽 연안을 가리키며 '가나타Kanata'라고 했다. 가나타는 이로쿼이어로 마을이란 뜻이었으나, 카르티에 일행은 그 말을 그곳의 지명으로 알아들었다. 이것이 오늘날 캐나다Canada라는 나라 이름이 지어진 유래가 된다.

　카르티에는 지금의 몬트리올Montreal에 속하는 한 언덕에 올라가서 국왕의 산이란 뜻으로 몽레알Mont Réal이라고 명명한 다음 강을 내려다보니 물살이 빠른 속도로 역류하고 있어 더 이상의 탐사를 포기했다. 카르티에 일행은 스타다코나로 다시 돌아와 겨울 날 준비를 했다.

　캐나다의 겨울은 그들이 미처 상상하지도 못했던 혹독한 추위였다. 산더

미 같은 눈과 살을 에는 추위도 견디기 힘든데다가 괴질까지 창궐하여 많은 목숨을 앗아갔다. 선원들은 잇몸에서 피가 나고 팔다리가 부어오르고 고열에 시달렸다. 바로 비타민 C 결핍으로 인한 괴혈병이었다. 원주민들은 괴혈병으로 죽어가는 그들을 보고 처음에는 민간요법을 가르쳐주는 등 친절을 베풀었으나, 카르티에 일행이 자신들의 땅에 눌러앉아 정착하려는 눈치를 보이자 점점 그들을 경계하기 시작했다.

그렇게 혹독했던 겨울도 지나고 봄이 돌아오자 카르티에는 살아남은 선원들과 귀국하기에 앞서 원주민들을 초대하여 잔치를 벌이고 그 자리에서 이번에는 추장 돈나코나를 납치하여 프랑스 왕에게 데려갔다. 프랑스로 잡혀간 돈나코나는 고향으로 돌아갈 구실로 고향에 돌려보내주면 금은보화가 많은 신비의 왕국을 알려주겠다고 거짓말까지 하면서 애원했으나, 다시는 고향에 돌아가지 못하고 이역만리 낯선 프랑스 땅에서 끝내 한 많은 세상을 하직했다.

프랑스 왕은 돈나코나 추장이 생전에 했던 말을 확인하기 위해 카르티에에게 세 번째 항해를 명했다. 1541년 카르티에는 5척의 배를 이끌고 다시 스타다코나를 방문하여 추장 돈나코나가 말한 왕국을 찾아보았지만 끝내 찾지 못했고, 더욱 혹독한 추위와 괴혈병 등으로 많은 선원들의 목숨만 잃은 채 이듬해 봄에 귀국했다.

이와 같은 쓰라린 경험 때문에 프랑스는 그 후 60년간 북미대륙에 다시는 정착할 생각을 하지 않았으며, 이에 대해 아무런 미련도 갖지 않았다.

북서통로를
찾아서

미대륙을 횡단해서는 동양으로 가는 길을 찾을 수 없다고 판단한 탐험가들은 남미대륙을 돌아가는 남쪽항로를 찾으려고 했으며, 이에 곧 스페인 항해가들은 남미대륙의 끝, 케이프 혼Cape Horn을 돌아 태평양으로 진출하는 데 성공했다.

그러나 영국과 프랑스 탐험가들은 당시 최강을 자랑하던 스페인 함대의 공격이 두려워 감히 이 길을 택하지 못하고 대신 북미대륙의 북쪽을 돌아가는 길을 찾으려고 했다.

처음으로 북미대륙의 북쪽을 돌아 동양으로 가는 길을 찾으려고 시도한 사람은 허드슨Henry Hudson이라는 영국 태생의 탐험가로, 그는 네덜란드의 동인도회사의 위촉을 받고 탐사에 나섰다. 1610년 허드슨은 지금의 허드슨 해협과 허드슨 만을 처음으로 탐사했다. 그러나 북극의 바다는 밤이 너무 길고 추위가 혹독해 견디기 힘들었다. 마침내 선원들은 돌아갈 것을 요구했고 허드슨은 그들의 요구를 거절했다. 더 이상 참지 못한 선원들은 선상반란을 일으켜 허드슨과 그의 아들, 그리고 그를 따르는 몇몇 심복들을 작은 보트에 태워 칠흑같이 캄캄한 혹한의 북극해에 버려둔 채 고향으로 돌아갔다. 이 일이 있은 후 허드슨 부자를 본 사람은 아무도 없었다.

그 후에도 북쪽으로 통하는 길을 찾으려는 시도는 계속되었고, 20세기 초에 와서야 비로소 노르웨이 탐험가 아문센Roald Amundsen이 1903년부터 1906년까지 3년에 걸친 사투 끝에 북서통로의 탐사에 성공한다.

다시 찾아온
프랑스인들

캐나다에서 혹한과 괴혈병 등으로 많은 생명을 잃었던 카르티에의 쓰라린 기억 때문에 프랑스는 몇몇 모피 상인들과 대구잡이 어부들만 드나들었을 뿐, 60년 동안이나 캐나다에 대해 아무 미련도 갖지 않았다. 그러나 프랑스는 다른 유럽 국가들이 계속 미대륙을 탐사하고 있을 뿐만 아니라, 영국 탐험대는 중국으로 가는 북서통로를 찾고 있고, 특히 영국이 뉴펀들랜드를 자신들의 식민지라고 주장하는 것을 보고 불안을 느끼기 시작했다.

1604년 마침내 지도 제작가인 샹플랭Samuel de Champlain 선장과 몽트Sieur de Monts가 이끄는 프랑스 탐사대가 프랑스를 떠나 지금의 펀디 만에 닻을 내리고 생 크루와 강 하구에 있는 한 섬에서 겨울을 나기로 했다. 그해 겨울에도 혹한과 괴혈병, 굶주림은 다시 엄습해왔고, 79명 중 무려 절반에 가까운 35명이 목숨을 잃었다. 봄이 오자 살아남은 사람들은 펀디 만 건너편에 있는 지금의 포트 로열Port Royal에 상륙하여 정착했다. 이곳이 프랑스가 북미에 와서 최초로 성공한 정착지가 되었다.

이곳에서 프랑스인들은 믹맥족Micmac과 모피 등을 거래하면서 매우 친하게 지냈고, 믹맥족들은 낯선 곳을 찾아온 프랑스인들에게 이곳에서 생존할 수 있는 방법들을 많이 가르쳐주었다. 그러나 포트 로열은 위치적으로 모피 수집과 내륙 탐사에 불리한 곳이었으므로 그들은 다른 정착지를 찾아야 했다.

그들이 찾은 곳은 카르티에 부하들이 혹한과 굶주림과 괴혈병 등으로 목숨을 잃은 쓰라린 기억의 고장 스타다코나였다. 샹플랭 일행은 이곳에서 월동준비를 단단히

정착민에게 약초 쓰는 법을 가르치는 원주민.

했다. 다시 혹독한 겨울이 찾아왔으나 그들은 이제 이곳에서 생존하는 방법을 배우고 터득했기 때문에 큰 문제 없이 겨울을 날 수 있었다.

지금의 퀘벡 시에 해당되는 스타다코나는 그 후 서서히 성장하여 1650년에는 70명의 주민이 살게 되었으며, 북미대륙에 있어서 뉴프랑스New France의 초석이 된다.

제3장
동부 정착

CANADA

첫 식민지
아카디아

첫 식민지

　1605년 아나폴리스Annapolis 강 하구로 이동해온 프랑스인들은 통나무로 거처할 집을 짓고 부락을 세웠으며, 부락 주위를 요새와 같이 통나무로 겹겹이 울타리를 쳤다. 이곳이 바로 샹플랭이 캐나다 땅에 최초로 영구적인 정착지를 세운 포트 로열이며, 그들은 이곳을 아카디아Acadia라고 불렀다.

　샹플랭은 이주민들을 괴롭히는 최대의 적은 이 지방의 혹독한 추위가 아니라 무료함과 질병이라는 것을 깨닫게 되었다. 그는 질병을 예방하기 위해서 좋은 음식을 권장하고, 그들의 무료함을 달래주기 위해 연극 등을 공연했다. 또 사냥해온 날짐승, 들짐승과 물고기, 포도주 등으로 매주 푸짐한 잔치를 벌이고, 저녁 만찬 후에는 노래와 춤을 추며 흥겹게 놀았는데 이때는 믹맥 부족의 추장도 초대했다. 그 결과 그해 겨울에는 아카디아에서 한 사람의 희생자도 생기지 않았다.

　이듬해 봄에는 밭을 일구어 파종하고, 거처도 손을 보고 새로 단장했으며, 믹맥족들과의 거래도 더욱 활기를 띠었다.

　그러나 그것도 잠시, 몽트에게 주어졌던 모피의 독점거래 특허권이

1606년 프랑스 왕명에 의해 취소되었으므로 누구나 모피를 거래할 수 있게 개방되었다. 몽트는 더 이상 식민지를 지탱할 수 없다고 판단하여 포트 로열 식민지를 포기하고 떠났고, 그로부터 4년간은 포트 로열에 아무도 살지 않았다.

버려졌던 이곳 포트 로열에 다시 사람들이 찾아온 것은 1610년이었으며, 아카디아 식민지에서 초기에 살았던 비앙쿠르Biencourt라는 사람이 몇몇 이주민들을 이끌고 돌아와 파종을 하고 원주민들과 교역을 다시 시작했다.

그런데 1613년의 어느 날, 이곳 아카디아에 낯선 배가 몇 척 들어왔다. 이 배들은 1607년 영국이 최초로 북미대륙에 세운 버지니아Virginia 식민지에서 온 배들로, 거기에는 사무엘 알갈Samuel Argall이 지휘하는 영국인 기습대가 타고 있었다.

그들은 해안을 기어들어와 아카디아에 정착하고 있는 프랑스인들의 집과 들에 불을 지르는 등, 아카디아에 거주하고 있던 프랑스인들을 쫓아내려고 온갖 만행을 저질렀으나 성공하지 못하고 돌아갔다. 침략자들이 떠나자 숲속에 숨어 있던 프랑스 정착민들은 폐허가 된 이곳에 다시 집을 짓고 마을을 세웠다.

프랑스 식민지 아카디아

아카디아Acadia에 프랑스 사람들이 본격적으로 정착하기 시작한 것은, 남쪽에 있는 영국의 버지니아 식민지에서 온 알갈의 기습대가 포트 로열을 공격한 일이 있은 후 25년이 지나고서였다.

그 이전까지는 프랑스로부터 이주해오는 사람이 1년에 수십 명밖에 되지 않았으므로 아카디아 인구는 그리 많지 않았다. 전체 주민의 반수가 프랑스에서 온 도시 빈민들이었고 그 외는 제대군인 등이었기 때문에 농사에 경험이 있는 사람은 인구의 4분의 1에도 미치지 못했다. 새로 도착하는 이주민들은 대개 땅을 소유하고 있는 지주들과 계약을 맺고 오는 사람들이었다.

그들은 생존을 위해 믹맥족의 도움을 받았다. 원주민들은 이주민들에게 사냥하는 법, 자작나무 껍질로 카누를 만드는 법 등을 가르쳐주었다. 정착민들은 농사를 주업으로 삼았는데, 다행히 아카디아는 농토가 비옥하여 프랑스 본국에서의 생활보다 이곳 생활이 훨씬 나았다.

프랑스에 있을 때보다 훨씬 잘 먹어 모두가 건강했으며, 생활도 윤택해졌다. 그 당시 프랑스 본국에서는 신생아 사망률이 매우 높았는데, 이곳 아카디아의 신생아 사망률은 매우 낮았다.

당시 아카디아 주민들의 생활은 매우 단조로웠으며, 대부분이 글을 읽지도 쓰지도 못하는 문맹자들이었다. 글을 아는 사람은 원주민들을 기독교도로 개종시키기 위해 파견된 선교사들과 정부관리들뿐이었다. 이주민들이 살던 집은 대패질도 하지 않은 거칠고 투박한 널과 통나무 기둥으로 지은 작은 오두막이었으며, 그때만 해도 프랑스 정부가 아카디아를 중요하게 생각하지 않았기 때문에 가구 · 연장 · 의복 · 의약품 · 식품 등도 본국의 도움 없이 이곳에서 자급자족해야 했다.

1650년 후부터 인구가 급속히 증가하기 시작하여 200명이던 인구가 1670년에는 370명이 되었고, 1750년에는 1만 명에 육박했다. 새로 온 이주민들은 주로 펀디 만Bay of Fundy 연안을 따라 자리를 잡았다.

펀디 만은 간만의 차가 12m나 되었다. 이에 프랑스의 브르타뉴Bretagne 지방에서 온 이주민들은 그들 고향에 있는 간척지를 본따 제방을 쌓고 수문을 냈다. 일 년 이상 빗물과 강물로 소금기를 씻어낸 후 그 땅에 농사를 짓기 시작했다. 이렇게 만든 간척지는 매우 비옥하여 곡식이 잘 자랐으며, 강낭콩 · 양배추 · 순무 등 채소농사가 잘 되었다. 또 간척지 주변에서 자라는 풀들은 염소 · 돼지 · 소 등 가축들에게 먹이는 건초로 사용되었다.

영국 식민지와 아카디아

프랑스가 아카디아와 퀘벡에 식민지를 세우고 있을 때 영국은 아카디아 남쪽에 뉴잉글랜드라는 식민지를 세우기 시작했다. 그런데 늦게 시작된 뉴잉글랜드 식민지는 프랑스의 아카디아보다 훨씬 빨리 성장했다. 식민지 건설 초기부터 많은 사람들이 뉴잉글랜드로 이주해왔으며, 조선업과 일용품 생산업체들도 들어섰다. 그뿐만 아니라 영국 본토와 카리브 해로부터 상선들이 정기적으로 보스턴 등의 항구에 들어왔다.

한편 아카디아에 사는 프랑스인들은 자기들이 생산하지 못하는 물건들을 어디선가 구입해야만 했고, 뉴잉글랜드 상인들은 매년 봄 서너 척의 배에 아카디아인들에게 필요한 생필품을 가득 싣고 방문했다. 뉴잉글랜드 상선들은 프랑스 본국의 선박들보다 더 자주 아카디아를 드나들었으며, 물건의 가격도 프랑스 본국에서 공급되는 것들보다 저렴했다. 프랑스 정부는 아카디아인들이 뉴잉글랜드와 교역하는 것을 좋게 보지는 않았지만 금지시킬 수도 없었다. 아카디아인들은 가축과 밀, 모피 등을 가지고 나와 뉴잉글랜드에서 가져온 당밀이나 브랜디, 설탕 등과 교환했다.

아카디아에 정착한 프랑스인들은 세월이 가도 프랑스 정부가 자기들에게 전혀 관심을 보이지 않자 모국에 대해 배신감을 갖게 되었다. 시간이 지날수록 그들은 자신들을 이제 프랑스 국민이라기보다 아카디아인Acadian이라고 생각하게 되었다.

그 당시 프랑스에서 이주해온 사람들은 주로 펀디 만 연안에 모여 살았다. 그런데 프랑스는 통상 지금의 노바 스코샤Nova Scotia와 프린스 에드워드 아일랜드Prince Edward Island, 그리고 뉴브런즈윅New Brunswick까지 통틀어 자기들의 식민지라고 했고, 영국 역시 이 지역을 자기들의 식민지라고 주장했으므로 영·불 간에 갈등이 움텄다.

그러던 중 1621년 영국 왕 제임스 1세가 알렉산더 경Sir William Alexander에게 아카디아를 하사했다. 스코틀랜드 태생인 알렉산더 경은 이곳 이름을 '새로운 스코틀랜드'라는 의미인 노바 스코샤Nova Scotia라고 명명하고 그의 아들로 하여금 이곳에 식민지를 세우도록 했다. 그러나 그 계획은 결국 실패하게 된다.

아카디아와
영·불 간의 갈등

아카디아와 영 · 불 간의 갈등

아카디아는 북미대륙의 교두보로서 매우 중요한 위치에 있었기 때문에 영국과 프랑스의 갈등은 점점 더 심화되었다.

당시 영국은 뉴펀들랜드에 정착기지를 두고 황금어장인 그랜드 뱅크Grand Bank에서 대구잡이를 장악했고, 프랑스는 세인트 로렌스 강 유역에 정착기지를 두고 원주민들과의 모피 교역을 장악하고 있었다. 그러나 아카디아를 먼저 손에 넣는 쪽이 세인트 로렌스 강과 모피 교역은 물론이고 그랜드 뱅크의 대구잡이 어장도 완전히 장악할 수 있었다. 아카디아의 이와 같은 지정학적 가치 때문에 영국과 프랑스는 아카디아를 놓고 100년간이나 뺏고 빼앗기는 처절한 전쟁을 치러야 했다. 이때부터 생긴 두 나라 사이의 숙명적인 앙숙 관계는 오늘날 캐나다가 안고 있는 영국계와 프랑스계 간의 갈등으로까지 이어진다.

두 나라 사이의 전쟁에 원주민 부족들도 함께 휘말렸다. 동부 삼림 지방에서 가장 강력한 세력을 가졌던 이로쿼이 부족동맹이 영국 편에 가담했고, 휴런족과 믹맥족은 프랑스 편에 가담해서 싸웠다.

마침내 1713년, 두 나라 사이에 위트레흐트 평화조약Peace of Utrecht이 체결되었고, 이로써 한동안 싸움이 뜸해졌다. 그러나 이 조약으로 프랑스는 영국에 허드슨 만과 뉴펀들랜드, 그리고 아카디아까지 내주는 값비싼 대가를 치러야 했다.

아카디아는 북미의 다른 어떤 프랑스 식민지보다 풍부한 천연자원을 가지고 있었으며, 원주민과의 모피 교역도 활발했다. 또 천연의 좋은 항구들과 비옥한 농토, 아름드리 들어선 원시림 및 탄광까지 갖추고 있었으며, 온화한 기후에 세계 최대의 대구잡이 황금어장까지 가까이 두고 있었다. 그러나 프랑스는 그들에게 주어졌던 천혜의 식민지를 끝내 지키지 못하고 일찍이 뉴잉글랜드 상인들에게 상권을 넘겨주어야 했으며, 끝내는 영국의 공격에 방어할 능력과 대책을 잃고 만 것이었다.

위트레흐트 평화조약이 조인되자 아카디아인들은 곧 영국의 지배하에 들어갔다. 영국은 아카디아인들에게 앞으로 영국을 따르지 않고 프랑스인으로 남고 싶은 사람들은 프랑스의 소유로 남아 있던 지금의 케이프 브래턴 섬 Cape Breton Island과 프린스 에드워드 섬Prince Edward Island으로 떠나라고 명령하고 1년간의 유예기간을 주었다. 그러나 대부분의 아카디아인들은 그들이 이룩한 펀디 만 연안에 그대로 남았다.

영국의 통치와 추방령

아카디아를 영국에 내준 프랑스는 지금의 케이프 브래턴 섬에 튼튼한 군항을 세웠다. 도시는 적의 공격에 대비해서 돌로 튼튼하게 축조했으며, 도시의 이름은 프랑스 국왕의 이름을 따 루이스버그Louisbourg라고 명명했다. 프랑스 정부는 뉴펀들랜드에서 정착하고 있던 프랑스인들을 이곳으로 이주시키고, 아카디아의 쓰라린 경험을 교훈 삼아 본국에서 많은 군대를 데려와 주둔시켰다.

한편 영국의 지배하에 남게 된 프랑스계 아카디아인들은 영국 국왕에게 충성을 맹세하도록 강요받았다. 그들은 그 요구를 거절하는 대신, 앞으로 영·불 간에 다시 전쟁이 발발할 때는 어떤 편에도 가담하지 않겠다고 약속

했다. 영국은 그들의 약속을 믿지는 않았지만 일단은 그들을 묵인했다. 이렇
게 해서 소위 '중립파 프랑스인Neutral French'들이 생겨났던 것이다.

영국도 아카디아를 다시 빼앗기지 않기 위해 노바 스코샤에 강력한 군대
를 데려왔고, 1749년 지금의 노바 스코샤Nova Scotia의 주도 핼리팩스Halifax
에 군사시설과 해군기지를 건설했다. 그리고 그해 여름에는 해군 수송선을
동원, 2,500명이 넘는 사람들을 핼리팩스로 이주시켰다.

도시가 서서히 틀을 잡아가면서 300여 채의 집이 들어섰으나 이주민들을
모두 수용하기에는 부족했다. 많은 사람들이 혹독한 겨울 동안 연안에 정박
중인 배나 혹은 눈보라가 휘몰아치는 동토의 천막 속에서 지내야 했다.

그러던 어느 날 프랑스 선교사들이 양성하고 있던 믹맥 족들이 핼리팩스
를 기습하여 다트머스Dartmouth에서 제재소를 짓고 있던 영국인들을 살해하
는 사건이 발생했다. 화가 난 영국은 곧 핼리팩스에 튼튼한 방어용 벽을 축
조하고는, 믹맥 족이나 아카디아인의 머리 가죽을 벗겨 오는 사람에게 10기
니guinea의 금화를 현상금으로 주겠다고 널리 알렸다. 또 영국은 아카디아에
서 영국계가 프랑스계에 비해 수적으로 열세인 것을 보고 더 많은 사람들을
이주시켜야 한다는 판단하에 가톨릭 교도인 프랑스계 아카디아인들을 견제
하기 위해 외국인 개신교도들을 대거 이주시켰다. 그들 중 대부분은 독일과
스위스계 개신교도들이었고, 그밖에 네덜란드에서도 모집해왔으며, 심지어
프랑스의 노르망디Normandy와 브르타뉴 지방의 프랑스인 개신교도들까지
데려왔다.

특히 1750년부터 1753년 사이에 도착한 수천 명의 외국인 개신교도들은 대부분 독일인이었는데 이들은 지금의 루넨버그Lunnenburg 지방에 집단적으로 정착했으며, 19세기까지 독일어가 이 지방의 주된 통용어가 되었다.

이와 같이 영국이 핼리팩스에 군사시설과 해군기지를 세우고 많은 사람들을 이주시켜 프랑스계 아카디아인들을 경계하고 있기는 했지만, 노바 스코샤 식민지는 영국에 항상 불안한 존재였다.

영국은 프랑스계 아카디아인들이 영국계 이주자들보다 수적으로 3배나 많은데다, 싸움에 끼어들지 않겠다고 약속한 중립파 프랑스인들도 언제 약속을 깨고 배신할지 모를 뿐더러 가톨릭 선교사들이 아카디아인들을 충동질하여 반란을 부추긴다고 생각했다. 또 소문에 의하면 4천 명의 프랑스 군대가 루이스버그에 주둔하고 있다고 했다. 이러한 상황을 더욱 나쁘게 발전시킨 것은 지금도 계속되고 있는 종교적 갈등이었다. 개신교도들인 영국계 이주민들과 영국 당국은 아카디아에 있는 프랑스계 가톨릭 교도들을 항상 못마땅하게 생각했다.

불안한 사회 분위기는 점점 더 고조되어갔다. 이에 영국 당국은 1755년 모든 프랑스계 아카디아인들에게 또다시 영국 국왕에 대한 충성의 맹세를 강요했다. 그러나 또다시 거절당하자, 드디어 영국은 모든 프랑스계 아카디아인들에게 아카디아를 떠나도록 추방령을 내렸다. 프랑스계 아카디아인 1만 명 중 8천 명 이상을 그들의 땅에서 끌어내 가축처럼 영국 배의 좁은 선창 바닥에 몰아넣었다. 가족들은 뿔뿔이 헤어져 다시는 못 만날 이산가족이 되었고, 많은 사람들이 바다에서 항해 도중 목숨을 잃었다. 살아남은 사람들은 멀리 남쪽에 있는 영국 식민지로 실려갔다. 그중 더러는 지금의 루이지애나Louisiana까지 실려갔는데, 지금까지도 그곳에 그들의 후손들이 살고 있다. 그들이 사용했던 프랑스어는 오랜 세월 동안 많은 변형을 거듭하면서 오늘날 소위 말하는 '루이지애나 식 불어'가 되었다.

한편 프랑스인들이 추방된 후 프랑스인들이 일구어놓은 펀디 만 유역의 기름진 땅은 영국인, 스코틀랜드인, 독일인 이주자들이 차지하게 되었고, 영국은 아카디아를 더욱 효율적으로 다스릴 수 있게 되었다.

샹플랭과
뉴프랑스

1606년 프랑스 왕의 모피 거래 개방방침에 따라 모피 거래 특허권을 잃고 몽트와 함께 포트 로열을 떠났던 샹플랭은 1608년 여름 세인트 로렌스 강의 한 언덕에 서서 숲 속에서 들려오는 정착민들의 나무 찍는 도끼 소리와 돌 캐는 삽질 소리를 들으며 꿈에 부풀어 있었다. 많은 사람들이 샹플랭의 지휘 하에 그들이 정착할 마을 둘레에 높은 방어용 울타리를 세우거나 겨울을 날 집을 짓느라 한창이었다.

이곳은 바로 카르티에 일행이 캐나다 땅에 처음 도착하여 혹독한 추위와 괴혈병으로 천신만고의 고통을 겪었던, 프랑스로서는 떠올리기조차 싫은 스타다코나였다. 이곳은 원래 이로쿼이족Iroquois이 살던 곳으로서 지금의 퀘벡 시에 해당되며, 훗날 뉴프랑스 식민지의 수도가 된 곳이었다.

카르티에 일행은 이곳에서 많은 생명을 잃었지만, 샹플랭은 5년 전 포트 로열에 정착했을 때 그곳에서 터득한 경험과 지혜를 가지고 대처했기 때문에 카르티에가 겪었던 비운을 면할 수 있었다. 샹플랭도 카르티에와 마찬가지로 세인트 로렌스 강의 폭이 이곳에서 갑자기 좁아지는 것에 착안하여 이곳이 전술적으로 매우 중요한 곳이라는 것을 깨달았다. 샹플랭은 강이 내려다보이는 언덕에 요새를 세우고 그곳에 대포들을 설치한 후 강으로 올라가려는 적에게 경고 사격을 하여 적의 접근을 막았다. 이렇게 퀘벡은 수도이자 방어진지로서 그 역할을 충분히 했기 때문에 뉴프랑스는 세인트 로렌스 강 연안에서 번창할 수 있었다. 샹플랭은 도시와 농촌, 군인과 정착민, 그리고 모국과 교역할 수 있는 모피와 배를 건조할 수 있는 목재 등을 두루 갖춘 이곳이야말로 진정 새로운 프랑스가 탄생할 곳이라는 것을 굳게 믿었다.

샹플랭의 꿈은 하나하나 이루어지고 있었다. 프랑스 본국으로부터 사람들이 이주해왔고, 강변 언덕을 따라 농장들이 들어섰다. 원주민들을 가르칠 선교사와 신부와 수녀들도 속속 도착했다. 모피상들은 질 좋은 모피를 수집하기 위해 점점 내륙 깊숙이 들어가 로키 산맥이 멀리 보이는 곳까지 나아갔고, 강을 따라 마을들이 들어서기 시작했다.

그러나 샹플랭의 꿈이 마음먹은 대로 쉽게 이루어지는 것만은 아니었다. 북미대륙에서 프랑스와 영국이 비슷한 시기에 식민지를 시작했음에도 불구하고 150년이 지난 그 당시 영국 식민지는 2백만 명이 넘는 인구를 가지고 있었던 반면, 프랑스 식민지에는 고작 6만 명이 살고 있었다. 또한 프랑스 식민지는 본국의 지원과 도움이 항상 필요했던 반면, 영국 식민지는 본국의 지원과 도움 없이도 스스로의 힘으로 살아갈 수 있었다. 뉴프랑스를 더욱 불안하게 만든 것은 영·불 간의 싸움이 언제나 영국의 승리로 끝나는 것이었다.

프랑스 탐험가들과 모피상

초창기 뉴프랑스의 수도 퀘벡은 이곳을 찾아오는 사람들에게 정착지라기보다 잠시 들렀다 가는 경유지에 불과했다. 방문자들을 유혹하는 것은 역시 서쪽으로 갈 수 있는 강줄기와 그 너머에 있는 동양의 보물이었다. 그래서 프랑스의 탐험가들은 미지의 땅을 찾아 서쪽으로 서쪽으로 나아갔다.

이러한 유혹에 제일 먼저 매료된 샹플랭에게 원주민 휴런족이 다가와 만일 그들의 숙적인 이로쿼이족과 싸울 수 있도록 도와준다면 서쪽으로 가는 길을 안내해주겠다고 제의했다. 샹플랭은 휴런족의 제의를 흔쾌히 받아들여 1615년 동맹을 맺고 휴런족과 함께 서쪽으로 떠났다.

그들이 지금의 샹플랭 호수에 도착했을 때 이로쿼이족과 마주쳤는데, 샹플랭 일행이 쏜 수발의 총성에 이로쿼이족은 혼비백산하여 숲 속으로 도망쳤다. 이 사건 이후 프랑스는 이로쿼이족의 숙명적인 적이 되었다. 퀘벡으로 돌아온 샹플랭은 몇 해 뒤에 다시 서쪽으로 떠나 멀리 조지아 만Georgian Bay 근처까지 가서 둘러보았다.

그 후 15년 동안 많은 프랑스 탐험가들이 원주민들의 땅을 탐사했는데, 브뤼레Etienne Brulé와 니콜레Jean Nicolet 같은 사람들은 원주민 마을에 들어가 원주민들의 음식을 먹고 그들의 언어를 사용하며 원주민과 똑같이 생활하면서 세인트 로렌스 강 너머에 있는 원주민들의 지역을 샅샅이 조사했다. 그때까지도 많은 프랑스 탐험가들은 동양으로 가는 새로운 길을 찾으려는 희망을 버리지 않았고, 니콜레 같은 사람은 중국 황제를 알현할 때 입을 중국 예복까지 준비하여 여행가방 속에 넣고 다닐 정도였다.

1678년 라 살La Salle은 중국으로 가는 길을 찾아 미시시피 강을 타고 내려갔으나 중국으로 가는 대신 멕시코 만에 도착했다. 그는 강 유역의 모든 땅을 프랑스와 루이 14세의 소유라고 선포한 후 그곳을 루이지애나Louisiana라 불렀다.

서쪽으로 진출한 대부분의 탐험가들은 모피를 구하고 있었으며, 모피는 뉴프랑스 식민지의 가장 중요한 자산이었다. 당시 유럽인들에게 인기가 있던 비버 털모자와 털외투, 털옷은 모두 북미산 모피로 만든 것들이었다.

탐험가들의 뒤를 이어 '숲 속의 장돌뱅이Coureurs de bois'라고 불리던 모피상들이 내륙 깊숙이 들어왔다. 그들은 자작나무 껍질로 만든 카누를 타고 다니며 원주민들처럼 생활하면서 자기들이 가져온 물건으로 원주민들의 모피를 교환해가곤 했다. 이 '숲 속의 장돌뱅이'라고 불리던 무허가 떠돌이 모피상들의 생활은 매우 인기가 있어 많은 젊은이들이 도시와 농촌을 버리고 모피를 찾아 숲으로 떠났다.

드디어 뉴프랑스 식민지 총독은 모든 젊은이들이 식민지를 떠나면 영국이 공격해올 경우 방위에 문제가 있다고 판단하여 젊은이들이 모피 장사를 떠나는 것을 금지시켰다. 그러나 이와 같은 금지령에도 불구하고 도시와 농촌의 젊은이들은 계속 모피 장사를 떠났다.

마침내 프랑스는 지정된 곳에 머물면서 원주민들이 가져오는 모피를 교역할 수 있는 모피 교역소를 세우기로 하고, 세인트 로렌스로부터 서쪽으로는 위니펙Winnipeg 호수까지, 남으로는 미시시피 강을 따라 모피 교역소들을 세워두고 교역소들을 서로 연결시켰다. 그리고 매년 모피와 교환할 물건들을 가지고 세인트 로렌스를 떠나 각 교역소에 들러 원주민들이 가지고 온 모피와 바꾸어 돌아오곤 했다.

이때 영국 탐험대도 모피를 찾아 헤매고 있었기 때문에 프랑스 모피상들은 더 멀리 서쪽으로 서쪽으로 뻗어나갔다. 프랑스 모피상들은 1743년 마침내 멀리 로키 산맥 기슭에까지 이르렀으며, 그 지역의 원주민들과도 많은 모피 교역을 했다. 그때 그 모피상들이 최초로 로키 산맥을 본 유럽 사람들이었다.

뉴프랑스의 성장

뉴프랑스의 성장

뉴프랑스가 유지되기 위해서는 일단 농촌과 도시에서 일할 사람이 있어야 했고, 영국과 호전적인 인디언들의 공격을 막기 위해서는 군대가 필요했다. 그래서 샹플랭은 프랑스 국왕에게 정착민 400세대와 300명의 군인을 보내 달라고 요청했다. 그러나 당시 프랑스 왕은 국내 영주들과의 분쟁으로 분주 했으며, 따라서 샹플랭에게 지원해줄 돈이나 인력이 없었다. 그 결과 뉴프랑 스가 세워진 지 20년이 지나도록 뉴프랑스에는 고작 80명의 정착민들만이 살고 있었을 뿐이었다.

1628년 프랑스 국왕은 일백조합상사Company of One Hundred Associates라는 회사와 계약을 맺고 뉴프랑스 식민지를 양도했으며, 뉴프랑스에 정착민을 보내는 조건으로 그들에게 모피 교역 특허권을 주기로 했다. 바로 그해에 회 사는 400명의 이주민을 배에 싣고 프랑스를 떠났다. 그러나 퀘벡에 도착하 기 전, 세인트 로렌스 강 하구에 들어서자마자 영국기를 단 배가 기습적으로 나타나 배와 함께 이주민들을 납치해갔다.

이 영국 배의 선장 커크David Kirke 형제는 이듬해 봄 다시 퀘벡에 상륙하여 항복할 것을 요구했다. 도시를 방어할 인원이 없었던 프랑스 측은 결국 속수무책으로 퀘벡을 커크 형제에게 내주는 수밖에 없었고, 그로부터 3년간 퀘벡은 영국의 통치하에 있다가 조약에 의해 다시 프랑스로 되돌아왔다.

그 후 30년 동안 일백조합상사는 이주민들을 조금씩 데려와 땅을 빌려주고는, 세인트 로렌스 강 유역을 따라 농사를 짓게 했으며, 특허권을 가지고 모피 교역을 독점했다.

1663년에 와서 프랑스 왕은 일백조합상사로부터 뉴프랑스를 돌려받고, 영국과 이로쿼이족의 공격을 막기 위해 군대 1천 명을 보내면서 뉴프랑스를 다스릴 세 사람을 임명했다. 국왕을 대표해 총독을, 교회를 대표해 주교를, 그리고 식민지의 일반 업무를 돌보기 위해 집정관을 현지에 파견했다.

초대 총독은 군인출신인 프롱트나크 백작Comte de Frontenac이었고, 그의 임무는 국왕의 명령을 전하고 식민지를 방위하고 법을 다스리는 것이었다. 초대 주교는 라발François de Laval로, 그의 임무는 교회·병원·학교를 책임지는 것이었다. 초대 집정관은 타롱Jean Talon으로, 그의 임무는 모피 거래와 수출입 업무 및 정착민의 유치였으며, 동시에 식민지 번영에 책임을 졌다.

집정관 타롱은 뉴프랑스의 인구 증가를 위해 1660년대와 1670년대에 많은 젊은 여성들을 뉴프랑스로 데려와서 군인 및 독신자들과의 결혼을 주선했고, 이주를 원하는 사람들은 무조건 통과시켜 싼 땅을 제공했다. 그 결과 7년 만에 인구는 배로 늘어났고, 1675년에는 뉴프랑스의 인구가 8,000명이나 되었다. 이로부터 100년 동안 뉴프랑스는 농업·어업·모피 교역·임업·선박건조 분야에서 날로 번창해갔으며, 뉴프랑스의 장래는 밝은 것 같이 보였다.

뉴프랑스의 영주제도

1663년 일백조합상사로부터 뉴프랑스를 돌려받은 프랑스 왕은 이번에는 세이네르Seigneur라고 불리던 지주들에게 식민지를 맡겼다. 지주들은 땅이 없어 농사를 짓지 못하는 정착민들에게 프랑스의 영주제도와 같은 방식으로 농토를 빌려주었다.

영주에게 수확을 바치는 소작인들.

그 당시 뉴프랑스에는 육로가 없어 강이 도로의 역할을 대신했다. 따라서 정착민들에게 있어서 강은 대단히 중요한 존재였다. 분배된 각 농지의 앞쪽은 대부분 강에 접해 있었으며, 뒤로 길게 뻗은 직사각형 모양을 하고 있었다. 강에 접한 농토의 앞부분에서는 농사를 짓고 뒤쪽에서는 건초를 걷어들였으며, 더 뒤쪽의 숲에서는 목재를 얻었다.

각 지주들은 소작인들을 위해 방앗간을 지어 운영하고, 신부를 데려와 교회를 세웠다. 소작인들은 매년 지주에게 몇 푼 안 되는 적은 임대료와 추수한 곡식을 조금씩 바쳤고, 며칠씩은 지주의 일을 돌봐주었다. 방앗간 사용료는 별도로 냈지만 금액이 크지 않았다. 이와 같이 뉴프랑스에서 영주제도는 지주와 소작인 모두에게 공평하게 운영되었다. 이로 인해 지주들은 농지를 많이 소유하는 데서 오는 즐거움과 긍지를 느낄 수 있었고, 소작인들은 추수하여 먹고 남은 것을 팔 수 있었으므로 본국에 있을 때보다 살기가 나아졌다.

그런데 지주들은 본국으로부터 이주민들을 계속 공급받기 힘들었고, 그렇다고 소작인들에게 더 많은 일을 시킬 수도 없는 형편이었다. 더욱 심각한 문제는 소작인들의 농토들이 강을 끼고 앞쪽은 좁고 뒤쪽으로 길게 뻗어 있었을 뿐만 아니라 이웃과 이웃이 서로 멀리 떨어져 있었으므로 이로쿼이족들의 습격을 막기가 어려웠다. 그 때문에 퀘벡에서 멀리 떨어진 소작농가에서는 이로쿼이족의 습격을 받아 소작인들이 목숨을 잃는 일이 종종 있었다.

뉴프랑스와 가톨릭교

1534년 프랑스인 카르티에가 이끌던 프랑스의 첫 탐험대가 지금의 캐나다 땅에 처음 도착했을 때 맨 처음 한 일은 가스페Gaspé 반도에 높이 10m나 되는 십자가를 세운 일이었다. 십자가는 뉴프랑스를 찾아온 사람들에게 종교가 얼마나 중요한가를 보여주었다.

프랑스 국왕은 뉴프랑스에서 모피와 재물을 많이 수집해오는 것은 물론이고, 원주민들에게 하나님과 기독교를 알려 그들이 모두 가톨릭 교도로 개종되기를 원했다. 그래서 그는 이곳에 선교사들을 보내기로 했다. 뉴프랑스에 제일 먼저 도착한 선교단은 리코레트 선교회Recollets였고, 그 뒤를 이어 예수회Jesuits가 도착했다.

예수회 사제들은 되도록 많은 인디언들을 가톨릭 신자로 개종시키기 위해 정착민 마을 대신 낯선 원주민 부락에 들어가 그들과 함께 생활하기로 했다. 그렇게 해서 예수회는 내륙 깊숙이 들어가 조지아 만 근처에서 전도사업을 벌이게 되었다. 성당·병원·대장간·방앗간 등을 짓고, 사제들이 거처할 숙소도 그곳에 마련했다.

당시 휴런족은 이곳을 생트 마리Ste. Marie라고 불렀으며, 이곳에서 살기 위해 일부러 찾아오는 원주민들도 있었다. 그러나 가톨릭 교도로 개종한 원주민은 실제로는 얼마 되지 않았으며, 대부분의 인디언들은 그들 고유의 종교와 풍습을 버리려고 하지 않았다.

그 외에도 많은 가톨릭 사제들과 수녀들이 소속 기관의 명을 받고 뉴프랑스에 파견되었으며, 몬트리올Montreal에 병원을 세운 맨스Jeanne Mance와 같이 새로운 세계에서 선교사업을 벌이기 위해 자진해서 찾아온 사람들도 많았다. 수녀들은 주로 선교회에서 운영하는 병원에서 일하면서 환자들을 돌봐주기도 했고, 본국에서 이주한 젊은 여성들과 원주민 여성들의 교육을 담당하기도 했다.

이로쿼이족의
공격

   1615년, 지금의 샹플랭 호수에서 샹플랭 일행이 쏜 수발의 총성에 혼비백산하여 숲 속으로 도망갔던 이로쿼이족은 뉴프랑스 정착민들과 그들의 동맹인 휴런족에 맞서 싸우기로 했다. 그들은 아카디아 남쪽에 있는 뉴잉글랜드 식민지에 가서 네덜란드인 및 영국인들과 동맹을 맺고 총과 탄약을 공급받았다.

   원주민들의 전쟁 양상도 과거에 비해 상당히 달라져 있었다. 유럽인이 도착하기 전에는 서로 상대방 마을을 습격해 불을 지르든지 한두 명의 포로를 잡아가는 것이 고작이었으나, 유럽인들로부터 총을 손에 넣은 후에는 대량 살상이 자행되었고, 전쟁은 점점 치열해져갔다.

   그러던 중 1640년대 유럽에서 건너온 전염병이 번져 휴런족 전체 인구의 절반쯤이 죽었고, 이로 인해 세력이 약해진 휴런족은 이로쿼이족의 기습까지 받아 거의 대부분 죽고 살아남은 사람들은 뿔뿔이 흩어졌다. 특히 1649년에는 예수회의 선교사들이 세웠던 휴런족 지역의 생트 마리가 이로쿼이족의 습격을 받아 불타버렸고 프랑스인 사제들도 많이 죽었다.

   그 후 10년이 지난 1660년, 이로쿼이족은 또다시 뉴프랑스의 제일 서쪽에

이로쿼이 족에 맞서 싸우는 샹플랭과 휴런 족. 샹플랭 그림.

있던 몬트리올을 공격하기 위해 오타와Ottawa 강의 롱 솔트Long Sault에 도착했다. 그러나 이로쿼이족은 오르뮤Dollard des Ormeux가 이끌던 소수의 프랑스인들과 휴런족의 결사적인 방어에 부딪혔다. 이 전투에 참가했던 프랑스인과 휴런족의 대부분이 전사했으나, 이 전투로 인해 기습공격을 하려던 이로쿼이족의 작전은 몬트리올에 도착하기 전에 노출되어 그들은 몬트리올 공략을 포기하고 돌아서야 했다.

그 후로 수십 년 동안, 이로쿼이족은 뉴프랑스에 있는 큰 도시나 마을을 공격하지 않는 대신 마을에서 멀리 떨어진 농가를 습격해 프랑스인 농부들을 죽였다. 그래서 뉴프랑스의 농부들은 이로쿼이족이 언제 어디서 나타날지 몰라 혼자 들에 나가는 것을 두려워했다.

퀘벡의
서민·상류 사회

퀘벡의 서민사회

상플랭이 몇 되지 않는 정착민들과 함께 처음으로 세운 퀘벡은 1690년대에 와서 뉴프랑스의 중심도시가 되었다. 이곳에는 뉴프랑스 식민지의 총독 관저가 있었고 뉴프랑스 식민지의 모든 유명 정치 지도자들과 종교 지도자들이 살고 있었다. 그 외에도 군인 · 상인 · 기술공 · 노동자들로 도시는 북적거렸다.

1700년에는 퀘벡 시의 인구가 2천 명을 넘었고, 세인트 로렌스 강을 내려다볼 수 있는 언덕배기에 위치한 윗마을에는 성당 건물들의 뾰족한 종탑들과 행정관서 빌딩들이 웅장하게 들어섰다. 그 위쪽에는 도시를 방호하는 성채Citadel가 있었다. 해안에 접한 아랫마을 부둣가에는 창고 · 상점 · 민가가 즐비하게 들어섰고, 항구에는 프랑스 경비정들이 닻을 내리고 정박해 있었으며, 그 사이로 작은 어선과 카누들이 오갔다. 또한 마차와 손수레들이 부두와 창고 사이를 끊임없이 지나다녔다. 부두의 한 편에서는 프랑스 본국으로 떠날 배에 모피꾸러미를 싣고 있었으며 다른 편에서는 모피와 교환할 칼 · 도끼 · 냄비 · 총기 · 의류 · 브랜디 등을 하역하고 있었다. 그리고 본국에서

실려온 물건들은 퀘벡에서 정기적으로 서는 장날에 원주민들과 거래되었다.

그 당시 퀘벡에서 몬트리올까지 배가 왕래했고, 프랑스 탐험가들을 따라 모피상들도 서쪽 내륙 지방으로 들어갔기 때문에, 매년 퀘벡에서 시작하여 트루아 리비에르Trois Riviéres와 몬트리올 순으로 정기적인 모피장이 섰다. 장이 서면 숲 속을 떠돌던 프랑스인 모피장수들과 인디언들이 모피를 가지고 모여들었다. 이때가 되면 거리는 원색의 원주민 복장을 한 남녀 인디언들과 사슴가죽으로 만든 옷을 입은 프랑스 모피 수집상들, 화려한 유럽풍의 의상을 차려입은 프랑스 상인들로 활기에 넘쳤다.

개장을 알리는 신호로 총독이 원주민 상인들과 평화를 뜻하는 인디언 담뱃대를 피워물면 거래가 시작되었다. 프랑스 상인들은 주로 총기류와 가정에서 쓰는 가재도구와 술을 가져와 모피와 교환했다.

퀘벡의 부둣가 저지대에 위치한 아랫마을에는 주로 노동자들과 기술공들이 살았는데, 목수·석수·대장장이·점원·재봉사·하인 등과 같은 하층 계급의 사람들이었다. 그들의 집은 이 지방에서 나는 검은 돌로 지어졌는데, 지붕을 짚으로 이었기 때문에 인구가 밀집해 있는 이 아랫마을에는 항상 화재의 위험이 도사리고 있었다. 그래서 아랫마을 주민들은 화재예방을 위해 정기적으로 굴뚝 소제를 했고, 집안을 청결히 정돈했으며, 건초와 같은 마른 가축사료는 옥내에 두지 못하도록 법으로 정했다.

이곳 서민가정에서는 집집마다 작은 텃밭을 일구어 채소를 가꾸었고, 고기와 우유를 얻기 위해 여러 가지 가축을 기르기도 했다. 또 기술을 가진 사람들은 자기 집에 가게를 꾸며 간판을 걸고는 양복이나 구두를 만들어 팔기도 했다.

퀘벡의 상류사회

퀘벡은 지형상 저지대와 고지대로 나누어져 있었으며, 해안에 접한 저지대에 위치한 아랫마을에 비해 산비탈 고지대에 위치한 윗마을에는 웅장하고 화려한 건물들이 많았다.

윗마을의 건물들은 모두 아랫마을에 사는 석공들이 지은 석조건물이었으며, 식민지의 정치 지도자들과 종교 지도자들이 거주, 집무하는 곳이었다. 그 옆에는 또 돈 많은 상인들과 지주들이 화려한 저택을 짓고 살았다.

윗마을의 중앙부에는 높고 뾰족한 종탑이 솟아 있는 대성당Cathedral이 자리를 잡고 있었다. 광장을 지나 맞은편에는 주교의 관저가 있었고, 관저 가까이에는 신학교와 사제들 및 선교사들이 수련하는 수도원이 있었다. 당시 초대 주교였던 라발Laval은 매우 부자였으며, 보프레Beaupré와 오를레앙 섬Ile d'Orléans에 영지도 소유하고 있었다.

세인트 로렌스 강과 도시가 내려다보이는 전망이 좋은 더 위쪽에는 총독 관저가 자리 잡고 있었으며, 이 관저를 생 루이 성Chateau SaintLouis이라고 불렀다.

이곳 윗마을에 사는 부자들의 생활은 매우 윤택했으며, 그들은 프랑스 본국에서 들여온 비단옷을 걸치고 당시 파리의 상류사회 사람들과 똑같이 생활했다. 그들은 푸짐한 음식과 포도주를 차려놓고 자주 파티를 열었으며, 악사들이 연주하는 본국의 가장 최신곡에 맞춰 화려하고 흥겨운 춤을 추며 이곳 상류사회의 생활을 즐겼다. 그들 가정에는 많은 하인들이 있었는데, 부유한 가정에는 아프리카와 서인도 제도에서 데려온 흑인노예들까지 있었다. 이들 흑인노예들이 뉴프랑스에 처음 들어온 것은 1620년대였다.

당시 퀘벡에 사는 사람들의 절반은 여러 종교단체에 소속된 사람들과 군인들이었다. 퀘벡에서 성직자들은 대단히 중요한 임무를 맡았다. 주민들의 자녀들은 성직자들이 운영하는 학교에 다녔고, 퀘벡의 병원도 수녀들에 의해 운영되었다. 성직자들은 윗마을에 살았지만 매우 검소한 생활을 했다. 그들은 검정이나 회색의 투박하고 거친 양모로 짠 성의를 입고 음식도 소박하게 먹으며, 기도와 예배시간을 제외하고는 온종일 고된 일을 했다. 그들은 새로운 세계에 와서 오직 하나님에게 영광을 돌리기 위해 헌신적으로 봉사했다. 특히 멀리 떨어져 있는 오지에서 활동하던 선교사들 중 다수가 죽기도 했고 항상 고된 일에 시달렸다. 그들의 생활은 주교나 신부들의 풍요롭고 안락한 생활과는 너무나 대조적이었다.

퀘벡은 17세기에 들어와서 수차례 영국 전함과 군대의 공격을 받았고 항상 이로쿼이 족이 기습해올 위험성이 있었으므로, 퀘벡에는 방위임무를 맡은 군대가 항상 주둔하고 있었다. 당시 군인들은 프랑스 본국에서 단기 복무의 임무를 띠고 퀘벡에 파견되었고, 임무가 끝나면 현지에서 제대한 후 퀘벡에 그대로 눌러앉았다. 이와 같이 퀘벡은 17세기에 있어서 뉴프랑스의 정치 · 경제 · 종교 · 문화의 중심지로서 가장 중요한 도시였다.

그러나 퀘벡은 17세기 말부터 몬트리올에 상업의 주도권을 빼앗기게 되었고, 뉴프랑스의 세 번째 도시로 부상한 트루아 리비에르Trois Riviéres에 의해 바짝 뒤를 쫓기고 있었다.

몬트리올은 원래 원주민들에게 가톨릭을 전도하기 위한 선교지로 시작되었다. 초기에는 이로쿼이족들의 공격을 자주 받아 도시 주위를 통나무로 겹겹이 성벽을 둘렀었는데, 모피 교역이 서쪽으로 점점 뻗어나가 오대호까지 진출하자 몬트리올은 자연히 모피 교역의 가장 중요한 중심지가 되었다.

트루아 리비에르도 인디언의 공격을 막기 위해 통나무로 성벽을 쌓고 모피 교역을 하던 중심지였지만, 차츰 모피장수들이 타고 다니던 자작나무 껍질로 만든 카누를 제작하는 중요한 도시로 성장했다.

뉴프랑스의
농촌생활

뉴프랑스의 농촌생활은 도시생활과는 판이했다. 소작인 남자들은 아침 일찍부터 아내가 싸준 도시락을 가지고 들에 나가 온종일 일을 했고, 부인들은 집에서 아이들을 돌보며 고된 살림살이를 하면서 텃밭의 채소를 가꾸는 일까지 해야 했다. 빵을 굽는 일도 부인들의 몫이었는데, 영주Seigneur라고 불리던 지주가 설치해준 마을 공동화덕에 가서 구웠다. 그 당시 성인 한 사람이 하루에 먹는 빵의 양은 보통 1kg 정도였다고 한다.

그들의 식량은 각자 농장에서 수확한 여러 가지 곡물과 푸성귀, 강에 나가 잡은 물고기 등이었다. 강에서 잡은 민물장어는 소금에 절여 빈 술통에 넣어두고 겨우내 먹었다. 육류로는 쇠고기 · 돼지고기 · 닭고기 등을 먹었는데, 오늘날 서구인들의 주식인 감자는 당시만 해도 돼지먹이로 여겼기 때문에 먹지 않았다.

해가 진 저녁시간에는 무료함을 달래기 위해 가족끼리 카드놀이를 하거나, 배를 타고 이웃에 마실을 가기도 했다. 명절이나 마을에 행사가 있을 때는 신나는 바이올린 음악에 맞춰 온 마을 사람들이 춤을 추며 즐겼다.

농촌은 마을단위로 나누어 교구Parish라고 불렀으며, 각 교구마다 교구신

부가 있었다. 교구신부는 예배를 인도하고 마을에서 치르는 결혼식·세례식·장례식 등 마을의 중요한 행사들을 돌보았다.

또 농촌에는 초기에 도로가 없어 강을 따라 배를 타고 다니는 것이 유일한 교통수단이었고, 강이 얼어붙는 겨울에는 썰매를 타고 다녔다. 세월이 지나 도로가 생기기 시작하자 그때에야 비로소 육로도 조금씩 이용하게 되었다.

그 당시 농촌에 사는 사람들은 그들이 지은 농작물로 그럭저럭 자급자족했으나, 설탕이나 양념류 등은 도시에 가서 구입해야 했다. 그들은 각자 재배한 작물들을 도시로 싣고가 팔고, 그 돈으로 필요한 물건들을 사왔다.

또 소작인들은 매년 며칠간 지주를 위해 일해야 했고, 자신들의 농장에서 재배한 것을 조금씩 지주에게 바쳐야 했다. 소작인들은 그때가 되면 지주에게 추수한 것을 바치러 간다기보다 오랜만에 마을사람들을 만나 이야기도 하고 시간을 보낼 심산으로 닭 한두 마리나 밀 한 포대를 가지고 지주가 사는 곳을 방문했다.

허드슨 베이 컴퍼니

1610년 북서항로를 찾기 위해 북쪽으로 떠났던 영국인 허드슨이 선원들의 선상반란으로 칠흑같이 어두운 북극의 얼음바다에서 비극적인 최후를 맞이한 후, 북서항로의 탐험은 50여 년 동안 포기 상태에 있었다.

그러던 중에 라디송Pierr Esprit Radisson이라는 사람이 세인트 로렌스를 출발하여 육로로 허드슨 만까지 가기로 했다. 라디송은 프랑스에서 태어나 15세 어린 나이에 뉴프랑스로 건너왔다가 이듬해 이로쿼이족에게 포로로 잡혀 2년 동안 그들과 지내면서 원주민 생활에 매우 친숙해진 사람이었다. 그는 뉴프랑스로 돌아온 후 손위처남인 그로세이예르Médard Chouart des Groseilliers 와 함께 모피장사를 떠나기로 했다.

그들은 세인트 로렌스를 출발하여 육로로 허드슨 만으로 가려고 했던 뜻은 이루지 못했으나, 도중에 돌아오면서 많은 모피를 가지고 왔다. 마침 그당시 이 지역에 있던 이로쿼이족들은 그들의 앙숙인 휴런족들이 뉴프랑스로 모피를 반입하는 것을 방해하고 있었기 때문에 이로 인하여 뉴프랑스 경제는 막대한 타격을 받고 있었다. 모피가 없으면 뉴프랑스 식민지는 살아남을 수 없는 상황이었기 때문에, 엄청나게 많은 모피를 가지고 돌아온 그들을

허드슨 베이 컴퍼니의 모피 교역소.

주민들은 영웅처럼 환영했다. 그러나 당시 뉴프랑스 총독은 허가도 받지 않고 모피 교역을 했다는 이유로 그들이 가져온 모피를 모두 압수하고 두 사람을 감옥에 가두었다.

화가 난 그들은 풀려나자 영국으로 건너가 영국 국왕을 설득했고, 이에 영국 왕과 돈 많은 재벌 한 사람이 영국에서 허드슨 만으로 항해하는 데 필요한 재정을 지원했다. 두 사람은 허드슨 만에 도착하여 많은 모피를 수집하여 영국으로 돌아갔다.

이것을 본 돈 많은 영국 부자들이 허드슨 만에 모피 교역소를 차려 모피 교역을 하기로 결정하고 '허드슨 베이 컴퍼니Hudson's Bay Company'라는 회사를 설립했다. 영국 국왕은 1670년 허드슨 만으로 유입되는 모든 강 유역의 모피전매권을 허드슨 베이 컴퍼니에 주었다. 이 지역은 허드슨 만의 서쪽과 남쪽에 뻗어 있는 어마어마하게 넓은 땅이었다.

그 후 50년 넘게 이 회사는 허드슨 만에 모피 교역소를 차려놓고 회사를 운영할 직원들을 파견했으며, 그들은 내륙으로 들어가서 모피 교역을 하는 대신 지정된 교역소에 앉아 원주민들이 가져오는 모피를 사들였다.

한편 프랑스는 영국과는 달리 모피상들을 서쪽 내륙 지방으로 내보내고 있었다. 그 결과 원주민들은 허드슨 만까지 가는 수고를 덜고 내륙 지방까지 찾아온 프랑스 모피상들과 더 많은 거래를 했다.

영국도 마침내 내륙으로 진출해 교역소를 설치해야 한다는 것을 깨달았다. 드디어 허드슨 베이 컴퍼니도 프랑스 모피 교역상들과 경쟁하기 위해 내륙에 모피 교역소들을 설치하기 시작했다.

영국은 결과적으로 숲 속을 뒤지며 모피장사를 하던 프랑스의 두 젊은 처남남매로 인해 캐나다의 북부를 장악하게 된 셈이었다. 만일 그때 뉴프랑스 총독이 이 두 젊은이들을 처벌하지 않고 잘 다독거려 충성심을 끌어냈더라면 캐나다의 역사는 많이 달라졌을 것이다.

영국의
초기 식민지

초기 영국 식민지

1600년대에는 많은 유럽 국가들이 미대륙에 있는 제국들을 손에 넣었다. 스페인과 포르투갈은 금은보석이 풍부한 멕시코와 중남미에, 프랑스는 세인트 로렌스와 아카디아, 카리브 해에 식민지를 세우고 있었다. 영국도 일찍이 1585년부터 버지니아 식민지를 시작했으나, 영국 탐험가 롤리Walter Raleigh가 데려온 정착민들은 과거 프랑스인들이 북쪽에서 겪었던 것처럼 혹한과 질병과 인디언들의 습격 때문에 정착에 실패하고 말았다.

그러나 영국의 많은 상인들은 미대륙에 식민지를 세우기를 원했고, 스페인 식민지보다 북쪽에 있는 땅을 차지하고 싶어했다. 그 당시 영국 국왕은 이곳 식민지에 직접 투자하는 것보다 큰 회사들에게 식민지 설립 특허를 내주어 특허권을 따낸 회사들에게 식민지를 세울 수 있는 권한을 줌으로써 힘들이지 않고 식민지들로부터 권력과 부를 함께 거머쥘 속셈을 가지고 있었다.

최초로 영국 식민지가 북미대륙에 세워진 것은 1607년으로 지금의 버지니아Virginia에 있는 제임스타운Jamestown이었고, 식민지의 이름은 영국 왕 제임스 1세의 이름을 딴 것이었다. 그들은 거기서 금과 은이 나올 것으로 기대했으나, 그들이 찾은 것은 겉보기만 누런 황철광뿐이었다.

식민지를 세우는 일은 쉽지 않았다. 겨울이 오자 혹독한 추위가 불어닥쳤고, 식량이 떨어져도 보급이 되지 않아 죽을 고생을 했다. 마침내 식민지를 맡았던 스미스John Smith 선장은 우선 인디언들과 교분을 맺고 담배를 재배하는 법을 배웠다. 식민지에 이주해온 정착민들은 열심히 담배농사를 지어 본국에 담배를 가져다 팔아 그 돈으로 겨우 생필품을 살 수 있게 되었다. 이렇게 해서 영국은 북미대륙에 처음으로 영구적인 식민지를 세우는 데 성공했다.

1619년에는 각 지역마다 대표자를 뽑아 식민지 의회House of Burgesses를 구성했는데, 이것이 바로 북미대륙에서 최초로 선거에 의해 탄생한 정부가 된다.

또 그해에 홀아비들을 위해 19명의 신붓감들이 영국에서 도착했는데, 그들을 데려오는 데 홀아비 1인당 120파운드에 해당하는 담배를 지불했다. 또 네덜란드 배가 이곳에 들어와 20명의 흑인 노예를 농가에 팔고 갔는데 이것이 북미 식민지에서 노예제도가 시작된 기원이 된다.

1620년에는 한 영국 이주민 집단이 메이플라워Mayflower 호를 타고 지금의 매사추세츠Massachusetts의 플리머스Plymouth 근처에 상륙했다. 그들은 자신들을 청교도Puritans라 칭하는 종교집단이었다. 그들은 영국 교회의 개혁이 불충분한 데 불만을 품고 더 많은 것을 개혁하도록 주장한 영국의 신교도들로서, 영국 교회의 간섭을 받지 않고 그들 자신들의 신앙을 지키기로 결심한 사람들이었다. 그들은 도착하자마자 메이플라워 규약Mayflower Compact을 작성했다. 그리고 그들은 식민지의 복리를 위해 규약에 명시된 모든 규칙과 법을 지킬 것을 맹세했다.

그러나 이곳 사정에 어두웠던 그들은 추위가 오기 전에 거처할 집과 식량을 미처 준비하지 못했으므로 이곳에서 처음 맞은 겨울은 그들에게 가장 힘든 시기였다. 혹독한 겨울을 지내는 동안 많은 사람들이 추위와 굶주림을 견디지 못해 죽었다. 그러나 이 청교도들은 그 어려운 역경을 극복하고 마침내 북미대륙에서 두 번째로 성공한 영국의 식민지를 이룬다.

대서양 연안의 영국 식민지들

영국의 청교도들이 플리머스에 영국의 두 번째 식민지를 세운 이후부터 150여 년에 걸쳐 남쪽의 조지아Georgia에서부터 북쪽의 매사추세츠까지 대서양 연안을 따라 영국 식민지들이 줄줄이 들어섰다. 식민지에 이주해온 정착민들은 대부분 영국인들이었으나, 아일랜드 · 스코틀랜드 · 독일 · 네덜란드에서도 많은 사람들이 이주해왔기 때문에 인구는 급속도로 증가해갔다.

그 당시 이곳 식민지는 뉴잉글랜드 식민지, 중부 식민지, 그리고 남부 식민지 등 세 식민지군으로 나뉘어 불렸다.

버지니아 식민지.

뉴잉글랜드 식민지에는 매사추세츠, 뉴햄프셔 NewHampshire, 로드 아일랜드 Rhode Island, 그리고 코네티컷 Connecticut 등 북쪽에 위치한 4개 식민지들이 속해 있었고, 대부분의 주민들은 해안을 따라 도시를 건설했다. 고기 잡는 어부, 배를 건조하는 조선공, 그리고 무역업자와 상인들이 대부분이었으며, 보스턴Boston이 가장 큰 도시였다.

뉴잉글랜드에 접하여 바로 남쪽에 붙어 있는 중부 식민지에는 뉴욕NewYork, 펜실베이니아Pennsylvania, 뉴저지

Newjersey, 그리고 델라웨어Delaware 등 4개 식민지들이 속해 있었으며, 땅이 평탄하고 비옥하여 대부분의 주민들이 농사를 지었다. 영국이 세운 식민지였지만 주민들은 대부분 독일 · 네덜란드 · 스웨덴 · 스코틀랜드 그리고 아일랜드에서 온 이주민들이었고, 새 농토를 얻기 위해 서쪽 내륙으로도 뻗어나갔기 때문에 원주민들과 충돌하는 일이 많았다.

남부 식민지는 북쪽으로는 중부 식민지와 접해 있었고, 남쪽으로는 그 당시 스페인의 식민지였던 플로리다Florida와 접해 있었다. 메릴랜드Maryland · 버지니아Virginia · 노스 캐롤라이나North Carolina · 사우스 캐롤라이나South Carolina 그리고 조지아Georgia 등 5개 식민지가 속해 있었는데, 이 지역은 땅이 평탄한 평원이었고 기온이 높아 쌀 · 담배 · 콩 농사가 잘 되었다. 그 후 이곳은 목화 재배에 적당한 기후였으므로 목화의 주산지가 되었다.

1619년에는 아프리카에서 흑인노예들을 이곳 남부 식민지에 처음 데려왔고 목화 재배가 본격화됨에 따라 큰 목화농장에서는 그 일손을 흑인노예들에게 의존하게 되었다. 흑인들의 수는 점차 증가하여 1770년에는 대서양 연안의 13개 영국 식민지들의 총 인구 210만 명 중 40만 명이 흑인노예들이었다. 그 당시 대부분의 흑인노예들은 남부에서 살았으며, 흑인들의 북미대륙 출현은 북미대륙 역사의 흐름을 바꾸어놓을 정도로 큰 영향을 주게 되었다.

18세기
노바 스코샤와 뉴펀들랜드

18세기 후반의 노바 스코샤와 그 주변

영국은 1713년 체결된 위트레흐트 평화조약에 의해 프랑스로부터 아카디아 등을 넘겨받았으나, 아카디아에 남아 있던 프랑스인들이 끝내 영국 국왕에게 충성을 맹세하지 않으려 하자 점점 불안을 느끼게 되었다. 그래서 영국은 1755년 아카디아를 영국의 완전한 식민지로 탈바꿈시키기 위해 아카디아에 정착하고 있던 프랑스인들을 추방하고 영국계 정착민들을 이주시키기로 했다.

이와 같은 정책 때문에 1760년부터 1776년 사이에 7천 명이 넘는 영국계 정착민들이 뉴잉글랜드에서 노바 스코샤로 옮겨왔고, 그들은 프랑스인들이 살던 펀디 만 연안의 비옥한 땅들을 차지하게 되었다. 그러나 그들은 프랑스 사람들이 축조한 간척지의 제방을 관리할 줄 몰랐으므로 제방이 무너지는 바람에 많은 옥토가 바닷물에 유실되었다.

아카디아는 영국이 점령한 후 곧이어 영국의 자치식민지가 되었으며, 드디어 1758년 핼리팩스Halifax에 입법부가 설립되고 돈 많은 상인들과 고급장교들이 권력을 잡았다.

1769년에는 펜실베이니아 토지회사Pennsylvania Land Company가 노바 스코샤에 있는 픽토Pictou 지방의 광활한 지역에 대해 식민지를 운영할 수 있는 특허권을 땄다. 그러나 뉴잉글랜드 내에서는 이곳에 보낼 정착민을 구할 수가 없어 토지회사는 스코틀랜드에 가서 대대적으로 이주민 모집광고를 냈다. 마침 이때 스코틀랜드에서는 지주들이 그들의 농토에서 소작인들의 수를 줄이고 있던 때였으므로 1763년에서 1776년 사이에 무려 2만 5천 명의 스코틀랜드인들이 모국을 떠나 북미로 이주해왔다. 이들 중 2천여 명이 픽토와 안티고니시Antigonish 지방에 정착했고, 대부분이 감자와 밀농사를 하면서 가난하게 살았다. 그들 중 일부는 짬짬이 어부로도 일했는데, 대부분의 초창기 스코틀랜드 이주민들은 낯선 땅에 와서 많은 고생을 했다.

노바 스코샤에서 영국의 관심을 가장 많이 끈 것은 하늘 높이 치솟아 있던 수목들이었다. 그 당시 대서양 연안의 식민지에는 백송과 가문비나무 숲들이 울창하게 들어서 있었고, 이 나무들은 영국 해군 함정들의 돛대를 만드는 데 안성맞춤이었다. 특히 여기서 자란 백송은 곧고 옹이 없어 중간에서 잇지 않고도 35m나 되는 돛을 만들 수 있었다. 그래서 영국은 노바 스코샤의 해안은 물론 세인트 존Saint John 강과 미라미치Miramichi 강 유역 일대의 나무들과, 지금은 프린스 에드워드 아일랜드Prince Edward Island로 개명된 세인트 존 섬 등에서 수많은 나무들을 벌채해갔다. 당시 노바 스코샤 연안의 숲은 영국군 장교들과 특허권을 딴 토지회사들이 소유권을 가지고 있었다. 그러나 영국이 이곳에서 마구잡이 벌목을 해간 결과, 1800년 무렵에는 대서양 연안의 그렇게도 울창했던 나무들이 몽땅 사라졌고, 오늘날에는 그 흔적을 찾아볼 수 없게 되었다.

지금의 프린스 에드워드 아일랜드는 원래 프랑스인들이 일 생 장Ile St. Jean 이라 부르던 섬으로, 영국이 점령한 후 한때 세인트 존 아일랜드St. John Island 로 개명하여 부르다가 현재의 이름으로 바뀌었다.

그 당시 이 섬의 인구는 시간이 가도 별로 늘지를 않아 영국 정부는 이 섬과 케이프 브래턴Cape Breton 섬을 정부의 재산으로 보존하기로 결정했다. 그래서 이곳 두 섬에 이주하려는 사람에게는 매우 엄격한 심사를 거친 후 이주허가를 내주었다. 그 결과 세인트 존 아일랜드는 67필지로 분할되어 영국 귀족과 군 장교들에게 배당되었다. 그러나 이들 중 겨우 몇 안 되는 지주들만 정착민들을 이곳에 데려왔기 때문에 1784년까지만 해도 이 섬에는 약 천 명 정도의 주민밖에 살지 않았다. 그뿐만 아니라 초기에 이 섬에 이주해왔던 스코틀랜드인들도 차츰 섬을 떠나 더 값이 싼 땅과 편한 생활을 찾아 노바 스코샤로 옮겨갔다.

18세기 뉴펀들랜드

뉴펀들랜드 근해에 위치한 그랜드 뱅크는 대구잡이 황금어장으로 200년 동안 영국과 프랑스 사이에 분쟁의 불씨가 되었던 곳으로, 영·불 양국은 이곳을 서로 자기들의 영토라고 주장했다.

이들 두 나라는 같은 시기에 뉴펀들랜드에 정착기지를 세우면서 프랑스는 오베스크 항 부근에, 영국은 플라센티아Placentia 항 부근과 동쪽 연안에 각각 정착지를 정했다. 그러나 이곳 땅은 농사짓기에 척박했고, 춥고 습기가 많았기 때문에 거의 사람이 살지는 않았다. 영국 정부 역시 뉴펀들랜드에 사람들을 정착시킬 생각은 없었다. 다만 어부들이 매년 배를 타고 영국에서 그랜드 뱅크까지 대구잡이를 하러 왔을 뿐 이곳에 상주하지는 않았다. 그러나 대서양을 건너 매년 항해하는 것은 장래 영국 해군의 우수한 수병과 인도·중국·서인도 등과 교역하는 상선의 선원을 확보할 수 있는 길이 되었고, 이것은 또한 어장의 어업권을 계속 유지하는 방편이기도 했다.

한편 이곳에 상주했던 어민들도 있었는데 그들이 잡은 대구는 보스턴에서 올라온 상인들에게 팔렸고, 그 수익금은 영국 본국으로 건너가지 않고 이곳에서 살고 있는 어민들의 수입이 되었다.

18세기에 들어와서도 대구 잡는 방법은 15세기 영국 어부들이 처음 이곳에 와서 대구를 잡던 방식대로 낚시를 사용하여 잡았으나, 잡은 대구의 저장방법은 달라졌다.

초기에는 잡은 대구를 선상에서 소금에 절여 유럽으로 가져갔으나, 17세기 후반부터 영국으로 가져가기 전에 고기를 말리기 시작했다. 건조방법은

1차로 선상에서 깨끗이 씻고 부두에 내려놓고 다시 깨끗이 손질한 다음 소금으로 간을 약간 하여 덕장에 걸어놓고 말렸다. 이렇게 건조시킨 대구는 소금에 절인 것보다 덜 상했기 때문에 더 좋은 가격을 받을 수 있었다. 그러나 그 당시 이곳에는 대구를 연안에서 건조하는 일을 할 인력이 없었으므로 뉴펀들랜드에 상주할 정착민들을 데려와야 했다.

영국 정부는 어업에 종사하는 사람들을 확충하기 위해 어업과 직접적으로 관계되는 일을 하지 않는 사람은 뉴펀들랜드 내의 어떤 부동산도 소유할 수 없도록 하는 법령을 통과시켰다. 처음으로 이곳에 상주하려고 이주해온 정착민들은 폭풍이 몰아치는 겨울철에 선착장과 창고 등의 건물들을 지킬 경비원들이었다. 그러나 그 후 영국 의회가 통과시킨 이 법은 엄격하게 시행되지는 않았다.

뉴펀들랜드의 인구는 18세기에 와서 느린 속도로 꾸준하게 늘어났다. 1713년에 3천 명이던 인구가 1749년에는 6천 명으로 두 배가 되었고, 1765년에는 1만 2천 명이 되었다. 이들 중 많은 사람들이 영국 본토의 서쪽 해안가에 살던 가난한 선원들과 어부들이었고, 더러는 영국에서 출발한 배들이 항해에 필요한 물품을 공급받기 위해 아일랜드에 잠시 들렀을 때 그곳에서 선상잡부로 채용되어온 사람들이었다. 이들은 배가 플라센티아 항에 도착하면 모두 하선하여 조선소에 대어줄 목재를 벌채하는 벌목장에 가서 겨울 동안 일을 했다. 그외 스페인 · 프랑스 · 포르투갈 어부들도 왔으나, 이들은 주로 여름철만 이곳에 머물렀다. 한편 오베스크 항 부근에 살던 초기 프랑스 정착민들은 영국이 아카디아를 점령한 1750년대에 뉴펀들랜드를 많이 떠났다.

제4장
대륙 쟁탈

CANADA

북미대륙의
두 앙숙

북미대륙의 두 앙숙

17세기 영국과 프랑스는 세계 곳곳에 식민지를 갖고 있었으며, 이 두 나라는 1689년부터 1815년까지 유럽과 세계 도처에서 식민지를 뺏고 빼앗기는 공방전을 계속했다. 북미대륙에서도 예외는 아니었다. 두 나라는 모피 교역의 주도권을 잡기 위해 북미에서 맞붙었다.

허드슨 베이 컴퍼니가 프랑스 모피시장을 잠식하기 시작하자 1689년 전쟁이 선포되었다. 프랑스는 뉴잉글랜드에 있는 영국인들의 정착지를 공격했고, 영국은 아카디아를 공격했다.

1697년이 되서야 어정쩡하게 평화가 잠시 찾아왔고, 전쟁은 끝나는 듯했다. 그러나 상권을 잠식당한 프랑스 모피상들은 허드슨 만 연안에 있는 허드슨 베이 컴퍼니의 모피 교역소들을 계속 습격했으므로 평화가 오래 지속되지는 못했다.

영국과 프랑스는 각자 동맹을 맺은 인디언 부족들과 합세하여 상대방을 맹렬하게 공격했다. 뉴잉글랜드 병력은 아카디아에 있는 포트 로열을 함락했고, 곧이어 영국 본토와 손을 잡고 퀘벡에 해상공격을 감행하려고 했다. 그러나 마침 기상상태가 좋지 않고 본국과의 협조가 미비해 뜻을 이루지는 못했다.

1713년 위트레흐트 조약이 체결되어 프랑스는 아카디아와 뉴펀들랜드, 그리고 30년 이상 장악하고 있던 허드슨 만 일대의 광활한 지역을 영국에 고스란히 넘겨줘야 했다. 특히 뉴프랑스의 수문장이었던 아카디아까지 영국의 수중에 넘겨준 프랑스는, 뉴프랑스의 진입로인 세인트 로렌스 강 하구를 더 이상 지킬 수 없게 되었다. 이제 남은 식민지라도 잘 지키는 수밖에 별다른 도리가 없었다.

1719년 프랑스는 드디어 케이프 브래턴Cape Breton 섬에 국왕의 이름을 딴 루이스버그Louisbourg 요새를 튼튼하게 세웠고, 돌로 만든 이 요새에 주둔한 프랑스 해군은 뉴펀들랜드 근해의 자국 어민을 보호하고 세인트 로렌스 강 하구를 경계하는 임무를 수행했다.

프랑스는 허드슨 만 지역에서도 영국에게 모피 교역권을 빼앗겼기 때문에 더 이상 그곳에 발을 붙이지 못하고 오대호 남쪽에 있는 오하이오Ohio 강과 미시시피Mississippi 강 유역으로 내려가 그곳에서 모피 교역을 계속했다. 그들은 미시시피 강 유역과 오대호 유역에 새로운 요새들을 세웠다. 지금의 킹스턴Kingston에 해당되는 곳에는 초대 뉴프랑스 총독의 이름을 딴 프롱트나크Frontenac 요새를 세웠고, 남쪽으로부터의 공격을 막기 위해서 미시시피 강 하구에 있는 뉴올리언스New Orleans에도 요새를 세웠다.

마침내 뉴프랑스는 위트레흐트 조약으로 말미암아 북쪽에 있는 영국의 허드슨 베이 컴퍼니와 남쪽에 있는 영국 식민지 사이에 갇히는 신세가 되었고, 영국은 이 조약으로 뉴펀들랜드의 황금어장을 포함한 광활한 지역을 장악해 더욱 막강해졌으며, 인구도 많이 증가했다.

그러나 프랑스가 북미에서 완전히 힘을 잃은 것은 아니었다. 영국 측은 훈련이 제대로 되지 않은 식민지 민병대를 가지고 있었던 반면, 프랑스는 잘 훈련되어 전투력이 뛰어난 뉴프랑스 군대를 가지고 있었다. 또 영국 식민지들은 서로 다투고 본국과도 의견 대립이 많았으나, 뉴프랑스는 단결이 잘 되어 하나의 통일된 식민지라는 강점을 가지고 있었다.

다시 시작된 싸움

북미대륙의 프랑스와 영국 식민지 사이에는 지역적 경계가 명백하게 구분되어 있는 것이 아니었기 때문에 이들 두 나라는 물론이고 이들과 동맹을 맺은 인디언들까지 분명치 않은 경계선을 사이에 두고 서로 습격과 반격을 되풀이했다.

1745년 유럽에서 두 나라 사이에 다시 전쟁이 터졌고, 북미에서도 경계선을 따라 그동안 끊임없이 일어나던 작은 충돌들이 전면전으로 확대되었다. 뉴잉글랜드의 군대가 루이스버그에 있는 프랑스 요새를 공격하여 함락시켰고, 프랑스 해군은 빼앗긴 요새를 재탈환하기 위해 반격했으나 실패하고 말았다.

한편 프랑스는 인도에서 기세를 잡았다. 프랑스가 인도에 있는 영국의 중요 무역도시인 마드라스Madras를 공략하여 함락시키자, 1748년 영국은 마드라스를 돌려받는 조건으로 루이스버그를 프랑스 측에 되돌려주었다.

프랑스는 이때 북미대륙의 자체방어를 더욱 강화할 필요가 있다고 결론짓고 새로운 요새들을 오하이오 강 유역에 세웠다. 그뿐만 아니라 프랑스의 탐험가들과 모피상들이 더 서쪽으로 뻗어나가 서스캐처원Saskatchewan 강 상류까지 영역을 넓혀갔기 때문에, 프랑스는 이때까지만 해도 북미대륙에서 광활하고 자원이 풍부한 알짜배기 지역을 많이 장악하고 있었다. 그러나 인구면에서 보면, 그 당시 뉴프랑스는 겨우 6만 명의 정착민을 가지고 있었던 데 비해 뉴잉글랜드는 무려 250만 명의 정착민을 가지고 있어 상대가 되지 않았다.

뉴잉글랜드는 대서양 연안에 접한 식민지의 인구가 점점 팽창함에 따라 새로운 땅을 찾아 서쪽으로 뻗어나가지 않을 수 없었다. 그들은 애팔래치아 산맥 너머 오하이오 강 유역의 프랑스 영역까지 넘보게 되었고, 그 땅을 차지하기 위해서는 기꺼이 전쟁도 불사하기로 결심했다.

후에 미합중국의 초대 대통령이 된 조지 워싱턴George Washington이 누더기를 걸친 뉴잉글랜드 민병대를 이끌고 오하이오 계곡에 있는 프랑스 식민지 뒤켄Duquesne 요새를 공략하기 위해 장도에 올랐다. 이들이 뒤켄 요새에 도착하자 프랑스 측은 소규모의 병력을 보내 뉴잉글랜드 민병대에게 되돌아갈 것을 종용했으나, 워싱턴과 그 부하들은 프랑스 병사 9명을 사살하고 21명을 포로로 잡아갔다. 이 사건이 도화선이 되어 세계 도처에서 양국 간의 싸움이 벌어져 무려 7년 동안이나 계속되었다.

프랑스는 신속히 대응하여 500명의 군대를 보내 오합지졸인 워싱턴 휘하의 부대를 반격했다. 전투력 면에서 열세였던 뉴잉글랜드 민병대는 더 이상 버티지 못하고 총과 배낭을 버려둔 채 도망쳤다. 성난 영국 식민지 주민들은 모국인 영국으로 하여금 프랑스에 선전포고를 할 것을 강력히 요구했다.

결국 선전포고도 없이 양국 간의 전쟁은 시작되었다. 해상에서는 영국 배들이 뉴펀들랜드 연안과 세인트 로렌스 강의 하구에 있던 프랑스 선박들을 공격했고, 육상에서는 브라독Edward Braddock 대령이 2천 명의 병력을 이끌고 뒤겐 요새를 공격하기 위해 애팔래치아 산맥을 넘어 진군했다. 프랑스 측은 요새를 방어할 병력을 다 합쳐봐야 프랑스군 250명과 인디언 원주민 600명이 전부였다. 그러나 이때 브라독 대령의 부대는 무거운 대포와 큰 마차 등 중장비를 가지고 진격해왔기 때문에 빨리 움직일 수 없어 프랑스군의 좋은 표적이 되었고, 전투는 프랑스의 일방적인 완승으로 끝났다.

이 전투에서 영국군의 3분의 2가 목숨을 잃거나 프랑스군의 포로가 되었으며, 브라독 대령도 전사했다. 나머지 패잔병들은 혼비백산하여 무기와 보급품을 내던지고 도망치기에 바빴다. 프랑스는 오대호 부근의 여러 다른 전투에서도 승리했다.

그러나 아카디아에서는 영국이 이기고 있었다. 1755년 펀디 만에 있는 프랑스의 보세주르Beauséjour 요새가 함락됨으로써 노바 스코샤에서 영국을 위협하던 마지막 보루가 무너지고 말았다. 그해 영국은 아카디아의 프랑스계 정착민들에게 추방령을 내렸다.

이듬해인 1756년의 전황은 양측이 팽팽히 맞서 있는 상태였다. 영국과 그들의 막강한 해군은 바다를 장악했으나 세인트 로렌스 강으로 올라가는 프랑스 배를 막지 못했고, 육지에서는 프랑스와 그들의 인디언 동맹 부족들이 영국 측을 항만에 묶어두고 더 이상 쳐들어오지 못하게 했다.

영국의 공격과
뉴프랑스의 쇠망

뉴프랑스의 쇠망

1756년부터 1763년까지 계속된 7년 전쟁Seven Years' War은 영국이 치른 최초의 현대전이었다. 영국은 이 전쟁에 영국의 전체 국력을 동원했다. 은행가를 비롯하여 기업가·농민·상인·육군·해군 등을 망라하여 전 국민이 전쟁에 몰입했다. 영국군 장성들은 공격을 위해 치밀한 작전계획을 세웠고, 결국 영국의 행운과 프랑스 측의 연이은 실수로 뉴프랑스는 영국의 수중에 떨어졌다.

1758년까지 캐나다 내에서 벌어진 영·불 양국 간의 전황은 영국에게 유리하게 전개되었다. 루이스버그 요새에 있던 6천 명의 프랑스 수병과 보병, 민병대가 2만 8천 명의 영국군 공격부대와 맞서 7주 동안 사투를 벌였으나 끝내 요새를 지키지 못하고 1758년 6월 26일 드디어 영국 측에 내주었다.

루이스버그가 함락됨에 따라 영국은 뉴프랑스의 젖줄인 세인트 로렌스 강의 진입을 통제할 수 있었다. 사기가 충천한 영국은 다음 공격목표를 뉴프랑스의 수도 퀘벡으로 잡았다.

설상가상으로 1758년에는 뉴프랑스에 기근이 들어 주민들의 생활이 급속도로 어려워졌고, 식량 공급이 원활하지 않아 농가에서는 애지중지하던 말까지 잡아먹어야 했다. 식량이 부족하자 빵도 성인 1인당 하루 60g밖에 배급되지 않아 겨우 연명하는 상황이었다.

특히 나이아가라

뒤겐 요새의 철수.

Niagara나 뒤겐 등과 같이 멀리 떨어져 있는 요새는 거리상 식량 공급이 더욱 어려웠다. 지난날 영국의 대공세에도 함락되지 않고 성공적으로 방어했던 뒤겐 요새의 방어군도 보급이 끊기자 요새를 불지르고 떠나야 했다. 더구나 많은 병력이 전쟁터에서 차출되어 보급품 수송에 투입되었으므로 프랑스의 병력은 수적으로도 태부족이었다.

프랑스 본국에서는 대서양을 장악하고 있는 영국 해군 때문에 뉴프랑스에 충분한 물자를 보급할 수가 없었다. 영국 해군은 프랑스 선박을 보는 족족 무차별로 공격했고, 심지어 프랑스 본토 연안에 정박 중인 배들까지 공격했다.

뉴프랑스가 쇠망하게 된 원인 중 또 다른 큰 원인은 프랑스 본국이나 뉴프랑스 식민지 내에 정보 및 작전에 정통한 유능한 지휘관이 없었기 때문이었다.

1756년 몽칼름Louis Joseph Montcalm이 캐나다 주둔 프랑스 병력의 총사령관으로 부임했으나, 작전에 대한 의견 차이로 총독과 서로 심하게 대립했다. 당시 총독 보드레율Vaudreuil은 그들의 주력부대가 민병대와 그들과 동맹을 맺은 인디언 부족들이라고 생각했고, 지금까지 그들이 벌인 게릴라전으로 매우 성공적인 전과를 올려왔기 때문에 앞으로도 계속 그렇게 해야 한다고 주장했다. 그러나 몽칼름은 이와 같은 비정규전을 싫어했고, 프랑스 장군답게 전쟁은 유럽에서 하듯이 정규전이어야 한다고 주장했다. 그뿐만 아니라 몽칼름은 북미대륙에서 프랑스의 승리를 기대하지 않았다. 그는 다만 최소한의 손실로 퀘벡의 함락을 모면하는 길이 최상책이라고 생각하고 모든 프랑스군에 수도 퀘벡을 사수하도록 명령했다.

한편 1758년 여름 루이스버그를 함락하는 데 7주간이나 걸린 영국은 다음 공격목표를 퀘벡으로 잡긴 했으나 퀘벡으로의 진격을 일시 연기할 수밖에 없었다. 얼음이 얼기 전에 세인트 로렌스 강으로 충분한 병력과 보급품을 투입할 수 없었을뿐더러, 겨울이 오면 보급선이 끊겨 꼼짝달싹 못 하고 갇힐 것이 염려되었기 때문이었다.

영국의 재공격

루이스버그 공격을 성공적으로 지휘한 영국의 울프James Wolfe 장군은 혁혁한 공로가 인정되어 다시 퀘벡 공격의 임무를 맡게 되었다. 울프는 다음 해에 있을 대대적인 공격을 위해 준비단계로 전초전을 벌이기로 했다. 그는 가스페Gaspé 연안을 따라 연쇄적인 기습을 가하면서 세인트 로렌스 만에 있는 프랑스인들의 농촌들을 불지르고 약탈하여 뉴프랑스의 중요한 식량 공급원을 차단했다. 그는 이와 같이 뉴프랑스의 민간인들에게 계속 테러를 가해 신경전을 펼쳤다.

1758년 말에 와서는 뉴프랑스의 프랑스군 총사령관이었던 몽칼름의 패배주의 태도가 프랑스 본국에까지 만연해 프랑스 정부의 일각에서는 캐나다 내에 있는 그들의 식민지가 과연 사수할 가치가 있는 것인지에 대해서도 의심을 품게 되었다. 더구나 막강한 영국 해군의 해상장악은 그들을 더욱 위축시켰다. 결국 프랑스는 영국 해군 때문에 북미에 있는 그들의 식민지에 보급품을 보낼 수도 없는 처지에 놓였다.

프랑스는 캐나다에서의 싸움은 승산이 없다고 판단, 영국을 이기려면 유럽에서 싸우는 길밖에 없다고 결론을 내렸다. 프랑스는 해상을 통해 영국을 공격하려했다. 그러나 영국 해군 함대들은 침투해 들어오는 프랑스 함대를

영국의 포격에 파괴
된 퀘벡의 성당 내부.

여지없이 쳐부숴 결국 프랑스 해군에 종지부를 찍게 했고, 해군력을 상실한 프랑스는 더 이상 퀘벡을 효과적으로 방어할 수 없게 되었다.

1759년 여름이 돌아오자 캐나다에서의 주도권 장악을 위한 마지막 싸움의 막이 올랐다. 프랑스 쪽은 몽칼름의 지휘하에 튼튼한 방어선을 구축했고, 총독 보드레율이 마을 사람들을 모아 민병대를 조직하자 그동안 울프의 기습과 테러에 원한이 사무쳐 있던 수천 명의 민간인들이 민병대에 지원했다. 이렇게 하여 곧 1만 5천 명에 달하는 정규군과 민병대가 퀘벡 방어에 투입되었다.

6월이 되자 울프 장군은 164척의 배에 2만 8천여 명의 병력을 싣고 오를레앙 섬을 지나 퀘벡으로 진격했다. 울프는 오를레앙 섬과 세인트 로렌스 강 연안에 교두보를 확보하고, 퀘벡이 마주보이는 건너편 프엥트 레비Pointe Lévis에 있는 언덕배기에 포대를 배치했다.

울프는 공격준비와 작전을 세우는 데 한 달이나 소비했으며, 몽칼름은 이 기간 중 선제공격을 할 수 있는 좋은 기회가 있었음에도 불구하고 공격 대신 도시 아래쪽에 있는 보퍼트Beauport에 한 겹의 방어선만 쳐놓고 적의 공격을 기다리고 있었다.

드디어 7월31일, 울프는 첫 공격을 감행했다. 그러나 영국군은 뜻밖에도 프랑스 측 레비Lévis 장군의 반격에 부딪혀 많은 인명 손실을 입고 퇴각했다. 8월에도 퀘벡은 포위된 상태로 영국의 집요한 공격을 계속 받았으며, 9월에 가서는 도시 안에 성한 건물이라고는 한 채도 찾아볼 수 없을 정도가 되었다.

또 울프는 뉴프랑스의 작은 마을이나 농가에도 계속 악랄한 테러를 가하면서 민간인들을 괴롭혔다. 그러나 이러한 테러 행위는 도리어 영국에 대한 프랑스인들의 저항과 적개심만을 불러일으킨 결과가 되었다.

여름 내내 퀘벡을 공략했지만 울프의 작전은 아무런 전과를 거두지 못했고, 참모들 간에는 울프의 작전에 대한 비판과 반대의견이 제기되기 시작했다. 참모들 사이에서는 퀘벡의 효율적인 공격은 도시의 앞쪽인 해안에서가 아니라 도시의 뒤쪽인 산꼭대기에서 감행해야 한다는 주장이 대두되었다.

퀘벡의 함락과
뉴프랑스의 멸망

1759년 9월 13일 모두가 잠들어 있는 미명의 어둠을 이용하여 울프의 병력은 상륙작전을 개시했다. 그들은 험난하고 가파른 퀘벡 해안의 암벽을 기어올라 도시의 뒤쪽 산언덕에 있는 에이브러햄Abraham 벌에 집결했다.

프랑스의 몽칼름 장군은 울프의 이와 같은 작전을 전혀 예상하지 못했다. 겨우 100명의 병력으로 방어선을 지키고 있던 몽칼름은 5천 명의 영국군이 에이브러햄 벌 언덕에 당도한 것을 보고 혼비백산했다.

그는 곧 영국군과 맞설 3,500명의 병력을 긴급히 소집했다. 이때 만약 몽칼름이 서두르지 않고 두세 시간만 지연작전을 썼더라면 강력한 포대의 지원과 함께 1만 명의 병력을 소집할 수 있었다. 그러나 그는 성급하게도 아침 10시에 말을 타고 부하들 앞에 나타나 긴 칼을 하늘 높이 뽑아들면서 공격명령을 내렸다. 몽칼름의 군대는 앞뒤도 둘러보지 않고 무모하게 영국군을 향해 돌격했다. 영국군은 기다렸다는 듯이 정확하게 조준하여 총탄을 퍼부었다. 이 전투는 단 15분 만에 어이없이 끝났으며, 눈 깜짝할 사이에 양쪽의 장군 몽칼름과 울프가 모두 전사했다.

그 당시 프랑스는 곧 1만 명 이상의 병력을 새로 보충받았으므로 반격을

가하여 영국군을 충분히 격퇴시킬 수 있었다. 총독 보드레율도 반격할 것을 주장했으나 프랑스 장교들은 반격을 포기하고 몬트리올까지 후퇴했다. 드디어 9월 18일 뉴프랑스의 최대 도시 퀘벡은 반격할 수 있는 좋은 기회도 포기한 채 영국군에게 어이없이 함락되고 말았다.

그러나 영ㆍ불 간의 전쟁이 이것으로 끝난 것은 아니었다. 프랑스군의 대부분이 건재하고 있는 한 영국은 승리를 확정할 수 없었다. 그 당시 프랑스는 퀘벡이 함락되기 직전에 서쪽에 남아 있던 나이아가라 요새마저 영국에 넘어가고 말았으니 이제 남은 것은 몬트리올이 전부였다. 마지막 남은 요새까지 빼앗긴 프랑스군은 언제 또 몬트리올까지 함락될지 모를 공포 속에서 남은 모든 병력을 몬트리올에 집결시켰다.

1760년 봄이 돌아오자 프랑스군은 퀘벡을 탈환하기 위해 마지막 출정을 시도했다. 레비 장군이 이끄는 프랑스군은, 이제는 영국의 머리James Murray 장군이 다스리고 있는 뉴프랑스의 옛 수도 퀘벡을 향해 진군했다. 레비는 도시를 포위하고 맹렬하게 공격했으며 퀘벡으로 입성하는 길목에서 벌어진 생트 포이Ste. Foy 전투에서도 영국군을 격퇴했다. 그러나 안타깝게도 프랑스군에는 계속 추격할 후속 병력과 도시를 접수할 병력이 부족했다.

세인트 로렌스 강의 얼음이 풀리자 영국군은 병력이 증강되었고 프랑스군은 다시 몬트리올로 후퇴해야 했다. 드디어 프랑스군은 캐나다에서 본국으로부터 아무런 도움도 받지 못한 채 몬트리올에 완전히 갇히게 되었다. 1760년 9월 8일, 결국 몬트리올마저 영국에 함락됨으로써 이제 뉴프랑스는 완전히 영국의 손에 넘어갔고, 북미대륙에서의 프랑스 제국의 꿈은 끝났다. 그러나 프랑스계 캐나다인들은 로렌스 강가에 그들의 유산과 언어를 영원히 보존할 수 있는 불어 국가 건설의 꿈을 결코 버리지 않았다.

아메리카 혁명의 태동

영국 국민들은 영국이 날로 북미대륙에서 주도권을 장악하고 세력을 넓혀 가는 것에 대해 긍지를 가졌고, 이제 곧 북미대륙은 영국을 모국이라 부르는 사람들로 꽉 차리라 예상했다. 영국 당국도 식민지 통치에 자신감을 갖고 북 미대륙의 식민지에 더 많은 관심을 보였으며, 식민지의 다양한 정착민들을 다스리기 위해서는 지혜롭고 세심한 지도력이 그 어느 때보다 필요했다. 그 러나 1760년에 새로 즉위한 조지 3세는 모든 일을 자기 멋대로 처리하려고 했기 때문에 영국 의회와 계속 갈등을 빚었다. 그는 식민지를 관할하는 장관 을 수시로 갈아치우고 가혹하고 모순된 정책으로 식민지를 다스렸다.

1763년에 첫 번째 시련이 닥쳐왔다. 그 당시 미국 내 영국 식민지에 있던 정착민들은 7년 전쟁 때 프랑스로부터 빼앗은 오하이오 강 유역의 기름진 땅으로 이주해가고 있었다. 이것이 마침내 이 지역에서 대대로 살고 있던 오 타와Ottawa 인디언족의 감정을 건드렸다. 추장 폰티악Pontiac은 오타와 인디 언들을 이끌고 디트로이트Detroit와 펜실베이니아Pennsylvania 사이에 거주하 는 정착민들을 공격하여 많은 정착민들의 목숨을 앗았다. 사태의 심각성을 인식한 영국은 군을 투입하여 인디언들의 폭동을 겨우 진압했다.

영국은 폰티악 폭동의 재발을 방지하기 위한 조치로 대서양 연안에 있는 영국 식민지에 거주하는 정착민들에게 애팔래치아 산맥을 넘어 서쪽으로 진출하는 것을 금지시키는 포고령을 내리고, 그 대신 노바 스코샤와 플로리다에 있는 새로 생긴 식민지로 이주하도록 권장했다. 이 조치는 미국 내 영국 식민지에 거주하는 많은 정착민들의 불만과 반발을 불러일으켰다. 더욱 사태를 악화시킨 것은 영국 정부가 미국 내 그들의 식민지에 대해 더욱 노골적으로 간섭을 하려고 했기 때문이었다.

1760년대 북미대륙에 있던 영국의 15개 식민지에는 이미 각 식민지들마다 자치적으로 선출하여 운영하는 입법부가 있었고, 새로 영국의 식민지로 편입된 플로리다와 노바 스코샤를 제외한 본래의 13개 영국 식민지는 100년 이상 그들의 문제를 자치적으로 해결하면서 영국 정부의 간섭을 거의 받지 않고 지냈다.

그때 영국 정부가 갑자기 식민지에 요구하고 나온 것은 7년 전쟁에 든 비용을 분담해야 한다는 것이었다. 당시 영국 식민지들은 북미대륙에서 프랑스인들을 쫓아내기를 원했기 때문에 거기에 소요된 비용을 분담해야 한다는 이유였다. 그뿐만 아니라 영국 의회는 식민지와 직접적으로 관련이 되는 몇 가지 법령을 통과시키고 식민지로부터 세금을 징수하기 시작했다.

그러나 식민지 주민들의 입장에서 보면 그들의 법령과 세금을 의결하는 그들 자신들의 식민지자치의회 House of Burgesses 가 엄연히 있는데도 불구하고 그들이 선출하지도 않은 영국 의회가 식민지의 법령과 조세를 정하여 집행하는 것은 부당했다.

영국은 설탕과 당밀 등 수입품에 대하여 관세를 징수하고, 이러한 수입품들을 뉴잉글랜드 상인들이 관세 없이 몰래 들여오는 것을 단속하기 시작했다. 다음은 인지세법 Stamp Act 을 제정해 모든 공문서와 신문, 심지어 트럼프 놀이 카드에도 세금을 냈다는 것을 나타내는 인지를 붙이도록 했다. 식민지에 거주하는 정착민들은 여기에 반기를 들고 세금 납부를 거부했고, 뉴욕 · 보스턴 · 핼리팩스 · 몬트리올 등 많은 도시에서는 인지를 붙이지 않고 신문을 발행했다.

급기야 식민지에서는 '자유의 아들들The Sons of Liberty'이라는 비밀결사단이 결성되어 뉴잉글랜드 상인들에게 인지를 붙여야 하는 사업을 하지 말도록 유도하면서 보이콧 운동을 전개했다. 결국 인지법은 영국 의회에 의하여 폐기되었다.

이 일로 식민지 정착민들은 이제 그들도 영국 본국에 대항할 힘이 있다는 것을 깨닫게 되었다. 그러나 영국 의회는 인지법의 교훈을 깨닫지 못하고 식민지에 관련된 더 많은 법령들을 제정하여 공포했다. 이 법령들은 도저히 받아들일 수 없는 소위 '불용의 법령intolerable acts'이라고 부르는 것들로서, 그 첫째가 1773년 5월에 제정된, 영국인들이 즐기는 홍차에 세금을 붙인 차세법Tea Act이었다.

영국에 대한 저항과
독립

영국에 대한 저항

아담스Samuel Adams가 이끄는 '자유의 아들들'이라는 식민지의 비밀 결사단은, 영국이 제정한 식민지 조세법령에 대해 반기를 들고 보이콧 운동을 전개했다. 그러던 중 차세법이 통과되자 그들의 분노는 폭발하고 말았다.

1773년 이른 여름 어느 날, 보스턴 항에 정박 중이던 한 선박에 인디언 복장으로 변장한 수상한 무리들이 여러 척의 카누를 나누어 타고 접근했다. 배에 오른 이들 '자유의 아들들'은 배에 실려 있던 차가 담긴 궤짝들을 전부 바다에 처넣었다. 곧 보스턴 항에는 342개의 차 궤짝들이 물 위에 두둥실 떠다니는 장관을 이루었다. 이것이 바로 '보스턴 티 파티Boston Tea Party'라고 불리는 유명한 사건이다. '파티'라고 한 것은 당시 춤을 추듯 파도를 타고 넘실거리는 보스턴 항의 차 궤짝들을 보고 해학적으로 붙인 명칭이다.

영국은 식민지 주민들에 의해 발생한 보스턴 티 파티와 같은 격렬한 시위에도 불구하고 눈썹 하나 까딱하지 않았다. 영국 의회는 한술 더 떠 추가로 '불용의 법령들'을 3개나 더 통과시켜 공포했다.

그중 하나가 매사추세츠 주민들의 정치적 권리를 상당 부분 박탈하는 것

차 궤짝을 바다에 던지
는 '자유의 아들들'.

이었고, 다음 하나는 살인을 범한 영국 정부의 직원들을 관할 식민지 배심원
들이 참여할 수 없는 영국 본토에서 재판을 받을 수 있도록 허용한 법이었
으며, 나머지 법은 영국군의 4분의 1을 식민지 주민들 중에서 징집하도록 한
법령이었다.

차세법에 이들 3개 법령을 합친 4개의 '불용의 법령'에 이어 다섯 번째로
퀘벡 법Quebec Act이 추가되었다. 이 법령은 새로 점령한 뉴프랑스와 오하이
오 강 지역을 합쳐 퀘벡이라는 새로운 식민지를 탄생시켰다. 그러나 퀘벡 법
은 미국 내의 기존 영국 식민지들의 분노와 반발에 부딪혔다. 그 이유는 첫
째, 새로 생긴 퀘벡 식민지에서는 다른 식민지에서 운영되는 식민지 자치의
회를 선출하는 것이 허용되지 않았기 때문에 오하이오 지역으로 이주하는
영국계 이주민들까지도 지금까지 행사해오던 의회 선거권을 박탈당했기 때
문이었다. 또 하나 문제가 되었던 것은 퀘벡 식민지 내의 로마 가톨릭 교회
의 권리가 보호된다는 조항이었다. 이 조항 역시 기존 13개 영국 식민지에
있는 개신교도들에게서 분노와 불만을 자아냈다.

이 다섯 가지 불용의 법령이 있기 전만 하더라도 서로 헐뜯고 다투기 바빴
던 미국 내 13개 식민지들은, 날이 갈수록 심해지는 영국 정부의 악랄한 식
민지 정책에 반기를 들고 서로 뭉치게 되었으며, 이제는 행동을 같이하여 무

언가 보여주어야 할 때라고 공감했다.

1774년 제1차 대륙협의회 The Frist Continental Congress가 열렸다. 필라델피아 Philadelphia에서 모인 이 협의회에는 조지아 · 퀘벡 · 플로리다 · 노바 스코샤 그리고 프린스 에드워드 아일랜드를 제외한 모든 식민지의 대표들이 참석했다. 대표들은 영국에 대한 그들의 불만과 고충을 조목조목 의안으로 채택하여 토의했다. 한편에서는 그들의 요구를 관철하기 위해 영국 상품의 불매운동을 벌여야 한다고 주장하는가 하면, 또 다른 한편에서는 영국과의 모든 유대 관계를 중단하자는 의견을 냈다. 이렇게 여러 가지 의견을 놓고 격론을 벌인 결과 영국과의 관계를 단절하자는 조항 등을 철회하는 대신, 영국 정부가 식민지 정책에 있어서 1763년 이전 방식으로 돌아가줄 것을 소원하기로 결의했다.

만일 이때 영국이 그들의 소원을 들어주었더라면 아메리카 혁명 American Revolution은 일어나지 않았을지도 모른다. 그러나 영국은 그들의 소원을 무시해버렸다.

협의회에 모인 대표들은 신생 퀘벡 식민지의 대표를 협의회에 초청했다. 그 당시 퀘벡에는 뉴잉글랜드 출신의 상인들이 많이 있었으나 프랑스계 캐나다인들은 아직 영국에 충성심을 가지고 있지 않았다. 협의회에 참석한 퀘벡 대표들은 타 지역 대표들이 퀘벡 법령에 반대하는 반가톨릭 발언을 격렬하게 외치자 그들의 발언에 대해 의심을 품게 되었고, 프랑스계 캐나다인들은 영어권 미국인들과 합치면 그들은 언어권마저 박탈당할지도 모른다는 생각을 하게 되었다.

독립전쟁

1775년 4월 19일, 아메리카 혁명은 사소한 충돌에서 시작되었다. 그 당시 식민지에서는 민병대들이 무기와 군수품을 은닉하고 있었는데, 그 정보를 입수한 영국군은 수색대를 편성, 무기를 은닉하고 있다는 콩코드 Concord와 매사추세츠 인근을 수색하기 위해 보스턴을 출발했다. 콩코드로 가던 도중 렉싱턴 Lexington에 이르렀을 때 영국군은 마을의 잔디밭에 집결해 있는 한 식민지 민병대와 마주쳤다. 영국군 대장은 민병대에 즉시 해산할 것을 명령했고, 민병대가 해산하려는 순간 한 방의 총성이 울렸다. 이것이 소위 '세계로 울려퍼진 총성The Shot Heard round The World'으로서, 근대사에서 가장 중요한 정치적 혁명 중 하나가 시작되는 신호탄이 되었다.

이 총성은 어느 쪽에서 발사한 것인지 아무도 몰랐다. 총성이 나자 영국군은 흩어지는 식민지 민병대를 향해 일제히 총격을 가했다. 이 충돌로 8명의 민병대가 죽고 10명이 부상을 입는 불상사가 발생했다. 그러나 상황은 15분 만에 끝났고, 영국군은 행군을 계속했다.

콩코드에 도착해서도 작은 마찰이 한 차례 있었으나, 정작 문제는 보스턴으로 귀대하는 길에서 더욱 심각해졌다. 임무를 마치고 돌아가는 영국군의 귀대길을 따라 미리 잠복하여 대기하고 있던 민병대들이 돌아오는 영국군을 공격하여 많은 피해를 입혔다. 이 사건으로 영국은 식민지 내에서 그 위신이 여지없이 떨어졌다.

결국 작은 충돌들이 여기저기서 터지더니 큰 싸움으로 변했다. 마침내 미국 내 13개 식민지들은 조지 워싱턴George Washington 휘하에 대륙군Continental Army을 창설하기로 합의했다. 그러나 이것은 아직 13개 식민지가 영국의 지배로부터의 독립선언을 의미하는 것은 아니었다.

1775년 6월 식민지인들은 그들의 권리를 영국 본토의 내국인들과 동등하게 회복시켜줄 것을 호소하는 연판장을 영국 왕에게 보냈다. 조지 3세와 영국 의회는 회답 대신 2만 5천 명이 넘는 군대를 식민지에 파송함으로써 식민지인들의 간절한 호소를 완전히 무시해버렸다.

1776년 3월, 남캐롤라이나South Carolina 의회가 공화정부를 선언함으로써 영국과 첫 번째로 틈이 생겼고, 5월에는 그 뒤를 이어 로드 아일랜드Rhode Island가 공화정부를 선언했다. 그리고 드디어 1776년 7월 4일, 독립선언서 Declaration of Independence가 서명되어 공포되기에 이르렀다.

전쟁은 8년을 끌었다. 때로는 영국이 우세했고 때로는 미국이 우세하는 막상막하의 전투상황이 이어지던 중, 1780년 프랑스가 미국 측과 손을 잡고 참전하게 되었다. 프랑스군의 도움으로 1781년 벌어진 요크타운 전투Battle of

Yorktown에서 영국의 콘월리스Cornwallis 장군이 워싱턴 장군에게 항복함으로써 미국은 역사에 길이 남을 큰 전과를 올렸다.

이것으로 영국은 미국 내에 있는 식민지들을 더 이상 다스릴 수 없다는 것을 깨닫게 되었고, 1783년 9월 파리 조약Treaty of Paris이 조인됨으로써 전쟁은 막을 내렸다. 그리고 두 달 후에 영국의 손에 마지막까지 남아 있던 그들의 미국 내 중요 아성이었던 뉴욕에서 영국군이 완전히 철수함으로 영국의 북미 식민지 시대는 종결되었다.

한편 미국의 집요한 설득에도 불구하고 퀘벡 · 노바 스코샤 · 프린스 에드워드 아일랜드 그리고 뉴펀들랜드 등 캐나다 내의 식민지에 살고 있던 주민들은 중립파Neutral French나 충절파Loyalists를 고집하면서 영국의 식민지로 남았다.

1775년 11월, 미국은 몬트리올을 점령하고 그곳 식민지 정부를 퀘벡으로 쫓아냈다. 두 번째로 미국은 1775년에서 1776년으로 넘어가는 겨울에 퀘벡을 공격목표로 삼고 올라왔다. 아놀드Benedict Arnold가 지휘하던 미국 군대는 퀘벡을 포위하고 기나긴 추운 겨울 동안 끈질기게 공격했다.

1776년 5월이 되자 미국 군대에 맞서 힘겹게 싸우는 퀘벡의 수비대를 지원하기 위해 영국함대가 도착했다. 미국 군대는 영국군의 개입으로 퇴각하게 되었고, 이제 북미에서의 전쟁은 영국과 프랑스의 적대관계에서 영국과 미국의 적대관계로 그 양상이 바뀌었다.

미국은 캐나다에 살고 있는 프랑스계 주민들이 그동안 영국에 대한 사무친 원한 때문에 영국에 반기를 들고 미국에 협조하리라고 기대했으나 실망하고 말았다. 1776년 노바 스코샤에 있는 컴벌랜드Cumberland 읍에 사는 뉴잉글랜드 정착민들 사이에서 잠시 반란이 일어났으나 영국군에 의해 즉각 진압되었을 뿐, 미국이 기대한 프랑스계 주민들의 반란은 없었다.

제5장
낯선 땅에서의 생활

CANADA

충절파의
이주와 정착

충절파가 택한 땅

1776년 7월 4일 독립선언서가 서명되어 공포되고 8년간의 전쟁 끝에 파리 조약이 조인됨으로써 영국군이 미국 내 식민지에서 완전히 철수했으나, 미국 내 주민 모두가 영국으로부터의 독립을 원했던 것은 아니었다.

많은 사람들이 어떠한 경우에도 영국에 대항하는 것은 영국 국왕에 대한 불경스러운 처사라고 생각했고, 심지어 독립선언서에 서명한 식민지 내에도 영국이 식민지를 다스려야 한다고 생각하는 사람들이 있었다. 일부 주민들은 영국이 다스리면 식민지에 많은 이득이 돌아온다고 믿었다. 그들은 영국 해군의 보호를 받을 수 있고, 영국은 식민지의 천연자원을 구매하는 좋은 시장이 될 수 있다고 생각했다. 도시에서 멀리 떨어져 농사를 짓는 사람들은 누가 다스리든 상관없다는 무관심한 입장이었다.

혁명과 독립을 반대하는 사람들은 영국 왕에게 끝까지 충성을 지킨다는 긍지로 자신들을 충절파Loyalists라고 불렀고, 혁명과 독립을 추진하는 편에서는 그들을 비꼬아 토리Tory 혹은 토리당Tories이라고 불렀다.

그 당시 미국 내 식민지 주민의 3분의 1 내지 절반가량이 영국 왕에게 충성심을 지키고 있었으므로, 혁명전선에서 피를 흘리며 싸웠던 사람들은 충절파들을 매우 못마땅하게 여겼다. 충절파에 불만을 품은 폭도들은 충절파들을 공격하여 그들에게 시커먼 골탈과 깃털을 덮어씌워

충절파를 린치하는 미국인들.

모욕감을 주었으며, 심지어 납치와 약탈은 물론, 그들이 오랫동안 살던 집까지 빼앗고 내쫓았다.

그 결과 독립선언서가 공포된 바로 전해인 1775년부터 전쟁이 끝난 1783년까지 8년간 계속된 혁명 기간 중에 많은 충절파들이 혁명의 소용돌이 속에서 견디지 못하고 미국 내 식민지를 떠나 퀘벡이나 영국 또는 카리브 해 쪽으로 갔으며, 어떤 사람들은 그때까지도 영국의 손에 남아 있었던 뉴욕으로 갔다.

독립전쟁이 끝나고 새로 들어선 주정부들이 충절파들의 모든 권리를 박탈하는 법을 통과시키고 건물과 토지를 몰수하는가 하면, 그들을 돕는 사람은 징역형에 처하는 법을 공포하자 더 많은 충절파들이 미합중국을 떠나기로 결정했다.

십만 명의 충절파들 중에서 돈 많고 교육 수준이 높은 3분의 1가량은 모국인 영국으로 돌아갔고, 북쪽을 향해 노바 스코샤와 퀘벡으로 온 사람은 4만 명 정도였다. 일부 충절파들은 남쪽으로 향해 카리브 해로 갔다.

북쪽으로 온 충절파들은 세 지역, 즉 노바 스코샤와 펀디 만 북쪽 해안선에 있던 빈땅이나 온타리오Ontario 호 연안에 정착했고 더러는 퀘벡의 세인

트 로렌스 강 이남에 정착했는데, 이곳을 동부읍군Eastern Townships이라고 불렀다.

혁명 기간 동안 영국 편에 가담하여 용감하게 싸워 영국 왕에게 충성심을 보였던 원주민 이로쿼이 부족동맹Iroquois Confederacy도 전쟁이 끝나자 미국을 떠나 영국 관할지역으로 이주하기로 결정하고, 이리Erie 호 북쪽의 그랜드Grand 강 유역을 따라 정착했다.

연안 지방의 충절파

영국의 미국 내 마지막 아성이었던 뉴욕 항은 1783년 내내 새로운 정착지를 찾아 북쪽으로 떠나는 충절파들을 실어나르는 선단들과 함대들로 북새통을 이루었다.

뉴욕을 떠난 사람들 중 어른, 아이 합쳐 3만 명이 노바 스코샤에 도착하여 새로운 생활을 시작했으며, 많은 사람들이 핼리팩스 남쪽에 있는 대서양 연안에 정착했고, 그곳에 셜번Shelburne이라는 새로운 도시도 건설했다. 일부 사람들은 펀디 만 북쪽 해안에 정착했는데, 그곳은 땅이 비옥했고, 세인트 존 강 유역은 특히 산림이 울창했다. 나머지 충절파들은 프린스 에드워드 아일랜드에 가서 정착했으나 그 수는 얼마 되지 않았다.

특히 노바 스코샤에 도착한 사람들은 경력과 직업이 다양했다. 의사 · 변호사 · 상인 출신은 재산을 많이 가져왔으므로 셜번에 도착하자 큰 저택을 짓고 편안하게 지낼 수 있었으나, 돈이 없는 사람들은 정부에서 주는 생계 보조금으로 살아야 했다.

충절파들 중에서도 과거 미국에서 잘 살던 사람들은 고된 개척생활에 익숙하지 못해 고생을 많이 했다. 그들에게는 농지를 개간하고 자기들이 살 집을 손수 짓는 생활이 매우 고통스러웠다.

그러나 많은 사람들이 이곳에 잘 적응해 새로운 삶의 터전을 이룩하기 위해 열심히 일했고, 특히 미국 내 식민지에서 농사를 짓던 사람들에게는 이곳 생활이 별 문제가 되지 않았다.

당시 펀디 만 북쪽 해안에 정착한 충절파들은 독자적인 자치정부를 원했으며, 노바 스코샤에 있는 핼리팩스 사람들의 지시를 받는 것을 못마땅하게 생각했다. 그래서 영국 정부는 1784년 펀디 만 북쪽에 새로운 식민지를 세우고, 당시 영국 국왕 조지 3세가 독일 브런즈윅Brunswick 가의 혈통이었으므로, 그 가문의 이름을 따 뉴브런즈윅NewBrunswick이라고 정했다.

한편 연안 지방Maritimes에 도착한 충절파 중에는 흑인들도 있었는데, 그들의 일부는 자유인으로 혁명 기간 중 영국 편에 가담하여 영국 국왕을 위해 싸운 군인들이었고, 나머지는 노예들로 그들의 주인들이 미합중국을 떠나 이곳에 올 때 데려온 사람들이었다. 1788년에 이르러서는 셜번 지역에만 해도 4천 명이 넘는 흑인들이 있었다.

이에 앞서 1750년대와 1760년대부터 이미 뉴잉글랜드와 노바 스코샤와 같은 영국 식민지에서는 흑인노예를 사서 쓰고 있었다. 그 당시 이곳 식민지에서는 노예제도가 불법이었으나, 충절파들은 노바 스코샤에 온 후에도 여전히 노예를 매매했다. 그러나 1800년대 초에 들어와서 노예제도가 연안 지방부터 없어지기 시작했고, 드디어 1833년 노예제도는 대영제국에서 완전히 철폐되었다.

당시 노바 스코샤에 살던 흑인들의 생활은 매우 어려웠다. 그들에게는 선거권도 없었고, 그들에게 배당된 땅은 척박하고 보잘것없었다. 그래서 많은 흑인들은 농사를 하기보다는 도시로 나가 가정집의 하인이나 막노동자로 일했다. 흑인에게 지급되는 임금도 백인들에 비해 너무 낮아 핼리팩스에서는 한때 폭동까지 일어났다. 그러나 일거리를 찾지 못한 백인 실업자들은 그들의 폭동을 못마땅하게 생각했다.

한편 이곳에 살던 흑인들은 노예제도가 점점 없어지기 시작하기 전인 1791년에 이곳 생활에 견디지 못하고 상당수가 아프리카로 이주해갔다. 오늘날 아프리카에 있는 시에라 리온Sierra Leon 공화국은 그때 노바 스코샤를 떠나 그곳에 도착한 흑인들이 세운 나라다.

그 후에도 노바 스코샤에는 계속 흑인들이 모여들었으며, 특히 미국에서 오는 흑인들 중에는 노예생활을 피해 도망쳐오는 흑인들도 많았다. 오늘날에도 노바 스코샤에는 흑인 사회가 계속 커져가고 있다.

내륙으로 이주한 충절파

충절파에 대한 탄압이 심해지자 뉴욕과 펜실베이니아 등 미국 내 중부 식민지Middle Colonies에 살던 충절파들은 큰 선박이나 작은 조각배를 타고 해상을 통해 북쪽으로 탈출했다. 배를 미처 타지 못한 사람들은 마차나 말을 타든지, 그것도 여의치 않은 사람들은 걸어서 머나먼 북쪽 땅 세인트 로렌스 강 유역까지 와서 그곳에 정착했다.

정든 고향과 집을 떠난 이들 중에는 농민들이 많았고, 영국인뿐만 아니라 네덜란드·독일·스위스인들처럼 외국 국적을 가진 사람들도 많았다. 그들 중 일부는 몬트리올 부근의 소렐Sorel 지방에 정착하여 세인트 로렌스 강 유역의 땅을 조금씩 할당받았다. 그러나 대부분의 사람들은 이곳보다 영어를 주로 사용하는 지역과 농사를 짓는 데 충분한 농토를 소유할 수 있는 지역을 원했다. 퀘벡은 그들의 희망에 맞지 않았으므로 해결방법은 서쪽으로 더 들어가는 길밖에 없었다.

퀘벡 정부는 새로 도착한 충절파들을 위해 온타리오 호 북쪽 땅을 개발하기로 결정하고 카타라쿠이Cataraqui와 트랜트Trent 강 사이에 있는 광활한 지역을 미시소거 인디언Mississauga Indian들로부터 매입하여 그곳에 많은 충절파들을 정착시켰다. 그리고 충절파 인디언들에게도 나이아가라 서쪽 지역을 매입하여 새로운 생활을 할 수 있도록 배려해주었다.

당시 퀘벡의 총독 할디맨드Frederick Haldimand 장군은 이들 지역을 측량하여 부락 단위township로 구획하고, 부락 단위 내의 토지는 프랑스의 장원제도 Seigneurial system에서 운영되었던 방식대로 운영했다.

토지의 분배 기준은 세대주는 100에이커, 부양 가족 한 사람당 50에이커씩, 독신자는 50에이커, 그리고 군에서 제대한 군인과 장교 출신에게는 일반인보다 더 많은 땅을 할당해주었다. 육로가 없었던 당시로써는 수상 교통이 제일 편리한 교통수단이었으므로 사람들은 서로 온타리오 호 연안이나 강을 낀 땅을 얻으려고 했다.

정착 초기 몇 해 동안은 농장에서 충분한 양식이 수확되지 않아 외부에서 양식을 구입해야 했고, 그 외에도 차나 식기류 등을 비롯하여 각종 주방기구나 의복, 총기류 등을 구입할 곳이 필요했다. 그뿐만 아니라 그들이 생산한 곡물·밀가루·목재 등도 내다 팔 수 있는 장소가 필요했다.

이와 같은 요구를 충족시키기 위해 온타리오 호 연안에서 도시와 부락이 생기게 되었고, 점점 그 규모가 커져갔다. 이때 생긴 도시 중 가장 큰 도시는 킹스턴Kingston과 요크York였다.

지금의 킹스턴에 해당하는 당시 카타라쿠이에는 충절파들이 이주하기 전부터 이미 유럽에서 온 사람들이 살고 있었으며, 1673년 뉴프랑스의 초대 총독 프롱트나크Frontenac가 이곳에 모피 교역소를 설치하면서 자기 이름을 따 그 이름을 프롱트나크 요새라 불렀던 곳이었다. 1784년에는 대서양 연안의 영어권 사람들이 처음으로 이곳에 왔고, 1790년에 들어와서는 50채의 주택과 상점들이 들어섰으며, 1800년대 초에는 이 지방에서 가장 빨리 성장하는 도시가 되었다.

좀 더 서쪽으로 가면 '만남의 장소'란 뜻으로 원주민들이 토론토Toronto라고 부르던 인디언 부락이 있었는데, 새로 이주해온 영국인들이 요크라 부르고 나서부터 온타리오 호 서쪽에서 상업의 중심지로 급성장했다.

한편 온타리오 호 지역에 이주해온 충절파들은 곧 프랑스계 캐나다인들과는 별도로 그들 자신들의 자치정부를 가지기를 갈망했고, 영국 정부는 1791년 자치정부 설립에 필요한 입헌법령을 통과시켰다. 이 법령에 의하면 퀘벡을 다시 상하 캐나다로 분리시켜 세인트 로렌스 강 하류 지역은 로어 캐나다Lower Canada로, 상류 지역은 어퍼 캐나다Upper Canada로 명명, 충절파들이 미국 내 식민지에서 했듯이 상하 캐나다 양 식민지에서도 각각 주민들의 투표로 선출한 자치의회를 구성하게 했다. 이것은 퀘벡 주민들이 그들 자신들의 지도자들을 투표에 의해 선출한 최초의 선거가 되었다.

그 후 로어 캐나다는 이스트 캐나다를 거쳐 퀘벡 주가, 어퍼 캐나다는 웨스트 캐나다를 거쳐 온타리오 주가 되어 오늘에 이른다.

영국 점령하의
퀘벡 시

1760년의 퀘벡 시는 폐허 그 자체였다. 도시 도처에 불에 탄 건물들이 잿더미에 묻혀 있었고, 남아 있는 건물들도 지붕과 벽에 폭탄을 맞아 구멍 뚫린 모습으로 흉물스럽게 서 있었다.

1년 전인 1759년, 영국이 퀘벡을 포위하고 공격할 때 영국 포병의 포격으로 퀘벡 시에는 성한 건물이 없었다. 심지어 1647년에 지은 유서 깊은 노트르담 성당도 불에 타 숯으로 변한 채 뼈대만 앙상하게 드러내고 있었다.

도시의 많은 호화주택들이 파괴되었고, 성한 집이라 해도 주인이 버리고 가 빈집으로 남았다. 웃음소리도, 음악소리도, 무도회의 왁자지껄한 소리도 더 이상 들리지 않는 유령의 도시로 변했다. 윗마을에서 뻔찔나게 다니던 멋진 마차도 이제 더 이상 볼 수 없었고, 거리에는 붉은 제복을 입은 영국 군인들만 순찰을 돌고 있었다.

한편 노동자와 가난한 사람들이 살던 아랫마을에는 그래도 벌써 집으로 돌아와 부서진 집을 새로 짓거나 수리하는 사람들이 있었다. 그러나 세상은 바뀌었고, 뉴프랑스 시대는 막을 내렸으며, 그들이 누리던 영화는 온데간데 없었다.

돈 많은 상인과 대부분의 정부 관리들은 퀘벡이 망하기 전에 이미 가지고 갈 수 있는 것은 모두 챙겨 모국 프랑스로 떠났다. 영국 통치하의 퀘벡에는 농부나 노동자들과 같은 평민만 남았고 남은 사람들의 영혼을 돌보아야 한다는 사명감 때문에 가톨릭 신부들과 수녀 등 성직자들이 남기로 했다.

이제 퀘벡은 완전히 영국 통치하에 있었고, 퀘벡과 몬트리올 상공에는 영국 국기인 유니언 잭이 도도하게 휘날리고 있었으며, 프랑스 법률은 영국 법률로 대치되었다. 모국으로 돌아가지 않고 그대로 남아 있던 가톨릭 주교와 정치 지도자들도 주민들에게 새로 생긴 영국 법률을 잘 따르도록 종용했다. 그뿐만 아니라 뉴프랑스를 손에 넣은 영국은 아예 캐나다에 남은 프랑스인들을 영국 사람으로 만들기로 작정했다. 그래서 1763년 모든 프랑스의 법령을 폐지하고 지주들의 권한도 제약했으며, 영국 법령과 관습을 통용하고 모든 공용어는 영어로 통일하도록 했다.

점령 초기에는 소수의 영국인들이 이주해왔으나 점점 뉴잉글랜드에서 많은 상인들이 몰려와 프랑스 상인들의 상권을 차지했으며, 드디어 영국인들이 새로운 지배계급으로 부상했다. 호화 주택들이 복구되고 거리에는 멋진 마차들이 다시 달리기 시작했다. 이렇게 되다 보니 새로 도시의 주인이 된 영국인들과 퀘벡 토박이들 사이의 갈등이 점점 심화되어갔다.

그러나 영국 의회가 통과시킨 두 가지 새 법령으로 퀘벡의 프랑스계 주민들은, 말살될 뻔한 그들의 오랜 생활관습을 다시 보호받을 수 있는 행운을 얻게 되었다. 그 첫 번째로 1774년에 제정된 퀘벡 법Quebec Act은 프랑스의 민법을 복원시켰다. 이 법령에 따르면 식민지 내에서 행해지는 일상생활과 상거래 등은 프랑스 법령인 구법이 그대로 계속 유효하고 형법만 영국 법령에 따르도록 되어 있었다. 그뿐만 아니라 지주들의 권한도 복권되고 가톨릭 교회도 퀘벡 법에 의해 보호받게 되었다.

두 번째 법령은 1791년 제정된 입헌법령Constitutional Act이었다. 이 법령이 제정된다는 말이 나오자 세인트 로렌스 강 유역에 이주해 살던 충절파들은 이 법이 통과되면 미국에 있을 때처럼 의회를 선출하여 자치제를 실시하고 의회를 통해 프랑스계 주민들을 효과적으로 장악할 수 있을 것이라고 믿었다. 그러나 이 법령은 영국계 충절파들이 많이 살고 있는 세인트 로렌스 강 상류의 서쪽 지역을 어퍼 캐나다로, 프랑스인들이 많이 사는 강 하류의 동쪽 지역은 로어 캐나다로 정해 양분하고 각각 독자적인 의회를 선출하여 자치제를 실시할 수 있도록 했다. 그 결과 그동안 자신들이 선출한 의회가 없었던 프랑스인들은 도리어 영국계의 간섭 없이 로어 캐나다에서 그들만의 독자적인 의회를 통해 자치정부를 세울 수 있었다.

이 두 법령, 즉 퀘벡 법과 입헌법령은 훗날 프랑스계 후손들에게 분리주의를 주장할 수 있는 빌미를 주었으며, 오늘날까지 캐나다 정치와 사회가 깊은 갈등에서 헤어나지 못하는 원인을 제공한 불씨가 되었다.

로어 캐나다

달라진 로어 캐나다

영국 통치하의 로어 캐나다에서 살던 주민들은 예전과 같이 여전히 농사를 지으면서 지주들에게 소작료를 지불했고, 특별한 행사나 마을에 좋은 일이 있을 때는 경쾌한 바이올린 음악에 맞춰 춤을 추기도 하면서 그럭저럭 지냈다. 검은 옷을 입은 신부들과 수녀들도 여전히 교회와 수도원을 오갔고, 젊은 남자들은 모피장사나 벌목장으로 돈을 벌러 떠났으며, 처녀들은 좋은 신랑감을 만나 결혼하고 가정을 일구는 등 겉으로는 아무런 변화도 없는 듯 예전과 다름없는 일상생활을 했다.

그러나 생활의 전반적인 양상은 달라져 있었다. 로어 캐나다에 사는 주민들은 모국 프랑스와는 완전히 단절된 채 고립되어 있었으며, 새로 지배자가 된 영국인들과는 문화 · 언어 · 종교에 있어서 커다란 틈이 생겼을 뿐만 아니라 지금까지 이어온 경제구조도 많이 변했다.

지금까지 뉴프랑스의 생활은 모피 교역에 기반을 두고 이어져왔다. 수없이 많은 모피가 선적되어 프랑스로 수출되었고, 이로 인해 뉴프랑스에는 큰 도시들이 여러 개 들어섰으며, 인구의 25%가 퀘벡 · 몬트리올 · 트루아 리비에르와 같은 큰 도시에서 살았다.

그 당시는 주민들의 직업도 다양하여 모피업자 · 상인 · 기능공 · 공무원 · 군인 · 성직자 또는 부잣집 하인까지 여러 부류의 사람들이 모여 살았으나 뉴프랑스가 망하자 모두 떠났고, 이제 이들 도시의 상인과 공무원들은 모두 영국인으로 바뀌었다. 이들은 가족을 본국에 둔 채 혼자 와서 지냈는데, 이곳에 주둔한 군인들도 마찬가지였다. 이 때문에 도시의 인구는 급속히 감소한 대신 농촌인구는 급증했다. 그 결과 1825년에 들어서는 로어 캐나다 인구의 겨우 10%만이 도시에 살았다.

교회와 정부에서는 뉴프랑스의 주민들에게 출산을 많이 하도록 권장했고, 젊은 여성들은 일찍 결혼하는 추세였다. 10명 내지 12명의 자녀를 둔 가정이 보통이었으며, 그 결과 로어 캐나다의 인구는 25년마다 2배씩 계속 불어났다.

인구가 급속히 증가함에 따라 세인트 로렌스 강 유역의 농토로서는 불어나는 인구를 감당할 수 없게 되었다. 강 유역에 있던 프랑스식 영주제도하의 농토들이 초만원이 되자 이곳에서 농사짓던 프랑스계 사람들은 그동안 충절파들이 삼림을 베어내고 농토를 개간하여 농사를 지으며 살고 있던 몬트리올 남쪽의 동부읍군으로 이동하기 시작했다.

시골 인구의 급속한 증가는 부락 형태에도 새로운 변화를 가져왔다. 영국이 점령하기 전에는 영주들의 저택인 장원 가까이에는 농가들이 거의 없었지만, 이제는 지역 성당을 중심으로 그 주위에 민가들이 옹기종기 모여 부락을 형성하기 시작했다.

1800년대 초반에 들어와서는 세인트 로렌스 강 유역으로부터 10km 내지 12km나 멀리 떨어진 내륙에도 부락이 생겼다. 부락에는 성당뿐만 아니라 잡화상 · 변호사 · 의사도 있었고, 어떤 부락에는 학교도 있었다. 로어 캐나다에서는 이제 지주하의 영주제도와 관계 없이도 부락이 들어섰다. 이런 부락들은 대부분 도시에서 온 사람들에 의해 세워졌고, 일단 부락이 들어서면 분가한 젊은 사람들이 많이 모여들었다.

영농에 있어서도 영국인들이 들어오기 전에는 재래식으로 농사를 지었기 때문에 농산물 수확량이 저조했다. 그들은 밀·귀리·옥수수 등을 주로 재배했고, 나머지 땅은 가꾸지 않은 채 초지로 그냥 내버려두었다. 그러나 영국인들이 들어와서 새로운 영농법과 새로운 작물을 도입하는 데 많은 힘을 기울였다. 그들은 감자도 심어보았지만 성과는 거두지 못했다.

개중에는 성공한 농촌도 있었다. 그러나 이런 농촌에서는 농민들보다 지방의 상인들과 공증인 심지어 교구의 신부들까지 돈을 벌 욕심으로 농지를 마구 사들였다. 그 결과 땅 투기를 한 새로운 지주들과 직접 농사를 짓는 가난한 농민들 사이에 점점 소득의 격차가 심화되어갔다.

로어 캐나다의 경제

로어 캐나다의 농촌인구가 점점 증가되자 더 이상 농사지을 만한 땅을 찾기가 힘들었고, 농사지을 마땅한 땅이 없는 젊은이들은 벌목을 하기 위해 숲으로 떠났다. 그 당시 세인트 로렌스 강 유역과 캐나다 순상지에는 질 좋은 소나무와 참나무가 울창한 숲을 이루고 있었다. 이들 삼림은 19세기의 시작과 함께 영국이 해군함정을 건조하는 데 필요한 최상의 목재를 제공했으며, 그 수요량도 실로 엄청났다.

제재업 또한 로어 캐나다의 중요한 산업이었다. 겨울철에 벌채한 원목들은 벌목장에서 강가까지 눈길을 따라 말들이 끌어오고, 봄이 되어 해빙되면 원목들로 큰 뗏목을 엮어 강물에 띄워 제재소까지 운반했다.

그뿐만 아니라 19세기 초에는 로어 캐나다의 인구가 급격히 증가하여 일자리를 구하지 못한 많은 프랑스계 캐나다인들이 미국의 동북부 대서양 연안에 있는 메인Maine 주까지 가서 그곳 제재소에서 일하는 사태까지 벌어졌다. 그 당시 메인 주는 소나무와 제재소가 많기로 유명하여 심지어 소나무주Pine Tree State 또는 목재주Lumber State라는 별명까지 붙을 정도였다.

모피 교역 또한 로어 캐나다의 중요산업으로 영국이 점령한 후에도 계속되었다. 영국 상인들은 프랑스인들이 그동안 힘들게 이루어놓은 모피 교역소들을 인수하여 노스웨스트 컴퍼니Northwest Company라는 새로운 모피 교역회사를 설립하고 그 본점을 몬트리올에 두었다.

노스웨스트 컴퍼니는 모피의 새로운 공급원을 찾아 북쪽과 북서쪽 지방으로 많은 탐험대와 모피상들을 보냈으며, 곧 같은 영국계 회사인 허드슨 베이 컴퍼니와 치열한 경쟁을 벌이게 되었다.

노스웨스트 컴퍼니는 소유주들이 모두 영국인들이기는 했으나, 실무를 담당한 모피 수거상들이나 안내와 운반에 종사하는 뱃사공들은 대부분 프랑스인들이었던 것이 허드슨 베이 컴퍼니와 다른 점이었다.

한편 로어 캐나다의 도시생활도 영국인들이 모든 분야에서 주도권을 잡고 있었다. 그들은 사업에 뛰어들어 은행과 공장 그리고 부두와 조선소 등을 소유하며 경제권을 완전히 장악했다.

영국인들은 자녀들의 교육을 위해 몬트리올에 맥길McGill 대학 등 지금까지 없었던 각급 영어권 학교들을 설립했다. 그리고 대부분의 전문분야도 영국인들이 석권했다. 그러나 단 한 가지 예외가 있다면 그것은 변호사직이었다. 로어 캐나다에서는 그 당시 퀘벡 법에 따라 프랑스 민법을 그대로 사용했기 때문에 불어를 쓰는 변호사 사무실은 항상 성업 중이었다.

퀘벡 시는 19세기 초 캐나다에서 가장 중요한 도시였으며, 로어 캐나다의 수도였다. 퀘벡에는 캐나다 총독의 관저가 있었으며 영국인들의 정치·경제·문화의 중심지였다.

그러나 해가 거듭될수록 몬트리올이 도시의 중요성이나 크기에 있어서 퀘벡을 앞지르기 시작했다. 그 당시 몬트리올은 지정학적으로 남쪽에 있는 미국이나 서쪽에 있는 어퍼 캐나다와 통상면에서 유리한 위치에 있었으므로 많은 영국 상인들이 몬트리올로 모여들었고, 공장들도 그쪽에 많이 세워졌다. 몰슨Molson 가도 이때 몬트리올에서 사업을 시작하여 오늘날까지 부와 명성을 누릴 수 있는 행운을 잡았다.

19세기 상반기에도 로어 캐나다에서는 영국인들과 프랑스인들 사이에 틈바구니가 넓게 벌어져 있었다. 그들은 경제력과 정치적 권력과 종교와 언어 등이 서로 달라 융화되지 못했다. 영국인들의 사회는 프랑스인들을 포용하지 않고 폐쇄적으로 대했으며, 프랑스인들은 모국과 단절된 채 영국인들과 교분을 맺지 못했다. 이와 같이 고립된 환경은 퀘벡인들로 하여금 오늘날 그들 고유의 문화와 사회를 창조하게 만든 원인이 되기도 했다.

초기 개척자들의 생활

개척 초기

영국 국왕에 대한 충성심을 끝까지 지킨 충절파들은 미합중국 주민들의 박해를 피해 1780년대에 캐나다 땅으로 많이 이주해왔으며, 그들은 각자 정착할 수 있는 땅을 가지길 원했다.

마침 영국 정부도 이곳으로 많은 정착민들이 이주해오도록 권장하고 있던 때였으므로 이주민들에게 무상으로 땅을 제공했다. 새로 이주한 충절파의 세대주에게는 100에이커, 부양 가족 한 사람 당 50에이커씩 주었으며, 제대 군인들의 이주는 특별히 우대하여 장교는 500 내지 1,000에이커, 하사관은 200에이커씩 할당해주었다.

땅을 공정하게 분배하기 위해 제비를 뽑아 추첨했는데, 각 땅의 지번을 적은 쪽지를 모자에 넣고 섞은 후 한 사람씩 제비를 뽑았고 안내자를 따라가 당첨된 땅을 둘러보고 마음에 들면 서부영화에서와 같이 두 마리의 황소가 끄는 달구지에 살림살이를 싣고 가족과 함께 각자의 땅에 도착했다. 그리고 이때부터 새로운 삶을 위해 개척자로서의 피나는 투쟁이 시작되었다.

그들이 할당받은 땅은 대부분이 아름드리 나무가 빽빽이 들어선 숲이었다. 나무의 직경은 보통 2m나 되었고 높이는 무려 30m나 되는 거목들이 많았다. 숲에는 길이 없었기 때문에 숲으로 가려면 강을 타고 가든지 인디언들이 다니던 오솔길을 통해 가는 것이 고작이었다.

새로 도착한 이주민들은 먼저 거처할 곳을 준비해야 했는데 집을 지을 때까지는 나뭇가지와 짐승가죽으로 엉성하게 엮어 만든 임시거처에서 지내야 했다. 다음으로 해야 할 일은 땅을 개간하는 일이었다. 큰 나무를 잘라 통나무로 오두막을 짓고 나머지는 모두 태워버렸다. 나무를 잘라낸 그루터기는 뿌리가 깊어 뽑아내기가 힘들었기 때문에 썩을 때까지 4~5년을 기다린 후에야 겨우 뽑아낼 수 있었다.

가까이 이웃이 있을 때는 서로 도와서 통나무집을 지을 수 있었으나, 이웃이 없으면 어른, 아이 할 것 없이 가족끼리 힘을 합쳐 지을 수밖에 없었다. 초창기 통나무집은 보통 가로 6m, 세로 4m밖에 되지 않는 작은 오두막이었다. 통나무집이 완성되면 통나무 사이의 틈새를 진흙으로 막아 파리나 모기가 들어오지 못하게 하는 동시에 보온도 했다.

집안에는 마루를 깔지 않고 흙바닥을 그대로 이용했으며, 유리가 귀해 창문을 내지 못하고 연기가 빠져나갈 구멍만 지붕에 냈다. 때로는 나무로 굴뚝을 세우고 안쪽에 진흙을 발랐으며, 음식을 조리하고 겨울철 난방을 위해 돌을 쌓아 벽난로도 만들었다.

개간한 농지에는 나무 그루터기가 볼품 사납게 여기저기 박혀 있었고, 잘라낸 나무는 그 자리에서 불로 모두 태웠기 때문에 땅은 숯검정으로 새까맣게 변했다. 그 위를 삼각 모양의 써레를 끌고 다니면서 재와 흙을 섞어 밭을 일구었다.

파종은 일일이 손으로 했고, 처음 재배한 작물은 주로 감자와 터닙turnip이라고 부르는 순무였다. 이것들은 춥고 긴 겨울 동안에도 손쉽게 저장할 수 있었다. 그 외 스쿼시squash라고 부르는 오이 모양의 호박, 큰 호박, 옥수수, 밀 등을 주로 재배했다. 호미로 씨를 덮어주면 비옥한 토양과 적당한 일조량과 강우량 때문에 여름 내내 작물들이 잘 자랐고, 가을에는 넉넉하지는 않지만 즐거운 마음으로 추수를 했다. 수확량이 적었으므로 다음 해 봄까지 겨울을 나는 데 모자라지 않도록 마음을 졸이며 지내는 생활이 매년 반복되었다. 이렇게 여러 해를 힘들게 지내는 동안 어느덧 농지도 커지고 수확량도 점점 많아져갔다.

개척사회

개척지에는 삼림이 우거져 있었기 때문에 교통이 매우 불편했다. 초기에는 도로가 없었고 간혹 인디언들이 다니던 오솔길이 있을 따름이었다. 그래서 배를 이용할 수 있는 호수나 강가에 있는 땅을 최고의 요지로 꼽았다. 그러나 이러한 호숫가나 강변의 땅은 주로 군 장교 출신이나 특권층 사람들이 차지했다.

숲 속에 처음으로 좁은 길을 내기 시작했는데, 진창과 내를 건널 때는 나무 그루터기나 돌을 띄엄띄엄 놓고 그것을 징검다리 삼아 밟고 다녔다. 우마차들은 펄에 빠지거나 돌에 걸리면 꼼짝달싹할 수가 없었기 때문에 도로에 통나무를 죽 깔아 우마차가 빠지지 않도록 소위 통나무길corduroy road이라는 것을 만들었다.

도로가 없이는 개척민들의 일상생활은 물론이고 물건을 운반하는 데도 매우 불편했다. 당장 차·소금·설탕 외에도 주방기구나 총기류를 사려면 시장에 가야 했다. 또 방앗간이나 제재소에도 가야 했고, 필요한 물건을 사기 위해 재배한 곡식이나 벌채한 목재를 팔기 위해서는 시장에 가야 했다. 그러나 어퍼 캐나다 당국은 개척민들이 정착하고

통나무길.

있는 변두리 지역 도로건설에 투자하는 있어 매우 인색했다. 그 결과 새로 이주해오는 개척민들의 정착지에는 도로가 거의 없었고, 도로 문제는 개척 민들이 당국에 건의하는 불평사항 중 가장 절실하고 심각한 것이었다.

한편 개척지에서의 생활은 이웃 간의 협동심이 없이는 불가능했다. 개척 민들의 집들은 대부분 멀리 떨어져 고립되어 있었기 때문에 기본적인 일은 각자의 힘으로 해결했지만, 일손을 많이 필요로 하는 일은 이웃들이 협동하 여 도와주었다. 그렇지 않으면 이곳에서 살아남기가 힘들었다.

땅을 개간한다든지 통나무집이나 곳간을 지을 때는 가족들의 힘만으로는 되지 않았고 여러 이웃들의 손이 필요했다. 개척민들은 이러한 문제를 해결 하기 위해 큰일을 할 때는 이웃끼리 서로 도왔다. 이러한 협동정신을 이 지 구상에서 제일 협동심이 강한 꿀벌에 비유하여 개척민들은 그들 자신을 '벌 bee'이라고 불렀다. 나무를 잘라내고 농지를 개간할 때나 곳간을 지을 때는 물론이고 조각 이불을 누빌 때도 이들 벌떼들이 모여 조직적으로 부서를 정 하고 맡은 일을 열심히 했으므로 매우 능률적이었다. 곳간을 짓는 일처럼 큰 일을 마친 후에는 푸짐하게 음식과 술을 차려놓고 춤을 추는 등 뒤풀이도 했 기 때문에, 외롭게 지내던 수 마일 밖의 이웃들도 멀리서 찾아와 일을 도왔 다. 젊은 사람들에게는 이때가 신붓감이나 신랑감을 만날 수 있는 좋은 기회 가 되었다.

대부분의 개척민들은 일요일은 일을 하지 않고 교회에 나갔는데, 초창기 에는 교회 건물이 없었기 때문에 가정이나 군청, 호텔 등에서 예배를 드렸고, 감리교에는 순회목사들이 있어 말을 타고 각 가정을 방문하여 예배를 보았 다. 말을 타고 다닌다고 해서 이 목사들을 '순회기사circuit rider'라 불렀으며, 목사는 개척민들의 가정에 예배 외에도 뉴스를 가져오는 손님이었기 때문에 열렬히 환영받았다.

지역사회가 발전함에 따라 교회 건물이 세워지고 각 교파마다 자기들의 교회를 가지게 되어 때로는 한 부락에 여러 교회가 있기도 했다. 일요일 오 전예배는 두세 시간이나 걸렸는데, 개척민들은 예배 후에도 집에 바로 가지 않고 교회에 머물면서 서로 담소하고 정보도 교환했다. 교회는 예배 외에 도

서관이나 공부방으로도 쓰였으며 때로는 음악회나 사회활동의 장소로도 다양하게 이용되었다. 또 가을에는 추수감사절 축제를 열고 여름에는 소풍도 갔다.

개척시대에는 재미있는 놀이시설이 거의 없었다. 가장 흔한 것이 일요일에 이웃이나 친척을 방문하는 것이었다. 생일·결혼식·기념행사 또는 새로 이사 온 이주민을 위한 환영식이 있을 때는 온 마을이 축제 분위기였다. 이때는 아이들만 집에 둘 수 없어 아이들도 부모를 따라왔는데, 어른들이 춤을 추고 술을 마시며 떠들고 놀 때 아이들은 한쪽 구석에 있는 의자에서 쪼그리고 앉아 잠들곤 했다.

또 그 당시에는 거의 모든 네거리에 선술집이나 주막이 있어 한가할 때는 개척민들이 여기에 자주 모여 술을 마시며 이야기꽃을 피웠다.

개척민들의 보람

개척자들은 그들의 옷도 손수 만들어 입었다. 윗도리와 신발은 사슴가죽으로 만들었고 이불과 깔개는 곰가죽으로 만들었다. 일부 개척민들은 아마를 심어 그 섬유를 뽑아 아마포를 짜서 셔츠와 드레스를 만들었다.

개간한 땅이 충분해지자 개척민들은 가축을 기르기 시작했다. 고기와 우유를 얻기 위해 소를 길렀고, 양으로부터 얻은 양털은 부인들이 공을 들여 다듬고 곱게 빗긴 후 물레를 돌려 털실을 뽑은 다음 여러 가지 색깔의 풀로 물을 곱게 들여 옷감과 이불감을 짰다.

예쁜 조각이불을 만들 때는 이웃에 사는 아낙네들이 둘러앉아 조각 천을 하나씩 꿰매면서 시간 가는 줄 모르고 정겨운 이야기를 주고받았다. 그 당시는 신문이나 라디오 등의 매체가 없었으므로 이때가 최근의 세상 돌아가는 이야기를 들을 수 있는 절호의 기회였다. 특히 숲 속에 고립되어 살던 개척자들의 부인들에게는 '조각이불 만들기 벌떼quilting bees'처럼 사교적인 모임을 한 번씩 가지는 것이 꼭 필요했다.

아이들도 농사철에는 농사를 도와야 했으나, 대부분의 개척민들은 자식들이 일을 도와주는 것보다 좀 더 공부하기를 원했다. 그 당시의 교육은 소위

시골학교,
1845년.

'3Rs'라 하여 읽기reading, 쓰기riting, 셈하기rithmetic가 전부였다.

정착 초기에는 일반가정을 빌려 수업을 했고, 지역사회가 발전함에 따라 학교 건물도 지었다. 학교 운영비와 교사 월급을 마련하기 위해 가정마다 돈을 갹출했다. 교사 월급이 매우 낮았기 때문에 좋은 선생님은 드물었다. 초기에 지은 학교는 통나무로 지은 작은 집이었고, 학생들은 선생님을 향해 줄지어 앉았으며, 교실 가운데는 커다란 박스형 난로가 놓여 있었다. 학생들은 등교시 난로에 지필 화목을 가져와서 불을 피우는 일까지 맡아 했다.

학생들은 대부분이 남학생들이었는데, 교육은 매우 엄해 잘못을 저지른 학생은 회초리로 손바닥이나 엉덩이를 맞았으며, 큰 잘못을 저지른 학생은 교장 선생님이 장작더미를 쌓아놓은 헛간으로 데려가 심한 벌을 주었다. 특별히 부유한 가정의 아이들을 제외하고는 12살 넘어서까지 학교에 다니는 아이는 드물었다.

힘들고 고된 생활이었음에도 불구하고 대부분의 정착민들은 캐나다에서 새로운 삶의 터전을 닦는다는 꿈과 희망을 갖고 피나는 노력을 했다. 그들은 몇 해만 땀흘려 일하면 대부분 새로운 보금자리를 마련할 수 있었기 때문에 이곳 생활에 만족했다. 그뿐만 아니라 몇 해만 부지런히 일하면 삭막했던 부락은 평화로운 농가와 농장으로 변했고, 여기저기 나무 그루터기가 어지럽게 널려 있던 들은 사과나무·자두나무·능금나무 등이 탐스럽게 서 있는 과수원과 아름다운 정원으로 바뀌었다.

부락에는 밀을 갈아 밀가루를 만드는 제분소가 생겼고, 농지는 많은 곡물을 생산해낼 수 있도록 계속 개간되었다. 추수한 밀·귀리·보리 등을 시장에 내다판 개척민들은 돈을 모으기 시작했다. 그뿐만 아니라 제재소도 생겨 목재를 생산했고, 개척민들은 투박한 통나무 대신 판자와 각목을 이용하여 멋진 집을 지을 수 있게 되었다. 일부 돈 많은 정착민들은 돌로 집을 지었는데, 이때 지은 석조건물들은 지금까지도 온타리오·퀘벡·노바 스코샤·뉴 브런즈윅 지방에서 많이 찾아볼 수 있다.

이곳 생활을 견디지 못하고 모국으로 돌아가는 사람들도 있었다. 이곳은 정직하고 부지런한 기능공과 가난한 노동자에게는 매우 보람된 곳이었다. 몇 년만 열심히 노력하면 통나무집에다 농토까지 가질 수 있을 뿐만 아니라, 자식들도 성장하면 각자 농사지을 땅을 가질 수 있었다. 돈 많은 사람들은 그들대로 몇 년만 땅 장사를 하면 큰돈을 벌 수 있어 좋았다. 그러나 일을 해보지 않은 가난한 신사들에게는 견디기 힘든 나라였다.

제6장
전쟁과 반란

CANADA

1812 전쟁과
캐나다의 승리

1812 전쟁

1800년대 초, 영국과 프랑스는 다시 전쟁 중이었다. 영국은 프랑스 항을 왕래하는 상선들을 봉쇄하여 프랑스의 국력을 약화시키려는 계획하에 미국 선박의 프랑스 항 출입까지도 막으려고 했다. 그뿐만 아니라 영국 해군에서 탈영하여 미국으로 도망간 일부 영국 수병들이 미국 선박에서 선원 생활을 하는 경우가 있어 영국 해군은 항해 중인 미국 선박들을 정지시켜 영국 해군에서 도망친 탈영병들을 색출했다. 이러한 영국의 행위는 독립국가인 미국으로서는 그들의 주권을 침해하는 만행임으로 도저히 용납할 수 없었다.

한편 그 당시 미국인들은 새로운 정착지를 마련하기 위해 애팔래치아 산맥을 넘어 오하이오 계곡으로 이동하기 시작했다. 그러나 이 지역에는 티컴서Tecumseh 추장이 이끄는 쇼니족Shawnee이 오랫동안 뿌리를 내리고 살고 있었으며, 그들은 새로운 정착지를 찾아오는 미국인들을 침입자로 보고 그들의 영역을 지키기 위해 미국인들을 상대로 싸우기 시작했다.

이때 마침 몬트리올에 기지를 둔 영국의 모피상인들이 오하이오 계곡에 사는 이들 쇼니족과 거래하면서 평소 친하게 지냈으므로 영국은 이들 부족에게 총과 탄약을 공급해주었다.

미국인들은 영국인들이 인디언들을 부추겨 미국에서 이주해오는 정착민들을 공격하도록 교사한다고 생각했다. 미 의회에서는 소위 주전론 매파War Hawks라고 불리던 소장파 의원들이 캐나다 내에 주둔하고 있는 영국군과 싸울 미합중국 육군부대를 편성할 것을 주장하고 나섰다. 결국 그들의 주장이 받아들여져 이것이 북미대륙에서 영국 군대를 완전히 몰아내는 계기가 되었다.

미국은 캐나다에서 영국 군대만 쫓아내면 캐나다는 바로 미국 땅이 되고, 그렇게 되면 미국의 많은 정착민들이 새로운 정착지를 찾아 광활한 캐나다 땅으로 마음대로 이주할 수 있을 것이라 생각했다. 미국은 드디어 1812년 영국에 선전포고를 했다. 미국은 전쟁이 보나마나 빨리 끝날 것이고 승리 또한 따놓은 당상이라고 믿었다.

그 당시 어퍼 캐나다의 총인구는 8만 명이었는데, 그중 3분의 2에 해당하는 5만 3천 명 정도는 충절파들이 도착하고 난 후에 이주해온 사람들이었다. 그들은 영국을 지지하는 사람들이 아니고 단지 값싼 땅을 얻기 위해 이주해온 사람들이었다. 그래서 미국은 전쟁이 터지면 최근에 캐나다로 이주한 이 사람들은 미합중국 군대를 환영할 것이라고 기대했다.

미 육군부대는 어퍼 캐나다를 침략하기 위해 디트로이트Detroit에 집결, 공격을 위한 만반의 준비를 했다. 헐Hull 장군이 지휘했던 미 육군은 어퍼 캐나다로 쳐들어왔다. 그러나 매복하고 있던 티컴서 추장이 지휘하는 쇼니 인디언 부족의 공격을 받고 미군은 패주하고 말았다.

그 당시 대부분의 캐나다 주민들은 이 전쟁에서 미국에게 이길 수 없다고 생각하고 있었기 때문에, 영국군 지휘관이었던 브록Isaac Brock 장군은 그들의 패전주의적 사고방식을 바로잡는 길은 전쟁에서 빨리 승리하고 미국의 어떤 침략도 성공적으로 방어함으로써 영국군과 캐나다군에 사기를 진작시켜주는 것이라고 생각했다.

브록 장군 휘하의 병력은 영국군과 캐나다군을 합쳐 겨우 700명이었고, 쇼니족의 전사라고 해야 겨우 600명 정도밖에 되지 않았다. 그해 8월 15일, 브록 장군은 디트로이트 강을 건너 디트로이트 요새에 퇴각해 있던 헐 장군 휘하의 미 육군을 공격했다. 인디언 전사들의 호전성과 영국군의 용맹성은 헐 장군을 완전히 압도했다.

다음날 2,300명의 미합중국 육군은 방아쇠 한 번 당겨보지 못하고 항복했다. 이 승리는 영국인과 캐나다인들의 사기를 크게 북돋아주었다. 또한 이 전쟁의 승리로 브록 장군은 영국 왕실로부터 작위를 받아 브록 경이 되었다.

캐나다의 승리

브록 장군은 1812 전쟁의 결전이 나이아가라 전선에서 벌어지리라고 판단했다. 그래서 그는 나이아가라 지방으로 황급히 내려가 미국의 침입을 저지하기 위해 그의 휘하 군대로 방어선을 구축했다. 그해 10월 13일 04시, 미합중국 육군부대는 미명을 틈타 나이아가라 강에서 도강작전을 개시하여 퀸스턴Queenston으로 건너오기 시작했다. 먼동이 틀 때까지 500명 이상의 미국 병력이 강을 건너 캐나다 연안에 도착했다.

브록 장군은 때를 놓치지 않고 맹렬하게 공격하여 미국 군대가 더 이상 전진하지 못하도록 막았다. 그러나 이 전투에서 브록 장군은 안타깝게도 적의 흉탄을 맞고 전사하고 말았다.

그날 늦게 영국과 캐나다와 인디언 병력은 미군을 반격하여 퀸스턴 고지를 탈환했다. 이 혈전이 끝난 후 미국 군대는 강을 건너 퇴각했고, 1,000명이나 되는 미군이 포로로 잡혔다. 이 숫자는 브록 장군 휘하의 병력보다 훨씬 많은 수였다. 이와 같이 디트로이트에서 벌어졌던 양 전투는 모두 영국 측의 대승리로 끝났고, 쉽게 승리하리라고 믿었던 미국인들의 꿈은 좌절되었다.

미국은 2년 동안 계속 어퍼 캐나다와 로어 캐나다를 집요하게 공격했으나, 조기에 승리를 거두겠다던 그들의 시도는 무위로 끝났다. 영국과 캐나다인들의 사기는 드높아졌고, 그들은 이제 미국의 병력이 제아무리 많다 하더라도 그들을 막아낼 자신감이 생겼다.

어퍼 캐나다의 나이아가라 전선에서 계속되었던 2년간의 치열한 전투에서 영국 · 캐나다 · 인디언 병력은 연합전선을 편 결과 스토니 크릭Stoney

Creek 전투, 비버댐Beaver Dam 전투, 런디스 레인Lundy's Lane 전투 등에서 승리했고, 나머지 전투에서는 미국이 승리했다.

1813년에는 미국이 지금의 토론토Toronto에 해당되는 수도 요크를 급습해 정부청사를 불태우고, 항구 내 드라이독에서 건조 중이던 대형 전함을 파괴했다. 화가 난 영국은 보복전을 벌여 이듬해인 1814년 미합중국의 수도 워싱턴에 침입하여 대통령이 집무하는 백악관을 불태워버렸다. 미국은 검게 그을린 건물을 보수하면서 외벽을 흰색으로 칠했는데, 이때부터 백악관White House이라는 이름이 붙게 되었다.

한편 로어 캐나다에서도 1813년 미국이 몬트리올 함락을 시도했다. 그러나 몬트리올로 진격해 들어온 미합중국 병력은 살라베리Charles de Salaberry 중령이 지휘하는 영국계와 프랑스계로 편성된 캐나다군의 공격을 받고 패배하고 말았다.

지휘관 살라베리 중령은 영국 육군에서 복무한 최초의 프랑스계 캐나다 장교였다. 그는 1812 전쟁 때 프랑스계 캐나다인들로만 편성된 연대를 창설하여 혁혁한 전과를 올린 장본인이었다. 그가 창설한 프랑스계 연대는 샤토게Chateauguay 전투에서 수적으로 열세였음에도 불구하고 미군을 무찌르고 승리를 얻어냈다. 이와 같은 캐나다군 내에서의 프랑스인들의 활약상은 프랑스계 캐나다인들도 영국계 캐나다인들과 마찬가지로 미국의 탈영국해방American Liberation을 지지하지 않는다는 것을 확실히 보여주는 계기가 되었다.

1814년에 와서 전쟁은 교착상태에 들어갔고, 미국은 전의를 상실해 끝내 캐나다 정복을 성공시키지 못했다. 1814년 겐트 조약Treaty of Ghent이 벨기에에서 조인됨으로 2년 동안 끌던 1812 전쟁은 끝났다. 조약에 의해 캐나다와 미국 양국간의 국경은 전쟁 전 원래 상태대로 돌아갔다. 이 전쟁은 미국이 무력으로 캐나다를 정복하려고 시도한 마지막 전쟁으로 역사에 남게 되었다.

이 전쟁은 캐나다인들에게 많은 것을 가져다주었다. 미국이 모든 면에서 압도적으로 유리했음에도 불구하고 캐나다인들은 불굴의 투지로 미국의 침략을 저지해냈다. 이 전쟁으로 캐나다인들은 미국을 의심과 두려움으로 더욱 경계하게 되었고 국가에 대한 애국심도 생기기 시작했다. 또한 전쟁이 가져다준 교훈 중에서 가장 값진 것은 많은 영국계 정착민들로 하여금 그들 자신을 영국인이 아닌 캐나다인으로 생각하게 한 점이라 하겠다.

전쟁 중 핼리팩스

1812 전쟁은 내륙에서뿐만 아니라 해상에서도 치열했다. 영국과 미국 양측은 서로 전함과 상선을 가리지 않고 닥치는 대로 공격했다. 거리마다 포획한 전리품을 나누어준다는 약속과 함께 배를 탈 젊은이들을 모집하는 광고가 나붙고, 나포된 미국 선박들이 핼리팩스 항으로 끌려왔다. 그 당시 핼리팩스에는 동부 연안을 관할하는 영국의 주력 수비대와 해군기지가 있었다.

도시가 내려다보이는 언덕 위에는 1749년 당시 요새로 시작되었던 별 모양의 성채가 자리 잡고 있었으며, 성채의 북쪽에는 해군 조선소가 있어 군함을 건조하고 수리했다. 그때만 하더라도 이곳 식민지에는 삼림이 풍부하여 여기서 나는 목재로 선박을 건조하고 돛대도 수리했다. 규모가 작은 조선소에서는 어선을 만들었고, 어선들이 닿는 부두와 어시장은 항상 붐볐다.

1800년대 초 핼리팩스는 상업도시로도 두각을 나타내, 부두에 접한 거리에는 선구상과 선상식품 납품상들이 즐비하게 줄지어 있었다. 그 당시 핼리팩스에서 거래되고 있던 대부분의 상품은 영국이나 뉴잉글랜드에서 수입된 것으로, 수입품을 팔아 큰돈을 번 사람들도 있었다.

한편 점원들은 보통 하루에 12시간씩 일했다. 해뜨기 전 새벽에 일어나 청소하고, 난로에 불을 피우고, 양초와 호야의 심지를 잘라주고, 재고품을 정리하는 등 바쁘게 하루를 시작했다. 많은 젊은 점원들이 그들이 일하는 상점에서 숙식을 했으며, 점포 내 계산대 밑에서 새우잠을 잤다.

시계가 귀한 때였으므로 성채 아래 언덕에 설치되어 있던 큰 시계는 주민들에게 매우 편리했다. 밤 시간에는 야경꾼들이 순찰하면서 큰 소리로 "10시 이상 무, 10시 이상 무!"라고 외쳤고, 때로는 그냥 "10시, 10시!" 하면서 시간마다 알려주면서 자기 구역을 돌았다.

군인들이 많이 주둔하고 있던 관계로 거리에서는 종종 수비대 보병들과 해군기지의 수병들이 술에 취해 패싸움을 하는 광경도 볼 수 있었다.

대부분의 집들이 나무로 지은 목조건물이고, 따닥따닥 붙어 있었던데다 연료로 장작과 석탄을 때고 조명으로는 촛불과 호롱불을 켰기 때문에 특히 화재가 많이 발생했다. 불이 나면 파이어 클럽Fire Club이라고 불리던 자원봉사대들이 달려와 불을 껐는데, 한 지역에 여러 개의 경쟁 클럽이 있어 일단 화재가 발생하면 어느 클럽이 화재현장에 일착으로 도착하는지 서로 경쟁했다. 화재를 알리는 불 종이 울리면 파이어 클럽 회원들은 하던 일을 제쳐놓고 화재현장으로 달려왔으며, 급할 때는 평소 아끼던 신사복을 입은 채로 달려와 불을 끄기도 했다. 그들은 한 줄로 쭉 늘어서서 가죽으로 만든 물통에 물을 담아 손에서 손으로 전달하여 불을 껐다. 그 당시 핼리팩스에는 송수관도 없었고 가정에서는 수도도 없었다. 물은 길가에 설치된 나무로 만든 공동 식수 펌프장에서 공급받았다.

부둣가의 도로는 1816년부터 1년 사이에 포장되었으나 대부분의 도로는 비포장 도로였다. 포장을 한 도로도 마저도 얼마 지나지 않아 이용하기 어려워져 간선도로를 따라 가장자리에 나무를 깔아 사람들이 다닐 수 있는 인도를 만들었다.

도시에는 하수도나 쓰레기를 모으는 마을 공동 진개장도 없었다. 뒷간은 집집마다 앞마당에 있었고, 돼지와 같은 가축들은 뒤뜰에서 키웠다. 길거리는 매우 더러웠으며, 구정물을 길가 도랑에 마구 버렸기 때문에 구정물이 고여 악취를 풍기는 웅덩이가 곳곳에 있었다. 또 밤거리는 가로등이 없어 캄

캄했다. 그 당시 핼리팩스에는 공립학교가 없었으며, 1811년 제정된 교육법에 의해 학교 운영에 필요한 예산이 전달되었음에도 불구하고 아이들을 학교에 보내려면 월사금을 내야 했다. 1818년이 지나서야 성공회가 운영하는 국립학교가 생겼는데, 아래층은 남학생들이 공부하는 곳으로 큰 교실 하나에 200명이 들어가 함께 공부했다. 위층도 동수의 여학생들이 들어갈 수 있는 큰 교실 하나만 있었다. 상하층에는 각각 교사가 1명씩밖에 없었고 나이든 학생들이 교사를 도와 어린 학생들을 가르쳤다. 학업성적이 좋은 학생들은 1919~1920년 사이에 설립된 댈하우지 대학Dalhousie College에 진학할 수 있었다.

그러나 대부분의 학생들은 14살이 되면 학교를 그만두고 장사나 기술 등 전문적인 일을 배우기 위해 견습생이 되었다. 교육을 받지 못한 아이들은 광산이나 벌목장에서 일을 배우든지, 어부나 기술이 필요 없는 막노동자가 되었다. 딸을 가진 부모들은 좋은 혼처를 만나 시집보낼 준비를 했고, 가난한 가정에서는 딸들을 하녀로 보내든지 아예 아주 어릴 때 시집을 보냈다.

1812 전쟁이 한창일 때도 핼리팩스에 사는 젊은이들은 놀기가 좋았다. 항구에 들어오는 군함들과 시가행진을 하는 군인들도 좋은 볼거리였으며, 여름철에는 수영을 하든지 도시 뒤쪽에 있는 숲 속에서 여러 가지 놀이를 즐겼다. 겨울철이 되면 성채 근방에 있는 못에서 스케이트를 탔다. 경축행사가 있을 때는 휴일로 정했고, 대관식이나 영국 왕의 생일 때는 시가행진·음악회·무도회 등 여러 가지 행사가 벌어졌으며, 공설운동장에서 벌어지는 승마경기는 모든 주민들이 좋아하는 경기였다.

핼리팩스 인구는 1812 전쟁이 발발할 당시 약 2만 명이었고, 그중 절반에 해당되는 만 명이 민간인이었다. 그러나 전쟁이 끝나자 영국은 핼리팩스 수비대에만 병력을 조금 남겨놓고 해군기지는 버뮤다Bermuda로 옮겨버렸다. 이 때문에 상인들은 장사가 되지 않았고 조선소에도 일감이 없어 매우 힘들었다. 게다가 1816년과 1817년 두 해에 걸친 흉년으로 주민들의 생활은 더욱 어려웠다. 인구도 겨우 11,000명으로 절반이 줄었으며, 전쟁 중에 누렸던 호경기도 끝나고 말았다.

로어·어퍼 캐나다의 불만과 반란

로어 캐나다의 불만

어퍼 캐나다와 로어 캐나다의 자치정부는 그 체제가 동일했다. 양 식민지에서는 주민들이 입법의회의 의원들을 선출할 수 있는 선거권을 가지고 있었지만 대부분의 권력은 총독의 손아귀에 있었다. 총독이 개인적으로 임명하는 자문위원회Council는 주로 재력이 있는 영국계 상인들 중에서 뽑았는데, 로어 캐나다에서는 그들을 총독의 가신이라는 뜻에서 왕당파, 즉 '샤토 클리크Chateau Clique'라고 불렀다. 그들은 식민지를 위하기보다 자신들의 개인사업을 위해 식민지를 이용하는 데 혈안이 되어 있었으므로 주민들 사이에서 많은 비난을 받았다.

로어 캐나다의 주민들은 대다수가 프랑스계 가톨릭 신자들로, 농사를 짓는 농부들이었다. 농민들은 그들이 생산한 곡물과 목재를 도시에 내다팔기 위해 도로가 필요한 반면, 상인들도 외부와 교역을 하기 위해 운하가 필요했다. 그러므로 교통문제는 모든 주민들이 가장 불평하는 사항이었다. 그뿐만 아니라 세금에 대한 논란과 불평도 컸다. 당시 총독 자문위원회의 가신들은 정부의 재정을 확보하기 위해 농지세를 제정하려고 했다. 그러나 이 법이 확정되면 소농들은 농지세를 내야 했으므로 농민들은 농지세 대신 수입물품에 대한 관세와 매출에 대한 세를 건의했다. 관세와 매출에 대한 세가 통과될 경우 농지세와 반대로 이번에는 상인들이 세금을 내야 했다. 이렇게 농민들과 상인들의 이해관계가 대립되자 농민들이 뽑은 입법의회와 상인들의 대표 격인 총독 자문위원회는 조세문제를 놓고 합의점을 찾지 못했다.

이때 영국 지도자들은 프랑스인들의 불평에 귀를 기울이려고 하지 않고, 도리어 프랑스계 캐나다인들을 교육도 받지 못하고 농사나 하는 무식한 촌놈들로 취급하여 무시해버렸다. 그들은 또 프랑스계 캐나다인들이 그들의 생활관습과 종교를 포기하고 영국 사람들처럼 되는 것은 시간 문제라고 생각했다. 이러한 영국인들의 오만불손한 태도와 사고는 프랑스계 캐나다인들을 분노하게 했다. 성직자·변호사·의사 등 교육을 받은 프랑스계 지도자들은 프랑스인의 권리를 옹호해야 한다고 자각했다. 그들은 프랑스인임을 자랑스럽게 여기고 결코 변절하지 않기로 결심했다. 그들은 입법의회 내에 애국동지회Patriotes라는 모임을 결성해 총독과 총독의 자문위원회에 맞서 싸우는 데 앞장섰다.

1820년대와 1830년대 사이 애국동지회의 리더는 파피노Louis Joseph Papineau였다. 그는 모든 세금에 대해서 주민들이 뽑은 입법의회만이 그 결정권을 가지고 있다고 주장했다. 그러나 총독과 영국 측은 한마디로 'No'였다. 파피노는 미합중국을 보고 얻어낸 결론으로 캐나다도 미국처럼 영국 왕실의 그늘에서 벗어나 선거를 통해 대통령제를 실시해야 한다고 주장했다. 그리고 그는 이것을 관철하기 위해서는 무력에 의한 폭동만이 유일한 해결방법이라고 결론을 내렸다.

식민지 정부에 대한 불만은 프랑스인뿐만 아니었다. 특히 아일랜드 가톨릭 교도들과 다른 소수민족들 사이에서도 불만이 매우 고조되어 있었다. 애국동지회 소속의 또 다른 지도자였던 넬슨 박사Dr. Wolfred Nelson는 "우리는 이제 총알을 만들기 위해 우리들의 놋그릇과 숟가락을 녹일 때가 왔다"고 외쳤다.

애국동지회는 '자유의 후예들Fils de la Liberté'이라는 조직을 만들었다. 이 조직은 미국혁명 직전에 미국 내 식민지에서 활동했던 '자유의 아들들'을 본따 불어로 번역한 명칭이었다. 자유의 후예들은 미국을 상징하는 독수리가 캐나다의 상징인 수달을 부리로 물고 있는 그림이라든지 총독 자문위원회를 타도하자는 글귀를 새긴 현수막 등을 들고 주민들을 선동하기 시작했다.

로어 캐나다의 반란

1837년 11월 몬트리올 시가에서는 프랑스계 애국동지회가 주동하는 폭동이 일어났다. 영국인들은 이 폭동을 반란이라고 규정하고 즉각 파피노 등 20명의 애국동지회 주동자들에 대한 체포령을 내림과 동시에 이들을 체포하기 위해 영국군을 출동시켰다.

그러나 이들 주동자들은 순순히 투항하지 않았을뿐더러, 생 드니 St. Denis 마을에서 벌어진 전투에서는 영국군이 20명의 사상자를 내는 등 반란군에게 참패를 당했다. 프랑스계 반란군들은 이 전투에서 반란을 성공시킬 수 있다는 자신감을 얻었다.

그러나 이와 같은 그들의 자신감과 희망에도 불구하고 전황은 점점 반란군에게 불리해져갔다. 1837년 12월 영국군 대부대가 몬트리올 북쪽에 있는 생 오스타시 St. Eustache 마을에 있던 500명이 넘는 반란군을 공격해 70명 이상을 사살했고, 반란군은 여기서 참패를 당했다. 영국은 심지어 반란군이 있던 성당의 입구를 막고 불을 지르고 나서 창문으로 탈출하려고 뛰어내리는 사람들을 한 사람씩 총으로 쏴 죽였다. 그들은 또 인근에 있는 마을을 습격하여 주민들을 약탈하고 민가에까지 불을 질렀다.

반란은 끝나고 파피노는 미국으로 피신했다가 다시 프랑스로 갔다. 1845년 그는 사면을 받고 캐나다에 돌아와 의회에 다시 등원했다. 그러나 이미 국내에 있던 애국동지회 지도자 12명은 반란죄로 기소되어 유죄판결을 받아 교수형에 처해졌고, 50명이 넘는 반란군은 호주로 추방된 뒤였다.

이렇게 해서 주민들의 협조와 지원에도 불구하고 반란은 무위로 끝났다. 프랑스계 캐나다인들은 그들의 패배를 매우 안타까워했으며, 영국인들이 저지른 방화·약탈·사형·추방 등을 영원히 용서할 수 없는 만행으로 생각했

교회에 불을 지르고 있는 영국군. 생 오스타시.

다. 프랑스계 캐나다인들은 70여 년 전인 1763년 영국에 의해 침략당했던 과거의 쓰라린 기억들을 다시 한 번 상기하면서 영국에 대한 원한을 가슴속에 더욱 깊이 새겼다.

어퍼 캐나다의 불만

어퍼 캐나다는 1814년에서 1830년 사이에 매우 빠른 속도로 성장했다. 이곳에 와서 정착한 이주민들 중에는 미국혁명 당시 영국을 끝까지 지지한다는 이유로 미국에서 핍박받고 이곳으로 피해온 충절파와 그 자녀들이 있었고, 그 뒤를 이어 영국제도에서 이민 온 영국 혈통의 사람들도 있었으나, 그 후에는 많은 사람들이 값싼 땅을 찾아 미국에서 이곳으로 넘어왔는데, 이들은 영국에 대한 충성심과는 전혀 무관한 사람들이었다.

이들은 미국에 있을 때 그들의 대표자를 선출하기 위해 선거에 직접 참여하여 선거권을 행사한 경험이 있는 사람들로, 모든 사람은 동등하다는 신념을 갖고 있었으며, 재력이 있는 사람이라고 해서 가난한 사람들보다 정부에 더 많은 입김을 불어넣어 영향력을 행사해서는 안 된다고 생각하는 사람들이었다. 그리고 그들은 캐나다가 미국에 합병되는 것은 원치 않았지만 미국민들이 추구하는 자유와 평등사상에 대해서만큼은 부러워하고 갈망했다.

어퍼 캐나다의 주민들도 총독과 그가 임명한 자문위원회가 주도하는 정부체제에 대해서 불만이 많았다. 로어 캐나다와 마찬가지로 여기서도 영국 정부가 어퍼 캐나다의 총독을 임명했고, 총독은 자신의 자문기관인 입법자문위원회Legislative Council와 행정자문위원회Executive Council의 위원들을 임명했다. 자문위원회 위원들은 재력이 있는 상인들과 지주들, 군 장교들이 대부분이었고, 그들은 대부분 킹스턴이나 요크 같은 큰 도시에서 사는 사람들이었다.

그뿐만 아니라 정부는 항상 식민지 내의 부유층에 유리하도록 법률을 제정했고, 정부를 운영하고 식민지를 다스리는 것도 거의 소수의 부유층 가문들이었다. 그래서 그들은 식민지를 다스리는 지배층을 족벌파, 즉 패밀리 콤팩트Family Compact라고 비아냥거렸다.

어퍼 캐나다에서 선거권은 백인 성인남자로서 땅을 소유한 사람들에게만 주어졌다. 그들이 뽑은 입법의회 의원들은 일반적으로 소지주나 농민들이었으므로, 부유층에서 나온 소위 족벌파들과는 사뭇 다른 정치적 견해를 가지고 있었다. 그들은 족벌파들과 달리 쇄신과 개혁을 원했으므로 개혁파Reformers라고 구별하여 불렀다.

로어 캐나다와 마찬가지로 이곳 개척농가에서도 도로가 여의치 않아 일상생활이 매우 불편했으므로 농민들은 읍내 시장으로 다닐 수 있는 도로를 개설해줄 것을 원했으나, 족벌파들은 상인들을 돕기 위해 운하를 건설하는 데만 예산을 지출하려고 했다. 그래서 주민들이 필요한 도로 건설에는 예산이 거의 책정되지 않았고, 대부분의 예산이 리도Rideau · 웰랜드Welland · 세인트로렌스 운하를 건설하는 데 지출되었다. 또한 농민들은 값싼 땅을 원했다. 농민들은 일부 토지들을 영국 정부의 국유지로 정해놓은 사실에 대해 매우 못마땅하게 생각했고, 영국 국교인 성공회Anglican Church에 토지를 주는 것에도 반대했다. 그들은 이 땅들을 정착민들에게 팔든지 공립학교 부지로 이용하기를 원했다. 농민들은 또 대부분 족벌파들이 소유하고 있던 토지회사들이 많은 토지를 헐값에 사들여 비싼 값으로 팔고 있는 것에 대해서도 불만이 많았다.

개혁파와 족벌파는 종교도 달랐다. 대부분의 족벌파는 성공회 교인들이었고, 개혁파의 대부분은 감리교인들이었다. 감리교 신자들은 주민들이 낸 세금으로 운영되고 월사금 없이도 다닐 수 있는 공립학교를 택한 반면, 족벌파들은 성공회가 운영하는 사립학교를 택했다.

정부는 족벌파의 영향력하에 있었으므로 총독과 그의 자문위원회는 개혁파들이 제안한 법안들을 항상 부결시켰다. 1830년대에 들어서 개혁파들은 의회를 장악할 수 있는 대책을 생각하기 시작하면서, 만일 그들이 원하는 것을 관철하지 못할 바에야 차라리 무력을 휘두르는 수밖에 없다고 결론을 내렸다.

주민들의 불만이 고조되고 민심이 흔들리게 되자 일부 개혁파 의원들과 정부의 관리들은 마치 1770년대 미국 내 식민지에서 있었던 미국혁명 당시와 점점 비슷한 상황과 위기감을 느끼게 되었다.

어퍼 캐나다의 반란

"용감한 캐나다인들이여!
자유를 사랑합니까? 저는 여러분들이 자유를 사랑하는 것을 압니다.
억압을 싫어합니까? 누가 이를 감히 부인하겠습니까?"

이와 같은 호소문을 전단지에 작성하여 배포한 사람은 1830년 중반까지 개혁파의 지도자였던 매켄지William Lyon Mackenzie였다. 그는 스코틀랜드에서 태어나 25세 때 점원으로 캐나다에 건너왔고, 4년 후에는 '식민지 대변자The Colonial Advocate'라는 신문사를 설립, 족벌파를 신랄하게 비평했다. 그러자 족벌파 측은 매켄지의 비평을 잠재우기 위해 조직폭력배들을 시켜 신문사의 인쇄기를 모조리 부숴 온타리오 호에 던져버렸다.

매켄지는 정부와 싸우기 위해 의회에 진출하기로 결심하고 요크에서 출마하여 당선되었다. 그는 의회 연설을 통해 족벌파의 정책을 맹렬하게 비난했고, 그것이 화근이 되어 네 차례나 의원직을 박탈당했으나 그때마다 주민들의 열화와 같은 지지로 재당선되곤 했다.

그뿐만 아니라 매켄지는 주민들의 숙원인 도로를 조속히 개설해줄 것과,

윌리엄 L. 매켄지.

농민들에게는 저렴하게 토지를 공급하고 총독과 그의 자문위원회의 권한을 축소해줄 것을 주장했다. 그는 총독의 자문위원회보다 주민들이 선출한 의회에 더 많은 권한이 주어져야 평민을 위한, 평민에 의한 좋은 정부가 될 수 있다고 주장했다.

1837년에 와서 매켄지는 족벌파가 순순히 그들의 권력을 포기하지 않을 것이라는 판단하에 반란의 필요성을 깨닫게 되었다. 그는 그의 의견에 얼마나 많은 사람들이 동조하는지 알아보기 위해 여러 도시를 순회하면서 여론을 들어보았다. 어떤 모임에서는 그를 지지하는 동지들이 미국혁명 당시의 슬로건이었던 "자유가 아니면 죽음을 달라Liberty or Death"라고 쓴 기치를 들고 그들의 절박한 소망을 표출했다.

한편 1837년에는 농민 반란군들이 농지의 뒤쪽에 있는 숲 속에서 비밀리에 군사훈련을 했다. 마침 11월에 로어 캐나다에서 반란이 일어나자 어퍼 캐나다에 주둔하고 있던 영국군도 반란을 진압하기 위해 황급히 로어 캐나다로 떠났다.

어퍼 캐나다의 반군 지도자들은 지금이 바로 행동을 옮길 때라고 판단하고 모든 농민 반란군들을 지금의 토론토에 해당되는 요크의 교외에 있는 몽고메리 선술집에 집결하도록 연락을 취했다.

드디어 그해도 다 저물어가는 12월 5일, 반란군은 보무도 당당하게 요크의 중심가인 영 가Yonge Street를 향해 행군해 들어갔다. 그러나 뜻밖에도 영 가의 저쪽 끝에는 충절파 농민들로 조직된 식민지 정부군과 영국군 소수 병력이 진을 치고 있었다. 눈 깜짝할 사이에 짧은 교전이 벌어졌다.

당시 반란군은 조직적으로 훈련된 적군이 있으리라고 미처 예상치 못했다. 정부군이 일제히 사격을 하자 반란군은 혼비백산하여 뿔뿔이 흩어져 도망쳤다. 매켄지도 무력반란은 끝났다고 판단하고 미국으로 도피했다.

　그 후 산발적인 작은 교전이 있었으나 반란은 진압되었다. 반란이 실패한 원인은 첫째, 조직력이 약했고, 둘째, 반란을 지지하던 많은 사람들이 실제 전투가 벌어지자 전투에 가담하지 않았기 때문이었다. 더구나 주민들이 개혁과 변화는 원했으나, 폭력으로 개혁을 쟁취하는 것은 원하지 않았다. 때문에 매켄지의 미국식 무력반란에 주민들은 회의적이었고, 결국 능동적인 지지를 받지 못했던 것이다.

　비록 반란은 실패했지만 영국을 불안하게 만드는 데는 충분했다. 영국은 식민지 내에서 더 이상 폭력사태가 발생하는 것을 원치 않았으며, 미국혁명과 같은 전철을 다시는 밟지 않기로 했다. 드디어 1838년 영국은 더럼Durham 공을 캐나다로 보내 문제점을 살피게 했다.

더럼 보고서

로어 캐나다와 어퍼 캐나다에서 일어났던 1837년 반란은 조기에 진압되었고, 무력으로 정부 개혁을 시도했던 애국동지회와 개혁파들은 그들의 뜻을 이루지 못하고 좌절하고 말았다. 비록 반란은 실패에 그쳤지만 영국 정부에 중요한 교훈을 남겼다. 영국은 더 이상 식민지 내 주민들의 불만을 묵살할 수 없게 된 것이다.

1838년 영국은 주민들의 불만과 반란의 원인을 알아보기 위해 더럼 공을 캐나다로 보냈다. 그는 떠나기 앞서 영국 정부로부터 어퍼 캐나다와 로어 캐나다를 위해 더 좋은 정부형태를 알아볼 것과, 대서양 연안의 식민지인 프린스 에드워드 아일랜드 · 노바 스코샤 · 뉴브런즈윅 · 뉴펀들랜드를 통합하는 방안을 알아보도록 지시받았다.

더럼 공은 1838년을 거의 캐나다에서 보내면서 그 전해에 일어났던 반란에 대해서 각계각층의 사람들과 대화를 나눈 후 보고서를 작성했다. 그는 총독과 총독의 자문위원회가 개혁파의 의견을 묵살하는 한 식민지 주민들의 불만은 계속될 것이라고 보고했다. 그는 또 주민들이 선출한 의회가 총독의 행정자문위원회를 통제할 수 있게 해야 한다는 의견도 제시했다. 총독의 행정자문위원회는 영국 의회에서처럼 내각이 되고, 의회에서 불신임이 가결되면 내각을 퇴진시켜 의회가 정부의 독주를 통제할 수 있도록 해야 한다는 것이었다. 소위 말하는 책임내각제Responsible Government인 셈이었다.

더럼 공.

또 더럼 공은 로어 캐나다에 있어서 반란의 원인은 정부에 대한 불만이기보다 영어권 캐나다인들과 불어권 캐나다인들 사이의 대립과 갈등이 주된 요인이라고 생각했다. 더럼은 평소 프랑스계 캐나다인들에 대해 냉담했고 이해심이 없었다. 그뿐만 아니라 그는 프랑스계 캐나다인들이 그들의 언어와 고유한 생활방식을 포기해야 전쟁이 끝날 것이라고 생각했다. 그래서 더럼 공은 어퍼 캐나다와 로어 캐나다를 합치면 영국인들에게 더 많은 힘을 실어줄 수 있을 것이라는 착안에서 재결합을 제안했다.

드디어 1840년 영국 의회는 연합법Act of Union을 통과시키고 1841년 양 식민지의 입법의회를 합쳤다. 식민지의 명칭도 바꾸어 어퍼 캐나다는 캐나다 웨스트Canada West가 되었고, 로어 캐나다는 캐나다 이스트Canada East가 되었다. 연합법에서는 또 불어 사용을 제한시켰다. 그러나 1848년 연합법이 개정되어 불어 사용 제한조치는 철회되었다.

한편 더럼은 대서양 연안에 있는 4개의 식민지를 하나로 합쳐야 된다고 생각했다. 그는 보고서에서 특히 프린스 에드워드 아일랜드의 돈 많은 지주들의 폐해에 대해 언급했다. 그는 만일 연안 식민지에 정착민들을 유치하려면 불공정한 정실이 사라져야 한다고 믿었다. 그는 또 대지주들의 폐단과 폐습을 개혁하기 위해서는 새롭고 더 강한 정부 형태가 들어서야 한다고 생각했다. 그러나 그는 실제 보고서를 작성할 때는 연안 식민지의 통합에 대한 구상을 누락시켰다.

이렇게 해서 작성된 더럼 공의 보고서는 북미대륙에 있던 영국 식민지들이 통합하여 연방Confederation으로 출발하는 첫걸음이 되었을 뿐만 아니라, 북미에 있는 영국 식민지들이 그들의 진정한 자치정부를 세우게 된 초석이 되었다.

책임내각제는 1846년 노바 스코샤에서 처음 시작된 후 곧 캐나다 내의 다른 영국 식민지들에서도 시행되었다. 그러나 연방이 되기까지는 20년 이상의 긴 세월이 더 흘러야 했다.

1840년대 킹스턴

1843년 어느 날 킹스턴에서 발간되는 한 일간지에 '수도 몬트리올로 천도' 라는 머릿기사가 났을 때, 그것을 읽었던 주민들은 놀라움과 실망감을 감추지 못했다. 그들은 장래 킹스턴이 캐나다에서 가장 중요한 중심도시가 될 것이라고 굳게 믿고 희망에 차 있던 참이었다.

불과 2년 전인 1841년 6월 식민지의 수도는 토론토에서 킹스턴으로 옮겨졌고, 그로 인해 이곳에는 멋진 빌딩들이 많이 들어섰다. 가장 인상 깊은 건축물은 이 지방에서 나는 돌로 지은 시청 건물로, 건축비만도 당시 금액으로 9만 달러가 들었다. 몬트리올과 토론토에서 찾아온 방문객들도 이 석조건물이 캐나다 전체에서 가장 멋진 건물이라고 입을 모아 칭찬했다.

시청청사 내에는 우체국과 정부의 각 부처 사무실과 도서관, 그리고 여러 개의 잘 꾸며진 회의장들이 포함되어 있었다. 청사의 꼭대기는 아름다운 돔이었고, 돔 바로 밑에는 전망대가 있어 도시 전역은 물론 외각지대까지 조망할 수 있었다.

전망대에서는 망망한 온타리오 호수와 세인트 로렌스 강에 떠 있는 1,500여 개의 작은 섬들로 이루어진 사우전드 아일랜드Thousand Islands의 절경도 바라볼 수 있었다.

동쪽을 바라보면 1836년 영국이 세운 헨리 요새가 항구 저편 언덕에 자리 잡고 있었는데, 이 요새는 지형적으로 볼 때 미국의 그 어떤 공격에도 온타리오 호와 세인트 로렌스 강을 완벽하게 방어할 수 있는 전략적 요충지였다. 요새 아래에는 영국 해군의 수병들을 위한 막사가 있었다.

킹스턴 항은 멋진 돛대를 여러 개씩 펼치고 있는 약 200척의 종범선과 바지선들의 모항이기도 했으며, 어퍼 캐나다에서 생산되는 곡물이나 목재 등 각종 특산물의 수출을 위한 중심지 역할을 했다. 그러나 운하의 확장이 논의되면서 킹스턴의 장래는 밝지만은 않았다. 운하가 확장되면 큰 선박들이 킹스턴에 들르지 않고 몬트리올에서 토론토나 해밀턴으로 바로 가게 되기 때문이었다.

킹스턴 해안에는 증기선을 건조하는 조선소도 있었으며, 기선회사들은 토론토와 온타리오 호 연안에 있는 여러 곳을 매일 운항했다. 수리를 위해 킹스턴 항에 입항하는 고장 난 선박들은 4마리의 말을 이용하여 조선소에 설치된 인양 궤도를 따라 뭍으로 끌어올렸으며 300톤 급의 선박도 거뜬히 해안가로 인양할 수 있었다.

또 시청에서 서쪽으로 3km 떨어진 포츠머스Portsmouth 항에는 킹스턴 감옥이 있었다. 감옥은 사방이 돌로 된 튼튼하고 높은 벽으로 둘러져 있었고, 각 모퉁이에는 감시탑이 세워져 있었다. 1840년대 중반에는 그 당시 캐나다에 하나밖에 없었던 이 형무소에 400명이나 되는 죄수들이 수감되어 있었다.

킹스턴 시내에는 멋진 주택과 사무실과 상점과 교회들이 많았다. 장로교회에서 운영하던 대학도 있었는데, 그 대학이 바로 오늘날 캐나다 명문대학 중의 하나가 된 퀸스 유니버시티Queen's University다. 그밖에도 몇몇 교회들이 학교를 운영했는데, 1845년 시내에는 부녀자들을 위한 학교가 다섯 곳, 남자아이들을 가르치는 학교가 두 곳 있었다. 법원은 웅장한 석조 건물로 지어졌고, 병원은 두 곳에 있었는데 그중 한 곳은 정부에서 운영했고 다른 하나는 가톨릭 수녀회에서 운영했다.

킹스턴에는 조선소 외에도 많은 산업체들이 모여 있었다. 증기 동력을 이용한 거대한 제분소가 있었으며, 대리석과 석회석 채석장이 인근에 있었기 때문에 대리석으로 기념비 등을 만드는 곳도 있었다. 또 구두와 가죽장화의 재료가 되는 가죽을 무두질하는 피혁공장이 세 개나 있었고, 세 곳의 주물공장에서는 기계류와 난로 등, 날로 발전하는 식민지에서 필요한 각종 주물제품들을 생산했다. 그밖에도 마차 · 짐차 · 양초 · 가구 · 의류 · 식품 등을 생산하는 공장들이 있었다. 그뿐만 아니라 킹스턴에는 공설시장도 있어 농부들은 그들의 밭에서 재배한 여러 가지 농산물을 도시인들의 식탁에 올려놓기 위해 이곳 시장에 가져다 내놓았다.

킹스턴은 1784년 충절파들이 처음 도착하여 세운 도시로서, 1842년에는 주민수가 약 8,000명까지 늘었으나, 수도가 몬트리올로 옮겨가자 많은 사람들이 이곳을 떠났다. 그로 인해 1845년에는 주민수가 6,123명으로 줄었다.

제7장
이민과 팽창

CANADA

유럽 이민자들의 이주

대거 이주

1800년대 초에 나폴레옹Napoleon이 유럽에서 전쟁을 일으키자 영국도 프랑스에 맞서 싸워야 했으며, 많은 인력과 산업을 전쟁에 투입하기 위해 동원해야 했다. 그 결과 전쟁 중에는 영국에서 캐나다로 이주해오는 사람이 거의 없었다. 그러나 1815년 나폴레옹 전쟁이 끝나고 다시 평화가 돌아오자 이민의 새 물결이 일기 시작했다.

전쟁이 끝나자 전쟁터에서 돌아온 많은 사람들과 선원들이 일자리를 구하지 못했고, 1800년대 후반에는 인구가 급속히 증가되었다. 농촌에도 변화가 일었는데, 자기 땅이 없는 많은 소작농들이 그동안 농사짓던 땅에서 쫓겨났고, 농지를 소유하고 있던 사람들도 자식들에게 나누어줄 땅이 부족하게 되었다. 더구나 농장에서 쫓겨난 사람들이 도시로 나와 공장에서 일자리를 찾으려고 했으나 한참 산업혁명Industrial Revolution이 일어나고 있을 때였으므로 도시의 공장에서도 노동자들이 하던 일을 기계가 대신하는 경우가 많아져 일자리 찾기가 쉽지 않았다. 실직자들이 늘어났고, 일자리를 구한 사람들도 가난을 면치 못했다. 그들은 다닥다닥 줄지어 붙어선 게딱지 같은 집에서 살

왔고, 공장 굴뚝의 매연은 주위를 온통 시꺼멓게 만들었다.

이때 많은 사람들이 캐나다에 가면 무상으로 땅을 얻을 수 있다는 소문과, 그곳에 가면 조선소와 제재소에서 일자리를 구할 수 있다는 말을 들었다. 그 래서 그들은 새로운 생활을 시작할 기회를 찾아 캐나다로 이민 갈 결심을 했다.

그로부터 50년간에 걸쳐 많은 사람들이 영국·스코틀랜드·아일랜드를 떠나 긴 항해 끝에 북미에 도착했다. 그들 중 일부는 노바 스코샤와 뉴브런 즈윅과 같은 대서양 연안의 식민지에 정착했고 더러는 로어 캐나다의 큰 도 시와 중소도시에, 그리고 나머지 사람들은 서쪽으로 더 들어가 어퍼 캐나다 에 가서 무상으로 농지를 배당받아 정착했다.

매년 2만 5천 명에 달하는 이민자들이 캐나다에 도착했으므로 1850년대 에 들어서는 어퍼 캐나다와 로어 캐나다를 합친 두 식민지의 인구가 거의 200만 명에 달했다. 이와 같이 충절파의 뒤를 이어 모국 영국으로부터 꾸준 하게 이민의 물결이 이어졌다. 그들 중에는 캐나다에 파견되어 복무하다 의 무연한을 마친 제대군인들도 있었고, 이곳 식민지에서 근무하던 공무원들 과, 새로운 시장을 찾아 이곳에 왔던 상인들도 있었다. 또 교사·목사·의 사·변호사들도 끼어 있었다.

어퍼 캐나다에 정착한 사람들은 남녀를 불문하고 서로 힘을 합쳐 열심히 삼림을 베어내고 새로운 농지를 개간했다.

성공한 개척민들 중에는 영국인들뿐만 아니라 스코틀랜드 출신도 많았 다. 그 당시 캐나다로 이주한 스코틀랜드 인들은 서로 다른 두 지방에서 왔 는데, 남부와 중부의 저지대에서 온 사람들은 도시나 농촌 출신이었으나, 북 부 산간 고지대에서 온 사람들은 1746년 영국에 의해 패망되기까지 독립을 외치며 억척스럽게 살아온 사람들이었다. 저지대에서 온 사람들은 고지대에 서 온 사람들에 비해 영어도 잘했고, 개중에는 고등교육을 받은 사람들과 세 련된 장사 수완을 가진 사람들도 있었을 뿐만 아니라, 모두가 개신교 장로교 회 신자들이었다. 그들의 신앙은 어려운 이곳 환경에서 열심히 일하고 절제 하면서 온건하게 생활할 수 있도록 해주는 원동력이 되었다. 또한 그들이 개신교도라는 점 때문에 반가톨릭 편견을 가진 영국인 사회에서도 큰 무리 없이 받아들여질 수 있었으며, 열심히 일한 결과 많은 스코틀랜드 출신들이 성공했다. 그들 중에는 프레이저Simon Fraser와 매켄지Alexander Mackenzie와 같이 모피상으로 성공한 대상들도 있었고, 은행가들도 여럿 나왔다. 또 토론토의 정치적 지도자이며 출판업자인 브라운George Brown과 캐나다의 초대 수상이었던 맥도널드John A. Macdonald 경도 스코틀랜드 출신이었다.

한편 그 당시 스코틀랜드의 북부 산간 고지대에서는 영국에 있는 모직 회사에 공급할 양모 때문에 사람보다 양을 더 귀하게 여기게 되었다. 지주들은 소작인들을 농토에서 쫓아내고 농사 대신 목축업을 하게 되어 농부들은 생활터전을 잃게 되었다. 그래서 많은 농민들이 가는 곳이 어딘지 잘 알지도 못한 채 부두에서 대기 중이던 배에 무작정 올라타고 캐나다로 실려왔다. 그들 중 일부는 노바 스코샤에 정착했고, 더러는 셀커크Selkirk 공이 레드 강 유역에 세우려고 하는 새로운 식민지에 정착하기 위해 대평원 지방으로 이주했다.

산간 고지대에서 온 사람들은 대부분이 영어를 할 줄 몰랐고 그들 고향의 고유한 언어인 게일어Gaelic를 사용했다. 그들은 교육도 별로 받지 못했고 기술도 없는 가난한 농부들이었으며, 대부분이 영국인들이 싫어하는 가톨릭 신자들이었다. 이러한 요인들은 그들로 하여금 영국인들과 잘 융화하지 못하고 고립된 생활을 하게 하는 동기가 되었다. 그 결과 오늘날에도 노바 스코샤에는 이미 오래전에 그들의 모국 스코틀랜드에서도 사라진 게일 어를 비롯해서 스코틀랜드 생활풍습들이 그대로 보존되어 있다.

아일랜드인들의 이주

아일랜드 주민들의 생활은 스코틀랜드의 산간 고지대 주민들의 열악한 생활보다도 훨씬 못했다. 1600년대 영국의 침략으로 완전히 강점당한 후 아일랜드 주민들의 생활은 처참한 상태로 몰락했다.

영국 귀족들에게 넘어간 가장 기름지고 좋은 농토에는 영국과 스코틀랜드에서 개신교도들을 데려와 농사를 짓게 했으며, 가톨릭 교도인 아일랜드인들은 가장 척박한 땅으로 밀려났다. 그들은 교육도 받을 수 없었고 전문직이나 기술직에 들어가 훈련을 받을 기회도 없었다.

대부분의 사람들은 영국지주들 밑에서 일하는 소작인들이었고, 가족을 먹여살리기 위해 손바닥만 한 척박한 땅에서 주로 감자농사를 지으며 어렵게 생활

이민선. 날이 맑게 갠 날에만 갑판에 나올 수 있었다.

했다. 더구나 그때만 하더라도 집집마다 식구가 많아서 굶기를 밥먹듯이 했다. 그 결과 농민들은 침략자인 영국인들에 대해 악감정을 갖게 되었고, 이러한 생활 환경에 불만을 품은 농민들은 폭동까지 일으켰다.

생활이 조금도 나아질 기미를 보이지 않자 일부 용기 있는 사람들은 새로운 삶의 터전을 찾아 북미로 떠나 로어 캐나다에 있는 여러 도시에 정착했다. 1820년대에는 피터 로빈슨Peter Robinson이 이끄는 일단의 아일랜드인들이 어퍼 캐나다에 도착하여 그들만의 지역사회를 세우고 그곳 지명을 로빈슨의 이름을 따 피터버러Peterborough라 지었다. 그러던 중 1840년대 전만 하더라도 그리 많지 않던 아일랜드 이민자들이 갑자기 대거 모국을 버리고 북미로 이주하게 되었다.

그 원인은 1845년 아일랜드 전역에 걸쳐 감자에 병균이 번져 밭에 있던 감자가 다 썩어버렸기 때문이었다. 그들은 다음 해 농사에 기대를 걸고 다시 땀 흘려 파종을 했다. 이듬해인 1846년 5, 6월까지 감자밭은 초록빛깔을 띠면서 건강하게 잘 자라 풍년이 예상되었다. 그러나 7월에 접어들자 다시 공포의 병이 번졌다. 가을이 되어 감자를 캐어보니 감자는 모두 역한 냄새를

내며 허물허물 뭉개져 있었다. 그 당시 아일랜드에는 감자 외의 다른 양식이 거의 없었기 때문에 많은 사람들이 굶어죽는 사태가 발생했다. 이것이 바로 1846년에 발생한 소위 아일랜드 감자 기근The Irish Potato Famine이라는 사건이었다.

살아남은 사람들에게는 아일랜드를 떠나는 길밖에 도리가 없었다. 영국으로 건너간 사람들은 글래스고Glasgow나 리버풀Liverpool과 같은 항구도시에서 일자리를 찾았고, 나머지 사람들은 북미대륙으로 이주했다.

1847년 한 해만 해도 10만 명 이상의 이주자들이 캐나다로 오기 위해 아일랜드를 떠났다. 그러나 그들 중 약 1만 7천 명이 항해 중 선상에서 죽었고, 2만 명은 캐나다에 도착하자마자 죽었으며, 2만 5천 명은 병원으로 실려갔다. 생존자 중에서도 3만 명 정도는 미합중국으로 갔고, 캐나다에 남게 된 사람은 겨우 3만 명에 불과했다.

당시 영국으로 목재를 실어나르던 배의 좁은 선창에 이주자들을 수백 명씩 몰아넣었기 때문에 병이 나도 약품은 물론 마실 물과 먹을 음식마저도 부족했다. 이런 상황에서 겨우 살아남아 캐나다에 도착한 이들은 개척생활에 아무런 대책도 없는 무일푼의 빈털터리들이었다. 많은 사람들이 허약하고 병이 들어 농지를 개간하는 일 따위는 엄두도 내지 못했다. 더구나 교육도 받지 못했고 기술도 없었으므로 몬트리올 · 퀘벡 · 토론토와 같은 큰 도시를 떠돌아다니며 기술을 요하지 않는 막노동을 하는 수밖에 없었다. 이렇게 해서 모여든 아일랜드인이 1840년대에 와서 몬트리올 인구의 20%를 차지하게 되었다.

그들은 도시의 빈민굴에 살면서 가장 힘들고 가장 더러운 일들을 했다. 부녀자들은 하인과 같은 천한 일을 찾아다녔고 남자들은 막노동을 했다. 퀘벡에서는 무거운 목재를 선박에 싣는 일을 했고, 몬트리올에서는 부두 가까운 곳에 옹기종기 모여 쥐꼬리만 한 돈으로 가난한 생활을 했다.

시골로 간 사람들은 몬트리올 북쪽에 있는 캐나다 순상지의 삼림지대로 갔는데, 일부는 척박한 땅에서 농사를 짓고 나머지는 철도와 도로건설 현장에서 일했으며, 더러는 제재소나 피혁공장 또는 양조장 등에서 일했다. 그러나 그들은 언제나 이곳 주민들에게 무서운 전염병이나 퍼뜨리는 더러운 인간들로 취급당했고, 교육도 받지 못한 무식하고 돈 없는 가난뱅이들이라고 무시당했다.

그래서 아일랜드인들은 그들 신앙의 구심점인 가톨릭 성당을 중심으로 서로 가까이 모여 의지하면서 그들만의 사회를 이루고 살았다. 그러나 시간이 지나면서 오타와 지역에 살던 아일랜드인들은 그들과 같은 종교를 가진 프랑스계 캐나다인들과 차츰 혼인도 하게 되었다. 그들은 어퍼 캐나다에 정착해 있던 영국인 개신교도들로부터 호되게 곤욕을 치루기도 하였다.

비록 아일랜드 이민 1세들은 캐나다에서 가난하고 굴욕적인 생애를 보냈지만, 그들의 자손들은 오늘날 각 분야에서 성공해 튼튼하게 기반을 잡고 훌륭한 캐나다 시민으로 활약하고 있다.

이민자들의 탐사와
원주민의 분쟁

모피 교역과 탐험

오늘날에도 허드슨 만 연안에 있는 처칠Churchill 강 하구에는 한때 프랑스의 공격으로 함락되었던 프린스 오브 웨일스 요새Fort Prince of Wales가 다시 복원되어 옛 모습을 자랑하고 서 있다.

1730년대에 허드슨 베이 컴퍼니의 영국인들이 지은 이 요새의 크기는 도시의 한 블록만 했다. 요새를 둘러싼 성벽 밑부분의 두께가 무려 12m나 되고 높이는 5m나 되었으며, 화강암으로 든든하게 쌓아올렸다. 난공불락의 요새로 믿었던 이곳은, 프랑스가 한번 공격을 가하자 어처구니없이 순식간에 함락되고 말았다. 프랑스는 요새에 불을 지르거나 헐어버리지 않았으므로, 오늘날까지도 프린스 오브 웨일스 요새는 허드슨 베이 컴퍼니의 기념비적 유적으로 굳건히 서 있으며, 모피 교역소도 회사가 애초에 계획한 대로 허드슨 만 연안에 자리를 잡을 수 있었다.

허드슨 베이 컴퍼니는 허드슨 만을 따라 프린스 오브 웨일스 요새와 같은 교역거점들을 여러 곳에 두고 그곳에서 모든 모피 거래를 취급하기로 했다. 그들은 원주민들이 모피를 들고 교역소까지 찾아올 것으로 기대했다. 그렇

프린스 오브 웨일스 요새.

게 되면 모피 수집상들이 굳이 원주민들을 수고스럽게 찾아다니지 않아도 된다고 생각한 것이다.

그러나 프랑스인들의 생각은 달랐다. 그들은 퀘벡으로부터 서쪽으로 내륙 깊숙이 들어가 원주민들이 살고 있는 가까운 곳에 교역소를 설치했으므로, 인디언들은 모피를 들고 멀리 떨어져 있는 허드슨 만까지 가는 불편을 덜게 되었다. 시간이 지날수록 허드슨 만에는 모피를 가지고 오는 인디언 수가 줄어들었으며, 두껍고 윤기 나는 최상품에 해당되는 모피는 모두 프랑스인들에게 넘겨졌다.

위기에 몰린 허드슨 베이 컴퍼니도 모피상들을 내륙으로 보내기 시작했다. 그들은 허드슨 만에서 남쪽과 서쪽으로 뻗어 있는 큰 강줄기를 따라 교역소를 설치했다.

영국은 또 뉴프랑스를 정복한 후 노스웨스트 컴퍼니North West Company라는 새로운 모피회사를 몬트리올에 세웠다. 그들은 프랑스 모피 수집상들과 손을 잡고 그들이 경영하던 교역소들을 인수했다. 그렇게 되자 노스웨스트 컴퍼니는 허드슨 베이 컴퍼니의 위협적인 경쟁사가 되었다.

노스웨스트 컴퍼니의 모피 수집상들은 서쪽으로 더 들어가 북부 평원과 서부 평원 지방의 곳곳에 모피 교역소를 세웠다. 모피상들과 탐험가들은 드디어 로키 산맥을 넘어 태평양으로 흘러들어가는 강줄기를 따라 서쪽으로 서쪽으로 더듬어갔다.

이민자들의 탐사와 원주민의 분쟁 **163**

드디어 서부를 가로질러 두 경쟁회사의 모피 교역소들이 줄줄이 들어섰다. 매켄지Alexander Mackenzie, 톰프슨David Thompson, 프레이저Simon Fraser와 같은 많은 탐험가들이 두 회사를 위해 지도를 만들면서 광활한 서부지역을 탐험해나갔다. 그들은 또 추운 지방에서 나는 두꺼운 모피를 찾아서 북쪽으로 올라가 북극해Arctic Ocean 쪽으로도 진출했다.

당시 탐험가 중 유명한 매켄지는 스코틀랜드의 서쪽에 있는 작은 섬에서 태어나 10살 때 부모를 따라 뉴욕으로 이민와 나중에 몬트리올에서 살면서 노스웨스트 컴퍼니에 입사했다. 그는 1789년 첫 탐험에 나서 매켄지 강을 발견하고, 강을 따라가 도달한 곳은 태평양이 아닌 북극해였다.

1793년 두번째 탐험에서 그는 드디어 태평양에 도착했는데, 그가 태평양을 만난 곳은 지금의 브리티시 컬럼비아British Columbia 주에 속해 있는 베라쿠라BellaCoola라는 곳이었다.

레드 강 식민지

1811년 어느 봄날 스코틀랜드의 고지대와 아일랜드의 시골에서 온 100명의 사람들이 아일랜드의 슬라이고 항의 부두 한 켠에 불안한 모습으로 모여 있었다. 그들은 허드슨 만에 도착하면 그 길로 레드 강Red River 유역에 새로 생기는 식민지 건설에 투입될 사람들이었다.

레드 강 유역은 허드슨 베이 컴퍼니의 대주주였던 셀커크 공이 회사로부터 어퍼 캐나다의 서쪽과 북위 49도선 이북 땅을 분할받아 새로운 식민지를 세우기로 작정한 예정지로, 슬라이고 항 부둣가에 모인 촌뜨기 스코틀랜드인들과 아일랜드인들은 바로 새로 시작할 그곳 식민지에 보내질 사람들이었다.

그러나 새로운 정착민들이 이 지역에 오면 모피 교역에 지장이 있다고 생각한 허드슨 베이의 경쟁사인 노스웨스트 컴퍼니는 셀커크 공의 계획에 불만을 품고 이주민들에게 그곳은 사람이 살 수 없는 지독한 곳이라고 소문을 내면서 이주민들이 들어오지 못하도록 유언비어를 퍼뜨렸다.

슬라이고 부둣가에 모여 있던 이들이 불안해 보였던 것도 레드 강 지역은 지독한 곳이라는 소문을 들었기 때문이었다. 그곳에 사는 인디언들은 정착민들의 집에 불을 지르고 아이들의 머릿가죽을 벗겨간다고 했다. 또한 그곳은 먹을 것도 없고 혹독한 추위 때문에 사람이 살 수 없는 곳이라는 소문도 돌았다. 그러나 그들에겐 고향에 그대로 주저앉아 굶어죽는 것보다 그런 곳으로라도 떠나는 것이 나았다.

셀커크와 레드 강의 개척자들.

그들은 원래 스코틀랜드에서 조상 대대로 가난하게 살던 소작인들이었다. 산업혁명이 일어나자 모직산업의 발달로 지주들은 농사 대신 양을 치기 위해 소작인들을 그들의 농지에서 쫓아냈다. 그 결과 농촌에서 땅만 파먹고 살던 농부들은 하루아침에 일터를 잃었으며, 시끄럽고 복잡한 낯선 도시나 다른 나라로 떠나는 수밖에 별 도리가 없었다. 그래서 그들은 사람이 전혀 살 수 없는 지옥과 같은 땅이라는 소문에도 불구하고 레드 강 유역에 이주해온 것이다.

그들이 이곳에 오는 여정에는 많은 고난이 따랐다. 악천후와 항해의 지연, 특히 허드슨 만에서 레드 강까지 육로로 오는 도중에는 더 많은 고생을 했다. 레드 강에 도착해서도 식량이 부족하고 지급된 농기구가 조악했을뿐더러, 데려온 양들이 늑대에게 습격을 당해 죽는 바람에 이주민들은 도탄에 빠졌다.

거기다 노스웨스트 컴퍼니는 물론이고 메티스Métis까지 합세하여 이주민들을 쫓아내려고 온갖 만행을 저질렀다. 메티스는 프랑스 모피상인들과 원주민 여자들 사이에서 태어난 혼혈아로, 그들은 이 지역이 자기들의 땅이므로 누구도 이 땅을 뺏을 수 없다고 생각했다. 더욱이 메티스를 분노하게 만든 것은 허드슨 베이 컴퍼니가 메티스들의 사냥을 제한했고, 모피와 말린 들소고기의 거래를 통제하려고 했기 때문이었다. 이에 불만을 품은 메티스들은 허드슨 베이 컴퍼니가 추진 중인 이곳 새로운 식민지의 이주민들을 놀라게 하여 쫓아낼 목적으로 정착민들의 집을 기습하여 불을 지르거나 피해를 입혔다. 1816년에 있었던 한 전투에서는 정착민들이 21명이나 목숨을 잃는 사태까지 벌어졌다.

그러나 더 이상 물러날 곳이 없었던 이주민들은 메티스들에 끈질기게 맞섰으며, 쫓겨나면 또 오고 쫓겨나면 또 오고 하여 시간이 갈수록 더 많은 이주민들이 이곳 레드 강 지역으로 이주해왔다. 허드슨 베이 컴퍼니는 이들 정착민들을 보호하기 위해 스위스에서 군대를 데려오기까지 했다.

1821년 드디어 허드슨 베이 컴퍼니와 노스웨스트 컴퍼니가 합병하여 한 회사로 새 출발함으로써 싸움은 끝났다.

그러나 레드 강 식민지의 고난은 이것으로 끝나지 않았다. 그 이듬해에는 메뚜기떼의 습격과 함께 홍수와 가뭄과 전염병이 한꺼번에 들이닥쳤다. 그러나 정착민들은 이 모든 재난과 역경을 극복하고 끝까지 살아남는다.

태평양 연안 탐사

이탈리아의 한 선창가 선술집에 퓨카Juan de Fuca라는 이름의 한 늙은 그리스 선원이 떨리는 손으로 술을 따라 마시며 그가 가보았다는 이상한 나라의 이야기를 계속 늘어놓았다.

그는 수년 전 북미의 서해안을 따라 북쪽으로 항해를 했다고 했다. 항해 중 때로는 짙은 안개와 비 때문에 사방을 분간할 수 없을 정도로 아무것도 볼 수 없을 때도 있었는데, 북위 46도쯤 올라갔을 때 해안에 넓은 하구가 있었고, 그곳으로 흘러들어오는 물줄기는 동쪽으로 이어져 있었다고 했다. 그래서 그는 그곳이 바로 그때까지 여러 사람들이 찾고자 했던 북서항로인 것 같다고 했다. 아무도 그가 가보았다는 것이 사실인지 또는 꾸며낸 이야기인지 모르나 그 늙은 그리스 선원이 말한 그곳에는 실제로 해협이 있고, 오늘

날 그의 이름을 따서 그곳을 후안 드 퓨카 해협이라고 부른다. 그러나 이곳을 처음 방문한 것으로 공인된 사람은 퓨카가 아니고 영국인 쿡James Cook 선장으로 되어 있다.

쿡 선장은 당시 남반구 해상의 항해가로 세계를 두루 돌아다니면서 지도를 만들었다. 그는 1778년 그의 세 번째 항해 때 태평양 연안을 따라 북쪽으로 올라왔다. 그도 역시 북미대륙의 북쪽을 횡단하여 대서양에서 태평양으로 갈 수 있는 북방항로를 찾고 있었다. 그는 이때 식수도 공급받고 배도 손볼 겸 밴쿠버Vancouver 섬 서쪽 해안에 있는 누트카Nootka 만에 잠시 들렀다. 북서해안 원주민들은 이때 처음으로 유럽 사람들을 보았으며, 그들은 캐나다 서부해안에 상륙한 최초의 유럽인들이었다. 이와 같이 유럽인들이 캐나다의 태평양 연안에 처음 도착한 것은 대륙을 횡단하여 육로로 온 탐험대들이 아니었고, 멀리 남미대륙을 돌아 배를 타고 온 항해가들이었다.

쿡 선장은 해안선을 따라 북쪽으로 더 올라가보았지만 악천후로 다시 뱃머리를 돌리지 않을 수 없었다. 그는 설령 북쪽 끝에 대서양과 태평양을 잇는 항로가 있다손 치더라도 그것은 아마 얼음으로 꽁꽁 얼어붙어 있을 것이라는 확신으로 그곳을 떠나기로 했다. 그는 그의 선원들과 함께 다음 행선지였던 하와이Hawaii로 떠났지만, 그곳에 도착하자마자 원주민들에게 잡혀 목숨을 잃었다.

특히 쿡 선장 일행이 북미의 북서해안에 상륙했을 때 선원들은 그곳 원주민들로부터 바다수달의 모피를 구해왔는데, 이것이 바로 북서해안 원주민들과 유럽인들 사이의 첫 거래였으며, 태평양 연안에서 모피 교역의 효시가 되었다.

이에 앞서 그 당시 중남미에 식민지를 가지고 있던 스페인 사람들은 쿡 선장보다 수년 앞선 1775년에 쿠아드라Quadra라는 사람을 보내 북태평양 연안을 탐사시켰으나, 그때 쿠아드라는 육지에까지 상륙하지는 않았다. 그러나 영국이 이곳에 관심을 기울인다는 소문을 들은 스페인은 다시 탐사대를 보내 쿠아드라도 결국 누트카에 상륙했다.

1792년에는 쿡 선장을 따라 이곳에 한번 와본 적이 있는 영국인 선장 밴쿠버Vancouver가 탐험대를 이끌고 다시 찾아와 밴쿠버 섬 주위를 돌면서 지도를 그렸다.

당시 누트카 지역에 관심을 가진 것은 비단 영국과 스페인뿐만이 아니었다. 일찍이 1744년 덴마크 태생의 항해가로 러시아 해군에서 복무하던 베링 Vitus Bering은 러시아 탐사대를 이끌고 알래스카 연안을 따라 남쪽으로 내려왔고, 그후 이곳에 여러 개의 모피 교역소를 세우기 시작했다.

그뿐만 아니었다. 심지어 이제 막 새로 독립한 미국인들까지도 행동을 개시했다. 보스턴에 본점을 두고 있던 미국 모피상들은 본점을 아예 누트카로 옮겨왔다.

이렇게 되니 모피 거래와 지역소유권 쟁탈로 영국 · 스페인 · 러시아 · 미국 등 4개국 간에는 싸움이 잦을 수밖에 없었다. 결국 조약이 체결되어 지금의 브리티시 컬럼비아의 권리는 영국에 넘겨졌다.

조약이 체결되고 싸움은 끝났으나 이때는 이미 바다수달 사냥이 파장이 난 후였다. 한때 그렇게 많던 바다수달은 유럽인들의 남획으로 거의 멸종 상태가 되었고, 수달이 사라진 이곳에서는 싸울 일이 없어졌다.

골드러시

빅토리아 요새

1840년대에 와서 허드슨 베이 컴퍼니는 레드 강으로부터 서쪽으로 대평원을 지나 로키 산맥 너머까지 광활한 지역에 흩어져 있던 그들의 모피 교역소들을 서로 연결하여 연결망을 구축했다. 영국인들은 이 지역을 뉴칼레도니아New Caledonia라고 불렀으며, 랭리Langley 요새와 밴쿠버 요새 등 북쪽의 여러 요새들이 여기에 속했다.

한편 그 당시 미국의 중부와 동부에 있던 정착민들도 북위 49도선 이남의 서쪽 지역으로 뻗어나오기 시작했다. 그들은 이 지역을 미합중국의 영토라고 주장하면서 오리건 준주Oregon Territory라고 불렀다. 그러나 미국인들이 자기 땅이라고 주장하는 이곳에 허드슨 베이 컴퍼니의 주교역소인 밴쿠버 요새가 위치하고 있었다.

제임스 더글러스.

　허드슨 베이 컴퍼니는 당시 상황과 미국의 기세로 보아 미합중국이 곧 오
리건 준주를 점유할 것이라고 생각했으므로, 밴쿠버 요새의 모피 교역상 중
더글러스James Douglas라는 사람을 북쪽으로 보내 회사의 본부를 옮길 마땅한
장소를 물색하도록 했다. 그는 밴쿠버 섬 남단에 새로운 요새를 세우기로 하
고 빅토리아Victoria 요새라고 부르기로 했다.

　요새는 1842년에 완성되었고, 곧 허드슨 베이 컴퍼니의 본부가 되었다. 요
새 주위에 있는 농지에는 농사를 짓기 위해 정착민들이 이주해왔고, 마침 빅
토리아 요새 북쪽에 있는 너나이모Nanaimo에서 탄광이 발견되어 이 탄광에
서 일할 광부들을 영국에서 데려왔다.

　밴쿠버 섬 건너에 있는 본토에도 새로운 정착지들이 생기고 모피 교역소
들이 서로 연결망을 형성하고 있었으나 이 넓은 지역에 거주하는 정착민들
은 몇 명 되지 않았다.

　그 당시 캐나다에서 무려 5천km나 떨어져 있던 이곳에서 모국인 영국으
로 가려면 배를 타고 남미의 남단에 있는 호온Horn 곶을 돌아 다시 북상하여
대서양을 건너야 했으므로 수 주일이 걸렸다. 이와 같이 태평양 연안의 영국
식민지는 그 당시 완전히 고립되어 있었기 때문에 미국에 넘어갈 가능성이
더욱 컸다.

　그러던 중 1858년 5월의 어느 날 허드슨 베이 컴퍼니 소속 기선인 오터

Otter 호가 빅토리아 요새를 떠나 뱃고동을 길게 울리며 샌프란시스코를 향해 항해하고 있었다. 이 배에는 평소 늘 싣고 다니던 화물과 승객 외에도 특별한 것을 싣고 있었다. 이 배는 뉴칼레도니아에서 캐낸 황금 800온스를 싣고 샌프란시스코에 입항했던 것이다. 배가 부두에 닿자 삽시간에 뉴칼레도니아에서 금이 나왔다는 소문이 퍼졌다.

오터 호가 샌프란시스코에 도착한 지 한 달 만에 일확천금을 노리는 노다지꾼들이 빅토리아 요새로 줄지어 몰려들었다. 그들은 약 10년 전인 1849년에 있었던 캘리포니아 골드러시California Gold Rush가 끝난 후 할 일 없이 빈둥대고 있던 사람들이었다. 그들은 금이 발견되었다고 알려진 프레이저 강을 향해 달렸으며, 1858년 내내 노다지를 찾는 발길은 끊이지 않았다.

그 결과 빅토리아 요새는 조용한 모피 교역소에서 일약 노다지꾼들이 흥청대는 도시로 변했다. 도시 곳곳에는 노다지를 찾아 혈안이 된 투기꾼들로 붐볐고, 요새의 성벽 주위에는 천막촌이 진을 쳤다. 노다지꾼들은 잡을 수 있는 배는 닥치는 대로 잡아타고 프레이저 강으로 향했고, 미처 배를 얻어타지 못한 사람들은 심지어 뗏목까지 만들어 타고 떠났다.

골드러시

금이 발견되었다는 소문이 난 1858년 초만 하더라도 뉴칼레도니아에는

1,000명도 채 안 되는 유럽인들이 살았지만, 그해 연말에는 이 지역의 인구가 무려 10배나 증가하여 1만 명에 이르렀다. 그래서 영국은 그해에 밴쿠버 섬 건너에 있는 본토에 새로운 식민지를 세우고 브리티시 컬럼비아British Columbia라고 불렀다.

노다지꾼들은 프레이저 강 여울의 모래톱에서 더 이상 금이 나오지 않자 사금의 근원지를 찾아 프레이저 강 북쪽으로 거슬러올라가 캐리부Cariboo라고 불리는 오지에 도착했고, 1860년에 그들은 드디어 금의 광원을 찾아냈다.

금이 발견된 개울을 따라 퀘스넬 폭스Quesnell Forks, 발커빌Barkerville, 케이슬리 크릭Keithley Creek과 같은 마을들이 들어섰고 빠르게 성장해갔다. 드디어 영국으로부터 영국 공병대Royal Engineers가 브리티시 컬럼비아에 파견되어왔다. 그들의 첫 임무는 배를 타고 더 이상 올라갈 수 없는 뱃길이 끊기는 예일Yale에서부터 북쪽으로 프레이저 강의 험준한 협곡을 따라 금의 광원지인 캐리부까지 140km의 미개지에 마차가 다닐 수 있는 도로를 닦는 일이었다. 지금은 캐리부 고속도로가 시원하게 뚫려 있지만, 그때는 이것이 브리티시 컬럼비아에서 제일 먼저 생긴 도로였다. 마차가 다닐 수 있는 도로가 생기자 브리티시 컬럼비아의 내륙 지방이 점차 개방되었다.

역마차가 다니고 여인숙이 생겨, 여인숙에서 하룻밤을 지낸 나그네들은 다음날 아침 말들을 바꾸어 매고 계속 북쪽을 향해 달렸다. 여인숙 부근에는 목장과 농장이 생겼고, 시간이 흐를수록 점점 더 개발되었다.

그러나 금광지의 생활은 이미 달라지고 있었다. 처음에는 노다지꾼들이 선광냄비나 선광상자에 강의 모래를 담고 물로 일어서 금을 손쉽게 얻었으나, 사금이 곧 바닥나자 광부들은 산 속으로 들어가 광석을 캐어 금을 분리해야 했다. 이것은 사람 손이 많이 가고 비용이 많이 들어 오히려 금을 캐는 것 보다 비싼 비용이 들었다.

1870년대 초에 와서 금에 대한 열기는 식었으나 브리티시 컬럼비아는 이미 크게 달라졌다. 캐리부 도로가 건설되었고 뉴웨스트민스터New Westminster에 새로운 도시가 생겼으며, 강에는 기선들이 다녔다. 빅토리아도 이미 번화한 도시가 되었고, 여관·상점·주택들이 줄줄이 들어섰다. 이러한 변화와 발전은 골드러시가 끝난 후에도 계속되었고, 영국이 가지고 있던 북미의 가장 서쪽 가장자리에 있던 이 지역은 계속 발전하여 오늘날에 이르렀다.

제8장
연방

CANADA

캐나다의 태동과
퀘벡 협의회

캐나다의 태동

19세기 중엽 지금의 캐나다는 아직 7개의 영국 식민지로 갈라져 있었다.

각 식민지는 각각 그들 자체의 입법의회를 가지고 있었으며, 선거에 의해 선출된 의원들은 식민지를 운영하는 법을 제정했다. 그러나 실질적인 면에서 보면 이들 식민지들은 그때까지도 아직 영국 의회가 제정한 법에 의해 통치되는 셈이었다. 각 식민지에는 영국 여왕을 대표해서 파견된 총독이 있었고, 식민지의 방위는 대영제국의 해군과 육군이 담당했다.

한편 영국도 캐나다를 다스리는 데 점점 지쳐갔다. 식민지를 다스리는 것에는 많은 비용이 들었고, 캐나다에 영국 해군과 육군을 계속 주둔시키는 것도 큰 부담이 되었다. 더구나 영국은 1812 전쟁 때처럼 미국이 다시 캐나다를 침략해오지 않을까 하는 걱정도 있었다.

그러던 중 1861년부터 1865년 사이에 미국에서 남북 간 내전이 일어났다. 그 당시 영국은 미국 남부의 목화재배가 그들에서 매우 중요한 의미를 가지고 있었기 때문에 남북전쟁 기간 동안 남군을 지원했다. 그러나 북군의 승리로 남북전쟁이 종전되자 일부 미국인들은 전쟁 중 남군을 지원한 영국을 응징하기 위해 북군으로 하여금 캐나다를 공격하도록 요구했다. 당시 많은 미국인들은 대서양에서 태평양까지 그리고 멕시코 만에서 북극까지 전 북미대륙을 미국이 지배하는 것은 그들의 정해진 운명이고, 미국이 북미대륙에 남아 있는 영국 식민지들을 손에 넣는 것도 시간문제라고 생각했다.

영국도 이때 북미에 있는 그들의 식민지들이 각각 분리되어 고립되어 있는 것은 미국의 공격을 방어하는 데 매우 불리하다는 것을 깨닫고, 자신들을 방어하기 위해 그 어떤 방법으로든 결속하지 않으면 안 된다고 생각했다. 더구나 1837년 반란이 있은 후 많은 캐나다인들이 영국으로부터 독립되기를 원해왔으며, 일부 캐나다인들은 캐나다도 프랑스나 미국과 같이 공화국이 되기를 원했다.

그러나 캐나다인들 중에는 아직 영국과 영국 여왕에 대한 충성심과 연민의 정 때문에 영국과의 유대관계를 끊지 못하고 있는 사람들도 많았다. 그래서 어떤 사람들은 그대로 영국인으로 남아 있기를 원했으며, 그들은 캐나다가 독립하기에는 아직 국력이 약하다고 생각했다. 또 일부 주민들은 독립이 되면 프랑스계 캐나다인들이 새로 독립된 나라를 장악할지도 모른다고 염려했다. 그와 반대로 프랑스계 캐나다인들은 그들 나름대로 독립이 되면 그들 고유의 종교와 언어에 대한 권리를 박탈당하지 않을까 두려워했다. 한편에서는 캐나다가 미합중국에 흡수되는 것을 원하는 주민들도 있었다.

이와 같이 식민지인들 사이에서는 캐나다가 하나의 국가 형태로 완전히 합치는 것을 원하는 사람은 거의 없었다. 대서양 연안에 있던 네 곳의 식민지에 사는 사람들 중에는 1840년에 캐나다 웨스트와 캐나다 이스트가 연합한 것과 같이 연안 식민지들도 캐나다와는 별도로 연안 지역 연합Maritime Union을 결성할 것을 원하는 사람들도 있었다. 또 다른 의견으로 연안 지역에 위치한 4개의 식민지가 각각의 자치주province를 유지하면서 캐나다 주에 연대하는 방안이 제기되기도 했다. 그러나 연안 지역 식민지 중 뉴펀들랜드에 사는 주민들은 연합이든 통합이든 국가 형태로 합치는 것을 원치 않았고, 영국 식민지로 남아 있는 것을 행복하게 생각했다.

그 당시 연안 지역 주민들은 실제로 캐나다와는 별 접촉이 없었다. 대부분의 교역은 영국이나 미국 또는 서인도 제도와 이루어졌고, 캐나다에 있는 시장과 통하는 유일한 수송로는 세인트 로렌스 강이었는데, 겨울철에는 강이 얼어붙어 연안 지역과는 그나마도 접촉이 두절되었다.

한편 1860년대 초에는 연합을 이루었던 캐나다 정부가 위기에 처하면서 연합법도 궁지에 몰렸다. 정당 간의 세력과 프랑스계와 영국계 캐나다인 사이의 세력이 팽팽해 어떤 정당도 오래 정권을 유지하지 못했다. 2년 동안 무려 다섯 번이나 정권이 바뀔 정도였다.

드디어 1864년 연립정부가 수립되어 캐나다 이스트와 캐나다 웨스트의 양쪽 정당 당원들을 모두 통합했다. 정부는 캐나다 웨스트에서 나온 맥도널드John A. Macdonald와 캐나다 이스트에서 나온 카르티에George Etienne Cartier에 의한 두 사람의 2인 지도체제가 되었다. 두 사람은 모두 보수주의였으나 브라운George Brown과 같은 개혁주의자들과 갈트Alexander Galt와 같은 독립주의자들을 영입했다.

연립정부는 캐나다의 문제를 해결하는 방법은 연방연합Federal Union으로 가는 길밖에 없다고 생각했다. 즉, 각 지역은 그들 각자의 문제를 자치적으로 다스리고, 외교 · 국방 · 체신과 같은 몇 가지 공공행정 업무만 연방정부가 수행하는 체제를 뜻했다. 연방연합에 대한 그들의 견해는 비단 캐나다 이스트와 캐나다 웨스트에 국한된 것이 아니고 연방연합, 즉 연방이 되면 대서양 연안 지역도 포함시킬 수 있다고 생각했다.

샬럿타운과 퀘벡 협의회

1860년대 중반에 와서 식민지 주민들 사이에서는 영국령으로 되어 있는 북미지역에 새로운 독립국가를 수립하자는 여론이 일기 시작했으며, 사람들은 모이기만 하면 연방안에 대해서 이야기를 했다. 주민들은 편이 갈라져 연방과 독립에 대한 찬반 입장으로 열띤 논쟁을 벌였으며, 일부에서는 미합중국에 합병하는 것을 주장하는 사람들도 있었다. 그러나 연방에 대한 찬반론과 시기에 대해서는 각자 그들 나름대로 의미 있는 목소리를 냈다.

1864년 드디어 대서양 연안 지방 식민지들이 연합을 논의하기 위해 프린

스 에드워드 아일랜드의 주도인 샬럿타운Charlottetown에서 협의회를 열었다. 일찍이 1838년 반란의 원인을 규명하기 위해 캐나다에 파견되었던 더럼 공이 이미 프린스 에드워드 아일랜드와 뉴브런즈윅, 노바 스코샤와 뉴펀들랜드 등 4개 연안 식민지들의 연합을 고려한 바 있었으며, 그로부터 25년 넘게 연합의 가능성에 대해 많은 이야기가 오갔지만 아무런 결론을 내리지 못하고 있던 터였다.

연안 지방 4개 식민지 중 뉴펀들랜드는 연방안에 대해서 처음부터 별 관심이 없었기 때문에 뉴펀들랜드를 제외한 3개 연안 식민지만 모여 협의회를 하려고 했으나 뉴펀들랜드가 자청하여 참석했다. 그뿐만 아니라 그 당시 캐나다 총독이었던 몽크Viscount Monck는 연안 지방 식민지 대표들에게 서신을 보내 캐나다 쪽 대표들도 협의회에 함께 참석할 수 있도록 하자는 양해를 구했다. 연안 식민지 대표들은 몽크 총독의 제의를 흔쾌히 받아들였고, 이로써 8명의 캐나다 측 대표가 샬럿타운에 참석했다. 그때 참석한 캐나다 측 대표는 맥도널드 · 카르티에 · 갈트 · 브라운 · 맥기 등이었다.

프린스 에드워드 아일랜드에서는 캐나다 측 대표들에게 융숭한 연회를 베풀어 따뜻하고 정중한 환영의 뜻을 표했다. 회의가 시작되자 한 시간도 되지 않아 연안 지방 식민지에서 제안한 의안은 곧바로 철회되고 캐나다 측 대표들이 내놓은 새로운 의안에 대해 토의에 들어갔다. 그들의 제안은 연안 식민지에 국한하여 연방을 구성하는 것보다 북미대륙에 있는 영령 식민지들을 총망라하여 더 큰 연방을 구성하자는 것이었다. 그 결과 이 회의에 참석한 대표들은 이때부터 장래 캐나다라는 새로운 국가를 탄생시키기 위한 구상을 본격적으로 하기 시작했다.

샬럿타운 협의회Charlottetown Conference가 폐막되고 한 달 후인 1864년 10월 10일 식민지 대표들은 퀘벡에서 다시 만났다. 뉴펀들랜드도 물론 대표를 보냈다. 2주간의 비공개 회담 끝에 협의회는 연방을 위한 계획을 하나하나 심의해나갔다.

토의는 열기를 더해갔다. 각 식민지 대표들은 연방을 위해 제안된 의제와는 별도로 각자 자기 식민지의 개발에 필요한 요구사항까지 들고 나왔다. 노바 스코샤와 뉴브런즈윅은 몬트리올과 연결되는 철도를 건설해줄 것을 요구하는가 하면, 프린스 에드워드 아일랜드는 부재 지주들의 땅을 환수하기를 원했다. 그러나 뉴펀들랜드는 연방이 되면 무엇이 유리한 지 전혀 감을 잡지 못했다.

토의사항 중 가장 중요한 쟁점은 얼마나 많은 권한을 각 주들이 가져야 하는가 하는 점이었다. 이 점에서는 견해의 차이가 많았다. 일부에서는 주는 어떤 권한도 가져서는 안 된다고 생각했다. 그들은 영국과 같이 모든 권한이 하나의 입법부에 안주해야 한다고 했고, 또 다른 사람들은 권한의 대부분은 주의회Provincial Assembly에 주어져야 한다고 했다. 캐나다 쪽에서 온 대표들은 주가 너무 많은 권한을 가지게 되는 것을 우려했다. 그 당시 한창 진행 중이었던 미국의 내전에 대해서 많은 사람들은 미국의 주들이 너무 많은 권한을 가졌기 때문에 일어난 것이라고 생각했다.

각 쟁점들은 하나하나 심도 있게 심의되었다. 캐나다와 연안 지방 식민지 사이를 잇는 철도도 건설하기로 결의했고, 프린스 에드워드 아일랜드의 부재 지주들의 토지도 매입하여 환수하기로 했다. 주와 연방정부 간의 첨예한 쟁점이었던 권한의 안배도 의견의 일치를 보았다.

이것으로서 이제 한 가지 남은 절차는 각 식민지들이 퀘벡 협의회Quebec Conference의 결의안을 승인하는 일만 남게 되었다.

페니언

군인들은 열차 안에서 목이 터져라 그들의 군가를 부르고 또 불렀다. 비록 그들이 먹은 아침식사는 형편없었지만 그들의 사기는 꺾을 수가 없었다. 그들은 모두 캐나다를 침략하기 위해 미국에서 지원한 아일랜드계 지원병들이었다. 그 전날에도 천여 명의 페니언들Fenians이 나이아가라에서 캐나다 국경을 넘어왔다.

페니언들은 원래 아일랜드 가톨릭 교도들로, 영국의 지배로부터 그들의 조국을 해방시키기 위해 싸우는 비밀결사대였다.

1840년대, 아일랜드에 감자 기근이 들자 많은 사람들이 조국을 떠나 미합중국으로 이주해왔고, 남북전쟁이 발발하자 아일랜드 이주민들은 북군에 입대하여 싸웠다. 남북전쟁이 끝난 후 페니언들은 그들의 전투 경험을 살려 영국과 싸우기로 결의했고, 영국령이었던 캐나다가 가장 가까운 공격목표가 될 수밖에 없었다. 그들은, 캐나다와 일단 싸움이 붙으면 미합중국과 캐나다에 이주해 살고 있는 아일랜드인들이 자신들을 지원해줄 것으로 믿었다.

1866년 6월 1일 자정을 넘은 시각, 페니언 병사들은 순식간에 나이아가라 강을 아무런 저항 없이 간단히 도강했다. 페니언 사병들은 초록색 셔츠에 검

은 벨트를 매고 노동자들의 바지를 입었으며, 장교들은 남북전쟁 때 물려받은 북군의 장교복을 그대로 걸치고 있었다. 그리고 각 부대마다 초록색 바탕에 황금빛 태양이나 하프를 수놓은 군기가 휘날렸다.

페니언들이 침략해왔다는 뉴스가 전보로 토론토에 전해지자, 48시간 내에 많은 지원병들이 토론토로부터 기차와 기선을 타고 나이아가라로 몰려들었다. 그들은 다가올 전투에 대해 필승의 의지로 사기가 충천해 있었다. 토론토 역과 부둣가 뱃머리에는 남녀노소 할 것 없이 많은 사람들이 손에 영국 국기인 유니언 잭을 들고, 전쟁터로 나가는 그들의 아버지 · 형제 · 남편 · 자식들을 전송하기 위해 모여들었다.

당시 오닐O'Neill 대령이 지휘했던 페니언 군은 이리Erie에 있는 철도 조차장과 온타리오 철도를 공격하기 위해 이리 요새로 이동 중이었다. 그러나 이리 요새 주민들은 미리 모든 열차들을 한 줄로 길게 연결하여 도시 외곽의 안전한 곳으로 옮겨놓았다.

페니언들은 캐나다로 더욱 깊숙이 진군하여 릿지웨이Ridgeway 마을에 진을 치고 있던 캐나다 방어진을 향해 돌진했다. 거기서 오닐의 부대는 부커Booker 대령이 이끄는 캐나다 민병대와 마주쳤다. 부커의 부하들은 훈련이 잘 되어 있지는 않았지만 숫자가 많았다. 총성과 포연과 빗발치는 총탄이 평화스러운 한여름의 정적을 깨뜨렸다. 전투 초기에는 페니언들이 우세했다. 그러나 곧 캐나다 민병대에 지원군이 도착하자 페니언들은 나이아가라 강까지 후퇴했고, 마침내 항복했다.

그달 말경에는 프랑스계들이 살고 있는 캐나다 이스트에 페니언의 두 번째 침공이 감행되었다. 그러나 페니언들은 그곳에서도 주민들의 환영을 받지 못했다. 아일랜드 가톨릭 교도와 프랑스계 가톨릭 교도들은 영국인들을 증오하는 페니언들에게 동조하지 않았다. 그 결과 페니언들은 캐나다 이스트의 공격에서도 실패하고 곧 퇴각했다.

페니언들은 북미대륙에서 영국 식민지들에게 그들이 의도했던 실질적인 타격을 주지는 못했다. 그러나 그들의 침공은 캐나다 내 식민지 대표들에게 지금과 같이 각 식민지들이 서로 떨어져 있는 상태로 그들 각자의 식민지를 방어하는 것이 얼마나 어려운가를 절실히 느끼게 한 계기가 되었다. 캐나다인들은 페니언 침공이 미국의 도움 없이는 이루어질 수 없다고 여겼으며, 다음번에는 미국이 직접 침략해올 가능성도 있다는 경계심을 갖게 되었다.

이리하여 페니언의 침공과 미국의 침략에 대한 두려움은 캐나다 내 식민지들로 하여금 연방에 대한 논의를 더욱 활발하게 추진토록 박차를 가해준 결과가 되었다.

신생국 연방

각 식민지들은 퀘벡에서 통과된 연방결의안에 인준해야 했으나 주민들 간의 의견이 일치되지 않고 있었다. 캐나다 식민지 의회에서는 3 대 1의 차로 연방결의안이 인준되었으나, 프린스 에드워드 아일랜드에서는 3 대 1의 차로 부결되었다. 뉴브런즈윅의 유권자들은 1864년 선거에서 친연방정당을 배척했다가 1년 후에는 다시 지지표를 던졌다.

노바 스코샤와 뉴브런즈윅은 우여곡절 끝에 결국 연방안을 지지하기로 결정했으나, 이들 두 식민지 주민들은 연방이 되면 덩치가 큰 캐나다 웨스트와 캐나다 이스트가 덩치가 작은 자기들을 지배할 우려가 있기 때문에 퀘벡에서 통과된 결의안을 일부 수정해야 한다고 주장했다. 마지막 남은 뉴펀들랜드에서는 투표 결과 의회 의원 30명 중 10명만이 연방결의안에 찬성표를 던져 결국 3 대 1의 차로 부결되었다.

그러나 문제는 각 식민지들의 표결 결과가 어찌되었든 이들 식민지들은 영국령에 속했기 때문에 연방에 대한 최종적인 결정권은 영국 의회가 가지고 있다는 점이었다. 드디어 1866년, 연방안에 대한 최종 심의를 위해 런던에서 협의회가 열렸다. 런던 협의회London Conference에 참석한 당시 캐나다 식민지 대표들은 단지 그들의 의견만 발표할 수 있었을 뿐, 표결권은 없었다.

빅토리아 여왕, 1867년.

런던 협의회는 퀘벡에서 통과된 연방결의안을 거의 수정 없이 원안대로 통과시켰다. 그때 이곳에서 결정된 결의안이 곧 영령북미법령British North America Act) 즉 캐나다 법령이 되었다. 이 법령은 1867년 3월 29일, 곧바로 영국 의회의 상하 양원을 통과했다. 그리고 곧이어 1867년 7월 1일, 역사적인 영국 왕실공포가 있었다. 이로써 매년 7월 1일은 캐나다 자치령 제정 기념일Dominion Day이 되었다. 드디어 신생국 캐나다는 온타리오·퀘벡·노바 스코샤·뉴브런즈윅 등 4개 주로 시작되었으며, 영령북미법령은 연방에 참여하지 않은 나머지 식민지들의 영입을 위해 꾸준히 그 대책을 강구해나갔다.

연방 창설자들은 장차 캐나다는 태평양 연안의 밴쿠버 섬에서 대서양 연안의 뉴펀들랜드까지 뻗어갈 것이라고 예견했다. 그들은 성경 속의 시편 72편에서 다윗이 그의 아들 솔로몬의 번영을 위해 지은 시 중 "바다로부터 바다까지A mari usque ad mare"라는 구절을 국가의 명제로 삼았다.

수도 오타와

오타와는 신생국 캐나다의 수도가 되기 전까지만 해도 생긴 지 겨우 12년밖에 되지 않은 도시였다. 수도가 될 때만 해도 오타와는 진정한 의미에서

오타와에 건설 중인 국회의사당.

도시라고 하기에는 아직 미흡한 점들이 많았고, 국회의사당이 완성될 당시만 해도 주위에는 온통 벌목장 막사들이 어지럽게 널려 있었다. 심지어 그 당시 총독 몽크Monck까지도 이곳을 엉터리 같은 도시라고 생각했다. 도로는 포장되어 있지 않았으며, 특히 여름철에는 먼지가 지독해 그는 마차 대신 배를 타고 총독공관인 리도 홀Rideau Hall에서 의사당까지 출퇴근했다.

이와 같이 보잘것없는 곳에 신생 캐나다의 수도가 들어서게 된 것은 영국의 빅토리아 여왕이 1857년에 이미 캐나다의 수도를 오타와로 정해놓았기 때문이었다. 대부분 사람들은 수도가 토론토나 킹스턴, 몬트리올 또는 퀘벡 쪽으로 정해질 것이라고 예상했으나, 여왕에게 제출된 보고서에는 오타와가 그 어느 도시보다 캐나다의 수도로 선택되어야 한다고 추천되어 있었다.

그 당시 토론토와 몬트리올은 서로를 심하게 질투했고, 수도 유치 경쟁 역시 너무나 치열했다. 그렇기에 그들 중 한쪽에 양보를 권고할 입장이 되지 못해 절충안으로 오타와를 선택했던 것이다. 뿐만 아니라 오타와는 캐나다 웨스트와 캐나다 이스트 사이, 즉 영국계가 많이 사는 온타리오 주와 프랑스계가 많이 사는 퀘벡 주 사이에 있었으며, 자그마한 다리 하나를 두고 두 주가 연결되는 중간 지점에 위치하고 있었다. 게다가 오타와는 토론토·킹스턴·몬트리올·퀘벡 등의 도시들보다 훨씬 내륙에 위치해 미국 국경과 떨어져 있어 미국의 공격으로부터 방어하기가 훨씬 쉽다는 장점도 있었다. 또한 오타와는 불어를 쓰는 주민들과 영어를 쓰는 주민들을 공유하고 있었다. 여왕의 선택이 알려졌을 때 카르티에도 의회에서 오타와를 지지하는 데 앞장섰다.

그 후 10년이 지나 연방정부가 들어섰을 때 오타와는 신생국 캐나다의 수도로 선택되었다. 그것은 주민들에게 뜻밖의 일이었다. 오타와로 결정된 후에도 일부에서는 토론토가 마땅히 수도가 되어야 한다고 생각했고, 몬트리올 주민들도 몬트리올이 수도가 되어야 한다는 생각에 변함이 없었다.

한편, 프린스 에드워드 아일랜드 주민들은 샬럿타운이 수도가 되어야 한다고 하면서, 만약 그들의 주장이 관철되지 않으면 앞으로 연방에 참여하지 않겠다고 했다.

그러나 오타와에는 이미 의사당이 훌륭한 석조건물로 지어져 있었다. 10년 전 빅토리아 여왕이 캐나다 식민지의 수도로 오타와를 지명했을 때 서둘러 의사당 건물을 건축하기 시작했다. 1860년 영국 황태자가 참석한 가운데 정초식을 올렸고, 뉴욕과 펜실베이니아에서 나는 화강석을 철도편으로 실어왔다. 1860년부터 오타와 강과 리도Rideau 운하가 만나는 지점이 내려다보이는 언덕 위에 의사당 건물이 세워지기 시작했고, 매일 건물을 짓는 데 쓰일 돌을 다듬고 조각하는 석수들과 장인들의 망치 소리와 끌 소리가 도시 전체에 울려퍼졌다.

의사당 건물은 1867년 캐나다가 하나의 국가로 탄생될 때까지도 완성을 보지 못했으며, 이 건물이 완공되는 데는 그 후 12년이 더 걸렸다. 그러나 건국된 캐나다는 1867년부터 미완성으로 한참 건축 중인 이 건물에서 의회를 열었다. 완성된 의사당 건물은 캐나다 건국의 상징이었고 얼굴이었다.

안타깝게도, 1916년 뜻하지 않은 화재로 그렇게도 공들여 지은 의사당 건물이 불타버렸다. 현재의 의사당 건물은 평화의 탑Peace Tower만 제외하고는 원래의 건물과 거의 같게 복원한 것이며, 지금도 의사당 뒤뜰에는 화재 당시 평화의 탑에서 떨어져 깨진 종이 그날의 처참한 상황을 말해주듯 나뒹굴고 있다.

1867년 7월 1일, 오타와 거리는 처음으로 맞이하는 자치령 제정 기념일을 경축하기 위해 화려하게 꾸며졌다. 그날은 햇빛이 화사한 따뜻한 월요일이었고, 모든 사람들은 각종 행사를 구경하기 위해 옷을 잘 차려입고 일찍이 집을 나섰다. 연단과 관람석은 색색의 천으로 장식되어 있었고, 이곳저곳에서 각종 파티가 벌어졌다. 연설이 이어졌고, 모든 사람들은 이날을 경사스럽게 생각했다.

몽크 총독이 캐나다 건국을 알리는 영국 국왕의 선포문을 낭독했고, 대서양을 건너온 빅토리아 여왕의 축전이 캐나다 국민들에게 발표되었다. 이 축전은 바로 얼마 전에 완공된 해저 케이블을 통해 전송된 것이었다. 그리고 맥도널드 초대 총리가 여왕으로부터 작위를 받아 존 경이 되었다.

포병들이 건국을 축하하기 위해 101발의 대포를 쏘았고, 민병 소총부대가 웰링턴 가에서 축포를 쏘았다. 그러나 그들은 흥분한 나머지 총신에서 꽂을대를 뽑는 것을 잊어버려, 축포를 쏘자 꽂을대들이 스팍스 가Sparks Street까지 창공을 가르며 멋지게 날아가는 해프닝도 벌어졌다. 날이 어두워지자 네펀 포인트Nepean Point에는 건국을 축하하는 어마어마한 모닥불이 타올랐다.

경축행사는 화려한 불꽃놀이로 끝났다. 하늘에서는 의사당 건물의 웅장한 자태를 비추면서 오색 찬란한 불꽃들이 하늘 가득히 쏟아져내렸다. 시민들은 정말 멋진 시작이라고 자축하며 집으로 돌아갔다.

제9장
바다에서 바다까지

CANADA

루퍼트 랜드

영국 왕 찰스 2세는 1670년에 그의 사촌 루퍼트Rupert 왕자에게 허드슨 베이 컴퍼니를 하사하면서, 허드슨 만으로 유입되는 모든 강 유역의 토지에 대한 권리를 인정하는 토지양도증서를 주었다. 양도증서에 명시된 지역은 캐나다 대평원의 거의 전부와 북부 온타리오와 북부 퀘벡을 모두 합친 엄청나게 광활한 땅덩어리였다.

루퍼트는 영국에서 청교도 혁명으로 영국내전English Civil War이 일어났을 때 그의 삼촌인 그 당시 국왕 찰스 1세를 위해 왕당파를 지휘하여 용감하게 싸운 왕자였다. 허드슨 베이 컴퍼니는 이 광활한 땅을 그의 이름을 따 루퍼트 랜드Rupert's Land라고 명명했다.

그러나 그 후 200년이 지나도록 이곳을 찾아오는 백인들은 드물었고, 다만 극소수의 이주민과 모피 수집상들이 이곳에 사는 원주민인 인디언들이나 혼혈족인 메티스Métis들과 접촉했을 뿐이었다.

관심 밖에 버려져 있던 이 광활한 땅에 캐나다 정부가 눈독을 들이기 시작한 것은 연방이 된 후부터이고, 초대 수상 맥도널드는 캐나다가 대서양에서 태평양까지 뻗어나갈 것이라는 꿈을 버리지 않았다.

캐나다인들은 루퍼트 랜드에 대해 아는 것은 별로 없어도 그들의 꿈을 실현하는 데 꼭 필요한 이 땅을 자신들이 차지하지 않으면 미국이 차지할 것이라는 불안감을 갖게 되었다. 그 당시 이미 미국에서는 이주민들이 북위 49도 이남과 오대호 서쪽 지역으로 이동하고 있었으므로, 만일 캐나다 정부가 빨리 손을 쓰지 않으면 북위 49도 이북 땅마저 미국인들의 손에 넘어갈 판이었다.

1869년 드디어 캐나다 정부는 루퍼트 랜드의 매입을 위해서 허드슨 베이 컴퍼니와 협상을 하기 시작했다. 회사 측은 1백만 파운드와 함께 일부 토지에 대해서는 회사 측이 계속 사용할 수 있도록 소유권을 인정해줄 것을 요구했다. 그러나 캐나다 정부로서는 그렇게 많은 돈을 지불할 의사가 없었다. 양측의 협상이 결렬되자 영국 식민청 British Colonial Office이 중재에 나섰고, 결국 30만 파운드로 이 광활한 땅의 매매 가격이 결정되었다.

이렇게 하여 1869년 루퍼트 랜드는 캐나다 땅으로 편입되었고, 캐나다 정부와 허드슨 베이 컴퍼니는 이 땅의 소유권에 대한 모든 문제가 깨끗이 해결된 것이라 생각했다. 그러나 양측 모두 매매 당시 이 땅에서 오랫동안 뿌리를 내리고 살고 있던 인디언과 메티스의 감정을 조금도 고려하지 않는 우를 범했다. 원주민과 혼혈인들의 권리와 감정을 무시한 것이 원인이 되어 1870년과 1885년 두 차례에 걸쳐 이 지역에서 큰 폭동이 일어났다.

리엘의 첫 번째 반란

1869년 어느 날, 북쪽을 향해 이동하는 한 무리의 이주민들 앞에 무장한 메티스들이 말을 타고 나타나 길을 막아섰다. 그들은 처음에는 조용히 말을 주고받더니 곧 고성으로 변했다. 이주민들은 메티스의 저지를 무시하고 그들의 길을 밀고나가려 했고, 메티스들은 그것을 허락하지 않으려 했다. 옥신각신 끝에 결국 이주민들은 마차를 돌려 남쪽으로 되돌아갔다. 그때 메티스들에 의해 돌아간 이주민들을 이끌었던 단장은 루퍼트 지역을 인수하기 위해 파견된 캐나다의 총독 맥두걸William McDougall이었다.

메티스들이 맥두걸 일행을 통과시키지 않은 이유는, 그들이 그동안 이곳 루퍼트 랜드에 해당하는 레드 강 유역의 땅을 자신들의 땅으로 생각해왔기 때문이었다. 그들은 이곳에서 농사를 지으면서 매년 한두 번씩은 집을 떠나 이곳저곳 들소 사냥을 다니며 살아왔다. 사냥철에는 들소떼를 찾아 큰 마차들을 타고 떠돌아다녔고, 들소떼를 발견하면 거기에 야영장을 설치하고 사냥을 시작했다. 들소는 메티스들에게 한 해를 넘기는 중요한 식량이었으며, 농사는 사냥 다음 가는 일이었다.

그 당시 캐나다는 북서 지방을 차지하기 위해 혈안이 되어 있었으므로 정부는 루퍼트의 매매계약이 완결되기도 전에 측량기사들을 보내 레드 강 유역의 공유지를 구획·정리하여 이주민들에게 분배해줄 자작농장을 미리 분할했다. 루퍼트 랜드의 소유권이 법적으로 허드슨 베이 컴퍼니로부터 캐나다 연방정부로 이전된 것은 1869년 12월 1일이었다. 그런데도 불구하고 그전에 구획정리를 서둔 것은 미국이 뒤늦게 캐나다가 지불하기로 한 땅값 30만 파운드보다 무려 10배나 많은 1,500만 불을 허드슨 베이 컴퍼니에 제시하면서 다각도로 교섭을 하기 때문에 캐나다로서는 빨리 말뚝이라도 박아놓아야 했던 것이다.

맥두걸은 루퍼트 랜드의 레드 강 유역을 측량하기 위해 선발대장으로 테니스 대령을 임명하여 현지에 보냈다. 그들이 측량한 자작농장의 경계선들은 세인트 로렌스 강 유역의 농가들처럼 길고 좁게 구획되어 있던 메티스들의 농토를 무단으로 침범하여 가로질러가는 등, 메티스들의 기득권을 완전히 묵살했으므로, 이와 같은 캐나다 정부의 부당한 처사에 대해 메티스들은 저항하기 시작했다. 그래서 그들은 때때로 측량기사들의 작업을 방해하고 작업을 중단시키기도 했다. 그러나 수도 오타와에서는 그들의 분노를 무마시키려고 하기는커녕 이곳에 살고 있는 원주민들과는 한마디 상의도 없이 이곳 준주를 다스릴 총독을 보내기로 결정했다.

한편 맥두걸 일행을 되돌려보낸 메티스들은 곧 레드 강에서 회의를 열고 앞으로 취해야 할 대책을 강구하기 위해 열띤 논쟁을 벌였다.

이때 리엘Louis Riel이라는 한 젊은이가 나서서 인권선언서bill of rights를 작성할 것을 제안했다. 이 선언서에서 메티스들은 캐나다 정부에게 레드 강 유역 주민들이 선출한 그들의 자치정부를 인정해주고 캐나다 연방의회에 그들의 대표를 참석시켜줄 것과, 프랑스어와 영어를 둘 다 공용어로 인정해줄 것 등 여러 가지 요구조건을 제시했다.

그뿐만 아니라 일부 메티스들은 인권선언서만으로는 불충분하다고 주장했다. 그래서 그들은 이 지역에 이미 정착한 캐나다인들이 자신들의 땅을 모두 빼앗거나 캐나다 정부가 이곳에 총독을 들여앉히기 전에 임시정부를 세우기로 결정하고, 캐나다 정부와 합의될 때까지 이곳 식민지를 다스리기로

토마스 스코트의 처형.

했다.

그러나 이 지역에 거주하는 캐나다인들은 메티스들의 임시정부를 인정하지 않았을뿐더러 그들의 법을 따르지도 않았다. 이 때문에 캐나다인들에 대한 메티스들의 감정은 더욱 악화되었다. 그들은 임시정부의 법을 따르지 않는 캐나다인들을 체포하여 감옥에 가두었다. 잡힌 사람들은 탈출했고, 탈출한 사람들은 다시 잡아넣었다. 이런 와중에 메티스와 캐나다인이 각각 한 명씩 피살되는 사고가 일어났다.

이에 리엘은 협상을 제의했다. 메티스들은 만일 캐나다인들이 더 이상 말썽을 부리지 않기로 약속만 한다면 모두 석방해주겠다고 했다. 이 제안에 대해 일부 캐나다인들은 약속을 했지만 일부에서는 거부했다. 리엘은 마침내 메티스 농부를 살해한 혐의로 수감되어 있던 스코트Thomas Scott라는 한 영국계 캐나다인을 반동으로 몰아 재판에 회부하기로 결정했다.

반동은 지도자에게 복종을 거부하는 죄로, 메티스의 법에 따르면 사형에 처해졌다. 이 법은 메티스들의 오랜 전통으로, 들소 사냥에서 지휘자의 명령을 따르지 않으면 모든 사람들에게 위험이 닥치므로 명령을 따르지 않는 사람을 현장에서 처형한 데서 유래한 법이었다.

스코트의 재판은 7명으로 구성된 메티스 임시정부의 배심원들에 의하여 진행되었으며, 리엘은 불어를 모르는 스코트를 위해 통역을 담당했다. 배심원 가운데 4명이 총살형을 지지했으므로 스코트는 유죄판결을 받고 사형이 확정되어 1870년 3월 4일 총살형이 집행되었다.

매니토바 주의 탄생

캐나다인 스코트가 메티스들이 세운 임시정부 재판에서 유죄판결을 받고 총살형을 당했다는 소식이 곧 동부 캐나다에 전해졌고, 근본이 다른 온타리오 주민들과 퀘벡 주민들은 두 편으로 갈라져 서로 상이한 반응을 보이면서 엇갈린 주장을 했다.

온타리오에 사는 영국계 개신교도들은 스코트의 사건을 맹렬히 비난하면서 격분했다. 그들은 스코트가 사형당한 것은 그가 캐나다인이고 특히 개신교도였기 때문이라며, 사건에 가담한 메티스들을 즉시 체포하여 총살해야 한다고 강력히 주장했다. 한편 퀘벡에 사는 프랑스계 가톨릭 교도들도 분노했지만 그들의 생각은 온타리오 주민들과 달랐다. 그들은 메티스들이 프랑스계 혼혈족이고 그들의 종교가 가톨릭교이기 때문에 박해를 받는다고 주장하면서, 리엘과 그의 추종자들을 그냥 내버려두도록 요구했다.

양측이 서로 격렬한 공방전을 벌이고 있을 때 레드 강 지역의 메티스 대표들이 수도 오타와에 도착했다. 대표단이 상경한 것은 메티스들이 보낸 당시 레드 강 지역의 주교 타시Taché가 오타와로부터 캐나다 연방정부가 메티스의 임시정부와 협의할 것이라는 전갈을 보내왔기 때문이었다. 그러나 메티스 대표들은 오타와에 도착하자마자 모두 체포되었다. 결국 그들은 모두 풀려났으며, 양측은 협의를 위해 마주앉았다.

캐나다 정부는 레드 강의 임시정부가 요구하는 대부분의 조건들을 들어주기로 했고, 이때 합의된 조항들이 매니토바 법령Manitoba Act의 초석이 되었다. 레드 강 지역은 캐나다 연방의 한 주로 탄생하게 되었고, 주의 명칭은 매니토바로 정했다. 매니토바란 주명의 유래에 대해서는 두 가지 설이 있는데, 그중 하나는 크리족Cree의 언어 매니토우Manitou, 즉 '위대한 신'이란 뜻에서 왔다는 설이고, 다른 하나는 앗시니보인족Assiniboine의 말로 '대평원의 호수'란 뜻에서 유래했다는 설이 있다.

이제 매니토바는 캐나다의 다른 주 주민들이 누리는 것과 똑같은 권리를 누리게 되었고, 57만여 헥타르의 땅이 메티스들을 위해 별도로 할애되기도 했다. 또 프랑스어와 가톨릭교가 법령에 의해 보호받게 되었고, 1870년 드디어 주Province로 정식 승격되면서 매년 보상금과 보조금도 지급받게 되었다.

그 당시 법령의 조항이 이와 같은 내용으로만 끝났으면 모든 일은 순조롭게 되었을 것이다. 그러나 매니토바 법에는 레드 강 지역의 질서를 유지하기 위해 군대를 파견한다는 조항이 있었다. 이 조항에 따라 울슬리Wolseley 대령이 이끄는 군 병력이 오랜 행군 끝에 슈피리어Superior 호 북쪽을 경유하여 1870년 여름 레드 강 지역에 도착했다.

이때는 메티스들이 캐나다 정부가 반란 주동자들을 체포하지 않을 것이라고 안심하고 그들의 병력을 이미 해산시킨 후였다. 그러나 군대가 도착하자 리엘과 그의 동료 주동자들은 불안했다. 군대에서 리엘을 체포하여 처형할 것이라는 소문이 돌았기 때문이었다. 이런 소문이 점점 퍼지자 메티스 지도자들은 모두 숨어버렸다.

한편 일부 군인들과 레드 강 지역에 거주하는 일부 캐나다인들이 메티스들에게 악질적으로 굴었다. 메티스들도 당하고만 있지 않고 여기에 대응했으므로 양쪽은 자주 충돌할 수밖에 없었다. 일부 캐나다인들은 정부가 메티스들에게 별도로 주기로 약속한 땅까지 차지하려고 했다. 캐나다인들의 등쌀에 견디지 못한 메티스들은 매니토바를 떠나 더 먼 서쪽으로 가서 사는 길밖에 도리가 없다고 결론을 내렸다.

1874년 실시된 선거에서 리엘은 캐나다 연방의 하원의원에 당선되었다. 그러나 그는 혹시 체포당할 것이 두려워서 오타와로 가지 않았다. 그는 그 다음 선거에도 출마하여 다시 당선되었지만 끝내 국회에 등원하지 않아 결국 제명되어 의원직을 상실했다.

드디어 1875년 메티스 지도자들에 대한 문제가 타결되어 리엘과 레피네 Ambroise Lepine를 제외한 반란에 가담한 주동자들이 완전히 사면되었다. 리엘과 레피네는 향후 5년간 캐나다에 거주하지 못하고 국외로 나가 있어야 한다는 조건으로 사면되었다. 결국 매니토바는 캐나다의 한 주로 편입되었지만, 그들이 가장 숭배했던 지도자들 중의 한 사람을 잃게 되었다.

캐나다와
인근 도시의 합병

브리티시 컬럼비아

1860년대 중반에 들어서는 캐리브 골드러시 때와 같은 호황을 더 이상 브리티시 컬럼비아에서 찾아볼 수 없었다. 캐리브에서 금이 나오고 있기는 했지만 전처럼 쉽게 땅에서 파내던 시절은 지났고, 금을 캐내기 위해서는 새로운 특수장비와 엄청난 자금이 필요했다.

광부들은 노다지를 찾아 다른 곳으로 떠났다. 승객과 화물을 잔뜩 싣고 쇄도해오던 역마차들도 더 이상 캐리브 도로에서 찾아볼 수 없었으며, 값비싼 사금을 잔뜩 싣고 돌아오는 마차를 경호하던 순찰대도 더 이상 보이지 않았다.

한동안 북적대던 밴쿠버 섬의 빅토리아와 금이 발견되었던 내륙의 캐리브가 조용해지자 주민들의 생활도 점점 어려워졌다.

더구나 브리티시 컬럼비아 식민지와 밴쿠버 섬 식민지는 골드러시 때문에 생긴 대가를 계속 치르지 않으면 안 되었다. 그들은 골드러시 때 건설한 캐리브 도로 때문에 진 빚과 주택건설용 부지를 매입하는 데 든 돈을 갚아야 했다. 또 도로와 금광 주변을 순찰하는 경찰에게도 계속 월급을 지불해야 했다. 그러나 양쪽 식민지 모두 재정이 바닥나 있었다. 일을 더욱 심각하게 만든 것은 두 식민지 간의 불화였다. 그들은 어떤 문제에도 뜻이 맞지 않았으며, 서로 시기하고 책임을 상대방에게 전가하기에 바빴다.

그러나 양측은 언젠가는 서로 합치지 않으면 안 된다는 것을 알고 있었다. 1866년 드디어 브리티시 컬럼비아와 밴쿠버 섬이 합쳤다. 그들은 통합된 식민지를 브리티시 컬럼비아라고 명명했다.

원래 북서해안에 있던 첫 영국인들의 정착지는 뉴칼레도니아New Caledonia라고 불렸는데, 브리티시 컬럼비아라는 이름은 1860년대에 빅토리아 여왕이 미대륙을 발견한 콜럼버스Christopher Columbus의 이름을 따서 새로 지어준 것이었다.

그러나 통합된 후에도 그들은 계속 서로 다투느라 당면 문제들을 해결하지 못했다. 그래서 한때 브리티시 컬럼비아는 미합중국에 합병될 위기에 놓였다. 실제 많은 주민들이 그렇게 되기를 바랐고, 이곳 주민들에게는 미합중국은 부강한 나라로 여겨졌다. 그러나 이곳 식민지의 출발이나 역사와 전통을 볼 때 영국 식민지가 확실했으므로 육지에 사는 대부분의 주민들은 미국보다 캐나다와 합치는 것이 더 유리하다고 생각했다. 그러나 밴쿠버 섬에 사는 대부분의 주민들은 캐나다와 합치는 것을 반대했다.

이때 마침 헬름켄John Helmcken이 새 총독으로 이곳 식민지에 부임했다. 그는 캐나다 연방에 합병하는 것이 매우 좋을 것이라고 생각했다. 그래서 캐나다에 합병될 경우 어떤 혜택이 돌아올 것인지를 구체적으로 알아보기로 했다.

캐나다 정부는 뿌리치기 힘든 제안을 했다. 브리티시 컬럼비아의 빚을 떠맡는 것은 물론이고, 주에 거주하는 전 주민들에게 보상금을 지불하고 에스키몰트Esquimalt에 있는 해군기지를 제자리에 그대로 두겠다는 것이었다. 그러나 가장 중요한 약속은 철도를 건설해주겠다는 것이었다. 브리티시 컬럼비아는 사실 서해안에 홀로 버려진 느낌이었다. 그들은 캐나다의 다른 지역과 교류할 수 있는 길을 갈망해왔다. 캐나다 정부는 2년 내에 대륙횡단 철도 건설에 착수하겠다고 약속했고 철도는 10년 내에 완공될 것이라고 했다.

브리티시 컬럼비아는 이 약속들을 받아들여 1871년 7월 20일 캐나다의 여섯 번째 주로 연방에 합병했다. 이로써 캐나다는 드디어 그들의 숙원이 성취되어 대서양에서 태평양까지 이어졌고 바다에서 바다까지 뻗게 되었다.

프린스 에드워드 아일랜드

19세기에 들어서도 프린스 에드워드 아일랜드에는 별다른 변화가 없었고, 그때까지도 섬의 대부분의 토지가 영국에 사는 부재 지주들의 것이었다. 소작인들은 땅을 소유하고 싶어도 소유할 수 없었고, 지주들은 개발하려는 의욕이 전혀 없었다.

섬 주민들은 일찍이 1851년 그들의 독자적인 의회를 세웠다. 새로 세워진 식민지 자치정부는 캐나다 이스트나 캐나다 웨스트, 노바 스코샤 등과 동일한 선상에서 운영되었다.

섬의 인구는 매우 더디게 증가했고, 1861년에 와서 겨우 8만 1천 명으로 불어났다. 어업과 농업과 조선업이 섬의 주된 산업이었으며, 89개소나 되는 각종 수산업소가 이 섬에 기지를 두고 있었다. 또 1861년에서 1870년까지 10년 사이에 914척의 선박들이 샬럿타운의 조선소에서 건조되었다.

1864년에는 이 섬의 수도 샬럿타운에서 연안 지방 식민지 대표들이 모여 최초로 연방에 대한 협의회를 가졌다. 당시 협의회에는 캐나다 이스트와 캐나다 웨스트 대표들도 참석했으며 연방에 대한 제안이 최초로 거론되었다. 그러나 정작 연방을 구성할 때 프린스 에드워드 아일랜드는 캐나다라는 신생국에 합병하지 않는 쪽을 택했다.

그런데 1870년대 초부터 섬 주민들은 연방에 대해 찬성하는 쪽으로 기울게 되었다. 당시 섬의 식민지 정부는 막대한 예산이 드는 철도를 건설하려고 결정했으나 재정이 빈약한 상태였다. 따라서 철도를 건설하려면 주민들이 세금을 많이 내든지, 아니면 캐나다에 합병하여 철도건설에 필요한 예산을 캐나다 정부에 부담시키는 두 가지 길밖에 없다는 것을 깨달았다. 그래서 그들은 캐나다 연방에 합병하기로 결정했다.

캐나다 연방정부는 부재 지주들의 토지를 매입하는 데 필요한 80만 달러를 지불하기로 했고, 섬에 거주하는 전 주민들에게도 1인당 50달러씩 계산해 보상금을 프린스 에드워드 아일랜드 정부에 주기로 약속했다. 그뿐만 아니라 철도 건설에 드는 예산을 부담하고 섬과 본토를 연결하는 기선을 운항할 것과, 그밖의 여러 가지 공익사업을 떠맡을 것을 약속했다.

1873년 7월 1일, 드디어 프린스 에드워드 아일랜드는 브리티시 컬럼비아에 이어 캐나다의 일곱 번째 주가 되었다. 2년 후에는 강제수용령Compulsory Purchase Act에 의해 그동안 부재지주들이 소유하고 있던 많은 토지들을 환수했다.

이 섬의 이름은 원래 믹맥 족들이 '파도 위의 안식처'라는 뜻으로 아벡웨이트Abegweit라고 불렀으나, 프랑스인들이 와서 일 생 장Ile St. Jean이라고 했고, 영국인들이 와서는 영어식으로 세인트 존 아일랜드St. John Island라고 불렀다.

그런데 세인트 존이란 지명이 이 섬 외에도 여러 곳에 있어 우편 배달에 혼선을 빚었으므로, 후에 빅토리아 여왕의 아버지가 된 에드워드 왕자의 이름을 따 1800년에 프린스 에드워드 아일랜드라고 개명했다.

1870년대 토론토

1870년대에 와서 토론토는 매우 번성하게 되었고, 인구는 10만 명으로 고속 성장하는 도시였으며, 정치 · 상업 · 금융의 중심지였다. 토론토에는 그당시 공장도 별로 없었고, 해밀턴과 몬트리올이 공업도시였던 반면, 토론토는 교역의 중심지로서 자리를 잡아갔다.

철도는 토론토가 상업의 중요한 중심지로 성장해가는 데 큰 역할을 했다. 이미 1850년대부터 토론토는 몬트리올 · 킹스턴 · 해밀턴 · 런던 · 콜링우드Collingwood · 사니아Sarnia 등과 철도로 연결되어 있었고, 1870년대에 와서는 그 지선이 멀리 서드베리Sudbury와 오원 사운드Owen Sound에까지 뻗어 있었다. 또 그레이트 웨스턴Great Western · 노던Northern · 그랜드 트런크Grand Trunk · 토론토 · 그레이 브루스Grey Bruce 노선들은 토론토 항에서 마치 거인의 손가락과 같이 부챗살 방향으로 뻗어나갔고, 유럽과 미국에서 화물을 싣고 온 기선 및 범선들과도 연결되었다.

여객열차들도 이들 노선을 따라 운행되었으며, 많은 사람들이 기차여행에나섰다. 농촌의 젊은이들은 모험과 일자리를 찾기 위해 대도시로 가는 열차를 탔고, 가족동반으로 열차를 타고 나이아가라 쪽으로 놀러가는 사람들도 많았다. 그뿐만 아니라 상인들은 팔 물건을 열차에 싣고 장삿길을 떠났다.

1870년대 토론토 호안의 자랑거리는 새로 지은 유니언 역Union Station이었다. 1872년 정초석이 놓이고 불과 1년 만에 세 개의 우아한 탑이 호수의 수면에 비쳤다.

유니언 역에 도착한 승객들은 마차를 타고 시내로 들어서면서 차창을 통해 항구에서 바삐 움직이는 크고 작은 각종 선박들을 볼 수 있었으며, 그중에는 뱃놀이를 나온 작은 배들이 큰 기선이 지나간 뱃 자국을 가로지르며 노를 저어가는 풍경도 보였다.

유니언 역에서 걸어나오면 번화한 프런트 가Front Street가 나왔고, 그곳에는 성공한 상인들과 무역상들의 상점과 사무실들이 즐비하게 서 있었다. 거리에는 마차들과 전차들이 서로 앞지르려고 아스팔트로 포장된 길을 경쟁이나 하듯이 지나다녔다.

프런트 가를 따라 동쪽으로 걸어가면 영 가Yonge Street가 있었다. 이 거리는 1800년대 초부터 토론토의 중앙통으로 자리 잡아왔으며, 원래는 호안에서 북쪽에 새로 생긴 정착민들의 땅으로 가는 유일한 오솔길이었다. 영 가와 프런트 가에는 많은 은행들이 자리 잡고 있었는데, 이것은 토론토가 장차 금융의 중심지가 될 것이라는 첫 징후였다.

또 영 가의 북쪽으로 가면 퀸 가Queen Street의 모퉁이에 이턴Timothy Eaton이 새로 세운 큰 상점이 있었다. 그러나 서쪽을 돌아 킹 가King Street에 다다르면 더욱 멋진 은행들과 상점들이 있었다. 목재로 포장된 인도와 가스등과 주물로 된 우체통을 보면 토론토는 신흥도시이기는 했어도 현대적인 도시로 급격히 성장하고 있다는 것을 알 수 있었다.

유럽과 미국에서 일어나는 사건들이 바로 그날로 토론토 신문에 실리는 것은 전보 시스템이 대서양을 건너 북미대륙까지 뻗어 있었던 덕분이었다. 또 퀸 공원Queen's Park에 자리 잡고 있는 토론토 대학교는 과학과 의학 분야에서 최첨단 지식을 창출하는 산실이었다. 토론토는 확실히 미래가 보장된 도시였다. 그러나 그때만 하더라도 많은 사람들은 토론토가 몬트리올처럼 공업의 중심지가 되려면 50년이 더 걸리고, 몬트리올의 인구를 따라잡으려면 100년은 더 걸릴 것이라고 내다보았다.

북서 기마경찰

캐나다와 허드슨 베이 컴퍼니와 영국은 광활한 북서부를 캐나다에 편입시키는 조약을 3자 간에 체결했다. 그러나 이 조약은 실질적으로 볼 때 하나의 종잇조각에 지나지 않았다. 조약은 체결되었지만 매니토바를 조금 지나 북서부로 가보면 조약 후에 달라진 것은 아무것도 없었기 때문이다.

한편 그 당시 국경선 남쪽 미합중국 지역에서는 커다란 변화가 일어나고 있었으며, 미국 중서부에서 온 정착민들 중 일부가 북쪽으로 올라와 캐나다에 흩어졌기 때문에 이러한 미국사회의 변화가 캐나다에도 영향을 미치게 되었다.

또 그 당시 캐나다의 대평원에 살던 원주민들은 질 좋은 모피를 많이 가지고 있었으므로, 미국 쪽에 거주하는 모피상들이 캐나다 쪽으로 넘어와 원주민들로부터 모피를 사면서 위스키 등 각종 주류를 가지고 거래했다. 때로는 원주민들도 위스키와 모피를 교환하는 것을 원했지만, 위스키가 그들의 생활을 파괴시키고 있다는 것을 알게 된 후로는 백인 모피상들을 좋게 보지 않게 되었고, 서로 갈등이 생기기 시작했다.

그뿐만 아니라 인디언들은 백인 거래상들의 말들을 훔쳤는데, 그들은 말

도둑을 성인이 되는 일종의 의식으로 여겨 젊은이들 사이에서 성인식으로
간주되기도 했다. 그러나 백인 상인들의 생각은 말 도둑은 엄연한 범죄이기
때문에 말을 도둑질한 인디언은 처벌해야 한다는 것이었다.

그러던 중 1872년 초 한 패의 위스키 거래상인들이 말들을 도둑맞았다. 그
들은 술이 취한 채 한 인디언 마을을 급습하여 그곳 인디언들이 자기들의 말
을 훔쳤는지 알아보지도 않고 마구 총질을 하면서 분풀이를 해댔다. 갑자기
당한 인디언들은 대항을 했지만 그들이 가지고 있던 총들은 성능이 좋지 않
은 구식이었고, 그들 역시 술에 취해 있었기 때문에 효과적인 대응을 하지
못했다. 이 사건으로 상인 한 명과 많은 인디언들이 목숨을 잃고 마을은 초
토화되었다.

훗날 사이프레스 언덕 대학살Cypress Hill's Massacre이라고 알려진 이 사건의
소식이 수도 오타와에 전해졌다. 소식을 들은 캐나다 정부는 미국에서 그랬
던 것처럼 원주민들과 정착민들 간의 싸움이 캐나다에서 일어나는 것을 원
치 않았다. 맥도널드 수상은 그의 각료들과 함께 서부에서 평화를 유지하는
방법에 대해 머리를 맞대고 의논했고, 그 결과 그들은 북서부를 순찰할 경찰
병력을 조직하기로 했다.

1874년 북서 기마경찰North West Mounted Police의 첫 모집공고가 나붙었다.
그해 중반에 300명의 경찰병력이 북서부의 평화 유지를 위해 첫 장도에 올

랐다. 처음에는 북서부의 광활한 지역을 300명의 경찰병력으로 다스린다는 것은 황당한 생각이라고 여겼다. 미국의 경우에는 수천 명의 기병대가 작전을 전개하고 있지만 원주민과의 분쟁은 악화일로에 있었다.

그러나 북서 기마경찰NWMP은 완력으로 주민들을 다스리지 않고 평화를 유지하는 중재인으로 활동하기로 했다. 그들은 싸움을 미리 예방하고 어떤 쪽에도 편을 들지 않기로 했다. 그래서 원주민들이나 정착민들에게 공정하게 일을 처리한다는 인상을 줄 수 있도록 노력했다.

기마경찰대는 서부로 행군하여 위스키 상들의 거점 중의 하나인 훕업Whoop-up 요새에 도착했다. 경찰대가 도착했을 때는 위스키 상들이 남쪽으로 모두 도망가고 아무도 없었다. 경찰대는 그 근방을 위시해서 대평원의 여러 곳에 초소를 세우고 병력을 배치했다. 붉은 제복을 입고 말을 타고 대평원을 순찰하는 그들의 늠름한 모습은 곧 원주민들과 정착민들에게 친밀감을 주었다.

캐나다 정부의 계획은 성공적이었다. 기마경찰은 원주민과 정착민 그리고 상인들 사이에서 일어나는 온갖 알력을 평화적으로 해결함으로써 중재인으로서의 본분을 다할 수 있었다. 그 후 10년 이상을 원주민들은 기마경찰을 그들의 친구로 대해주면서 지냈다.

인디언 조약

　다른 사람이 살고 있는 땅을 차지해 자기 것으로 만들려면, 이미 살고 있던 사람들로부터 그 땅을 사들이든지, 아니면 잘 구슬려서 다른 곳으로 보내든지, 그것도 여의치 않으면 이미 살고 있던 사람을 죽여버리는 등의 세 가지 방법이 있을 수 있을 것이다.

　이러한 문제들이 북미대륙에 도착한 유럽인들에게도 다가왔다. 유럽 국가들은 제각기 신대륙의 이곳저곳을 자기들의 땅이라고 주장했으나, 그곳에는 이미 인디언들이 오래전부터 살고 있었으므로 실제로는 원주민들이 그 땅의 주인이었다.

　원래 원주민들은 땅의 소유개념이 없었고 땅은 모든 사람이 공유하는 것이라고 생각했기 때문에, 처음에는 유럽인들이 이곳에 와서 정착하는 것을 문제시하지 않았다. 그러나 유럽인들은 하나같이 땅을 소유하려고 했다. 땅을 소유하기 위해 때로는 원주민들로부터 땅을 샀는데, 그중 가장 유명한 사례가 맨해튼Manhattan 섬을 자질구레한 장신구 몇 점과 유리구슬 몇 개를 주고 원주민에게서 사들인 것이다.

　때로는 원주민들과 친구로 사귀어 땅을 얻어내기도 했는데, 이러한 방법은 아카디아 지방에서 흔히 이루어졌다. 때에 따라서는 원주민들과 전쟁을 벌여 그들을 쫓아내고 강제로 땅을 빼앗았다. 이와 같은 방법은 미국에 있던 13개 식민지에서 행해졌고, 미합중국이 독립된 후에도 종종 벌어졌다.

크로우프트 추장.

캐나다에서도 정착민들이 대평원으로 이동해 들어가면서 땅을 소유하는 문제를 해결할 수 있는 마땅한 방법을 찾고 있었다. 정착민들이 들어오자 원주민들이 살 땅은 점점 줄어들었고, 정착민들과 원주민들이 같은 땅을 놓고 나누어 사용한다는 것은 어려운 일이었다. 드디어 캐나다인들은 원주민들과 싸우는 것을 피하면서 원주민들이 살고 있던 땅에 대한 지배권을 확보하기로 했다.

이를 위해 캐나다 정부는 그곳에 사는 원주민들과 조약을 맺기로 작정했다. 조약 체결은 캐나다에서 처음 있는 일은 아니었고, 이미 동부의 여러 주에서는 6개국 원주민 부족동맹Six Nations Indian들과 조약을 맺어왔다. 조약에 따라 정부는 원주민들이 살아갈 수 있도록 소위 보호구역reserve이라는 것을 따로 지정하여 그들을 지정된 구역 안에서 살도록 했다. 서부에서도 동부와 똑같은 이런 방법으로 조약을 맺으려고 했다.

북서 기마경찰대가 원주민 국가들과 부족들을 상대로 조약을 위한 협상을 벌이기 위해 앞장섰으며, 기마경찰의 활약으로 캐나다 정부는 많은 원주민 국가들과 부족들을 설득하여 조약을 체결해나갈 수 있었다. 그 결과 마지막으로 남은 원주민은 블랙푸트Blackfoot뿐이었다.

1876년 드디어 4천여 명의 블랙푸트 원주민들과 추장들이 조약을 체결하기 위해 한자리에 모였다. 이 조약으로 캐나다 정부는 5인 가족 한 세대 당 1평방 마일로 계산하여 보호구역을 책정해주고, 블랙푸트 동맹국에 속하는 원주민들에게는 1인당 12달러씩 주었다. 그리고 블랙푸트 인디언은 북서부의 아무 곳에서나 사냥과 고기잡이를 할 수 있도록 허락했다. 그 외에도 추장에게는 매년 25달러씩, 소수 부족의 추장에게는 15달러씩, 나머지 일반 원주민들에게는 5달러씩 주기로 했다.

그뿐만 아니라 캐나다 정부는 가축과 농기구를 원주민들에게 제공하고 농경법을 가르쳐주기로 약속했으며, 필요할 때는 언제나 블랙푸트족을 먹여살려 주기로 약속했다. 드디어 블랙푸트 추장 중 가장 높은 크로우프트Crowfoot 추장이 원주민국가 부족동맹을 대표하여 조약에 서명했다. 그가 조약에 서명한 것은 오직 북서 기마경찰들을 믿었기 때문이었다.

점점 많은 정착민들이 이곳 북서부로 이주해오고 원주민들의 들소 사냥도 더 이상 할 수 없게 되는 등 그들의 오랜 생활방식이 말살되어가는 것을 보고도 그는 자신이 서명한 조약이 그들에게 새로운 생활의 기회를 제공해줄 것이라고 굳게 믿었다. 추장 크로우프트는 이 조약이 장차 얼마나 철저하게 이곳 대평원 원주민들의 생활방식에 종말을 가져오게 되는지를 미처 깨닫지 못하고 있었다.

철도와 통신

철도

서부의 대평원을 가로지르고 험준한 산맥을 넘어 태평양까지 이어지는 철도를 놓는다는 것은 캐나다로서는 장대한 이상이자 나라를 통일하는 유일한 길이었다. 그러나 여기에는 예상하지 못했던 난관들이 많았다. 거대한 암석과 높은 산맥, 소택지와 늪지대, 강과 호수와 대평원을 가로질러 5,000km의 철도를 건설한다는 것은 쉬운 일이 아니었고, 여기에 드는 비용만도 엄청났다. 그 당시 수상 맥도널드가 첫 번째로 해결해야 할 숙제는 철도를 건설하는 데 드는 엄청난 비용을 어디서 끌어오는가 하는 것이었다.

길은 두 가지뿐이었다. 그중 하나는 정부가 건설비 전액을 국비로 부담하는 길이었고, 다른 하나는 개인회사에게 공사를 떼주어 민간자본을 유치하는 길이었다. 그러나 정부는 정부예산을 들여 철도를 직접 건설하는 것을 원치 않았을뿐더러 완공 후에 철도를 운영하는 것조차 원하지 않았다. 그래서 철도를 건설할 민간회사를 찾아보기로 결정했다.

마침 두 회사가 여기에 관심을 가지고 있었는데, 그중 하나는 캐나다 회사였고 다른 하나는 미국 회사였다. 맥도널드 수상은 국내회사가 공사를 맡는 것이 바람직하다고 생각했으나 미국 회사가 장비면에서 더 나은 것 같았다. 미국 회사는 철도가 완공된 후에는 철도의 소유권을 포기하고 캐나다에 이양하기로 맥도널드에게 약속했다. 그리고 그들은 맥도널드가 이끄는 보수당에 차기 선거자금으로 쓸 막대한 돈까지 건네주었다.

야당인 자유당은 미국 철도회사가 철도공사 계약을 하면서 맥도널드와 거액의 거래를 했다는 사실을 발견했고, 이 돈이 철도공사 계약을 따내기 위해 회사가 제공한 뇌물이라는 것도 밝혀졌다. 사건은 맥도널드가 미국 회사의 고문인 아보트Abott 경에게 보낸 전문에서 들통이 났다. 전문에는 "마지막으로 만 달러 더 송금 요, 금일 중 회신 바람"이라고 적혀 있었다.

이 정보를 1873년 자유당이 공개함으로써 소위 퍼시픽 스캔들Pacific Scandal이 터졌고, 이 사건으로 인해 맥도널드와 그의 각료들이 총사퇴했다. 결국 1873년 실시된 총선에서도 이 추문으로 인해 매켄지Alexander Mackenzie가 이끌던 자유당이 보수당을 누르고 승리했다.

신임 수상 매켄지는 국가가 이 시기에 캐나다 횡단철도를 건설할 여력이 있는지 도무지 확신이 서지 않았다. 그래서 그는 철도건설을 거의 추진하지 않았고, 몇 가지 탐사와 겨우 두세 개의 단거리 노선만 건설하고 철도사업을 적극적으로 추진하지 않았다.

드디어 브리티시 컬럼비아 주가 철도건설의 지연을 더 이상 참지 못하고 들고일어났다. 그들은 정부가 철도공사를 즉시 재개하지 않으면 캐나다 연방에서 탈퇴하겠다고 통보했다. 이에 당황한 매켄지는 철도공사를 다시 시작하기로 약속했다. 철도공사는 다시 시작되었으나 큰 진척 없이 지지부진했다.

1878년 총선에서 맥도널드가 다시 승리하자 그는 철도공사에 박차를 가했고, 공사 진척은 빨라졌다. 철도를 놓을 제일 적당한 통로를 찾기 위해 탐사대원들을 사방으로 내보내고 공사계약은 국내 기업인 캐나다 태평양 철도회사Canadian Pacific Railway Company와 체결했다. 정부는 착수금으로 회사에 2,500만 달러를 지불하고 대평원과 북부 온타리오에 있는 1천만 헥타르나 되는 값진 땅을 철도회사에 제공했다.

마지막 철도 못을 박는 스미스 사장.

　회사는 이 공사를 위해 미국 철도회사에서 잔뼈가 굵은 반혼William Van Horne을 총책임자로 기용했는데, 그는 '하면 된다'는 신념을 가진 매우 추진력이 있는 사람이었다. 그는 총책임자가 되자 그해 여름 무려 900km나 되는 철도를 깔았다.

　이 공사구간은 평평한 대평원이었으므로 일하기가 쉬웠으나, 이 구간의 양쪽은 모두 어려운 구간으로 한쪽은 험준한 로키 산맥이었고 다른 한쪽은 단단한 암석과 소택지 등의 북부 온타리오였다. 그러므로 이 양쪽 구간에서는 공사 속도가 매우 느릴 수밖에 없었다.

　반혼은 셀커크Selkirk 산맥을 통과해야 서해안에 도달할 수 있다는 것도 모른 채 로키 산맥의 킥킹 홀스 협로Kicking Horse Pass를 따라 통로를 내기로 하고 발파작업을 계속했다. 마침 로저스Major Rogers가 한 통로를 발견했고, 온델덩크Andrew Onderdonk는 중국인 인부들을 데리고 프레이저 계곡Fraser Canyon을 따라 남쪽으로 조금씩 조금씩 계속 뚫어나갔다.

　한편 동쪽 구간인 북부 온타리오에는 암석이 많아 폭파작업에 다이너마이트가 많이 소요되었으므로 반혼은 현장을 따라 곳곳에 발파용 폭약을 생산하는 공장을 세워 다이너마이트 공급을 원활하게 했다. 그러나 여러 구간이 늪지와 물웅덩이였으므로 지반이 약해 철도를 놓아도 침하되거나 뒤틀려 애를 먹었다.

1885년 드디어 캐나다를 횡단하여 태평양 연안까지 이어지는 철도가 완공되었다. 그리고 어느 날 승객을 가득 실은 한 열차가 서쪽으로 달렸다. 이 열차는 셀커크 산맥에 있는 크레이갤라치Craigellachi에서 멈추었다. 거기서 캐나다 태평양 철도회사의 스미스Donald Smith 사장이 성공적인 철도의 완공을 기념하기 위해 마지막 철도 못을 박았다. 이틀 뒤에는 이 열차가 밴쿠버에 있는 종착역 무디Moody 항에 도착했으며, 이것이 철도를 이용한 최초의 캐나다 대륙횡단이었다.

통신

철도는 방대한 캐나다를 하나의 나라로 묶는 데 많은 기여를 했다. 그뿐만 아니라 19세기 후반에는 통신이라는 새로운 형태의 더 빠른 교류방식이 발전되고 있었다.

과학자들은 1700년 후반부터 전기를 이용하는 방법을 이해하기 시작했다. 그 결과 1831년에 헨리Joseph Henry라는 한 미국인이 전류를 이용하면 전선을 따라 신호를 보낼 수 있다는 생각을 하게 되었다. 얼마 후에는 모스Samuel Morse라는 사람이 짧은 파장과 긴 파장의 전류를 점과 선의 형태로 보냄으로써 알파벳 글자를 나타낼 수 있는 소위 '도스' 형식의 모스 부호라는 것을 고안했다. 그는 1843년 워싱턴에서 볼티모어까지 그가 고안한 모스 부호를 이용하여 최초로 전보를 보내는 데 성공했다.

캐나다에서는 1846년 토론토와 해밀턴 사이에 전보를 칠 수 있는 전신시설이 최초로 생겼다. 이 새로운 발명은 대단히 편리했기 때문에 빠른 속도로 보급되어 1850년에 와서는 지금의 오타와였던 바이타운Bytown과 몬트리올 사이가 전신망으로 연결되었고, 3년 후에는 뉴브런즈윅과 프린스 에드워드 아일랜드 사이에 해저 케이블이 놓였다.

1858년에는 뉴욕과 뉴펀들랜드, 그리고 런던의 세 전신회사가 아일랜드에서 대서양을 가로질러 뉴펀들랜드까지 해저 케이블을 깔았다. 그러나 애석하게도 4주 만에 불통이 되었다. 그 후 미국 남북전쟁이 끝날 때까지 손을 대지 못하고 있다가 종전 후 특수선박 그레이트 이스턴 호를 이용해서 공사를

다시 시작했고, 1866년 드디어 뉴펀들랜드에 있는 하트 콘텐트Heart's Content 연안에 대서양을 건너온 해저 케이블이 성공적으로 상륙했다.

그때부터 전보와 철도는 병행하여 성장해나갔다. 캐나다 태평양 철도회사도 전보를 칠 수 있도록 밴쿠버와 몬트리올 사이에 철도를 따라 전신줄을 가설하기 시작했다.

드디어 1890년 공사가 마무리되어 캐나다에서도 대륙의 한쪽 끝에서 다른쪽 끝까지 전갈을 보내는 데 단 수 분밖에 걸리지 않게 되었다. 그때부터 철도역들이 전신업무를 같이 하게 되었고, 이것이 관례가 되어 오늘날에도 캐나다에서는 철도회사들이 전신업무를 취급하고 있다.

한편 아버지로부터 발성학을 전수받은 그레이엄 벨Alexander Graham Bell이라는 한 캐나다 젊은이가 농아학교에서 청각장애자들을 위해 보청기를 가지고 실험하다가 전보를 보내는 전선을 이용하여 사람의 음성을 전달할 수 있는 전화를 발명했다.

벨이 전화를 캐나다에서 발명했는지, 미국에서 발명했는지에 대해서는 많은 논란이 있다. 1909년 오타와에 있는 캐내디언 클럽Canadian Club에서 한 그의 말에 의하면, 그는 1874년 온타리오 주 브랜트포드Brantford에 있던 자기 집에서 전화에 대한 아이디어를 얻었고, 전화를 완성한 곳은 1875년 보스턴이었다고 한다. 또 역사적으로 최초의 장거리 전화를 건 것은 그 다음 해인 1876년 온타리오에 있는 두 도시 브랜트포드에서 파리까지 통화한 것이었다고 했다.

그러나 벨은 그가 발명한 전화를 더 이상 일상생활에 편리하게 개발하는데 힘쓰지 않고 다른 분야로 관심을 돌렸다. 그는 노바 스코샤의 케이브 브레턴 섬의 바데크Baddeck에 있던 그의 집에서 비행기에 관심을 가지게 되었다. 처음에 그는 연과 글라이더를 가지고 실험을 하면서 라이트 형제의 비행기 설계를 더욱 보완했다. 드디어 그가 설계한 실버다트Silver Dart 호가 캐나다에서 제작되었고, 1909년 바데크 만에서 처녀비행이 시도되었다.

한편 통신은 계속 발전하고 새로운 통신수단도 발명되었다. 20세기 시작과 함께 1901년에는 말코니Guglielmo Marconi라고 하는 한 이탈리아 과학자가 뉴펀들랜드 세인트 존에 있는 시그널 힐Signal Hill에 와서 대서양을 건너온 최초의 무선신호를 수신했다. 오늘날 무전이라고 일컫는 무선전신은 전신줄이나 전화선이 없는 곳에서도 송수신이 가능했으므로 20세기의 캐나다 발전에 많은 공헌을 했다.

또 이들 발명품 모두는 광활한 국토에 흩어져 살고 있는 캐나다 국민들에게 교류의 장을 열어주는 문명의 이기가 되었다.

메티스와
인디언의 불만

1870년 리엘 반란Riel Rebellion이 있은 후 많은 정착민들이 새로 탄생한 매니토바 주로 모여들었고, 레드 강 유역에서 살던 메티스들은 이곳에서 더 이상 살 수 없다는 판단하에 서쪽으로 더 이동해갔다.

그들은 조상 대대로 살아왔던 고향에서 전통적인 생활풍습대로 들소 사냥과 농사를 계속하며 살고자 했으나, 정착민들이 쇄도하면서 이러한 그들의 소박한 바람마저 불가능해졌다.

조약 당시 캐나다 정부는 그들에게 레드 강 유역의 땅을 주겠다고 약속했으나 실제로 땅을 받았다는 사람은 찾아볼 수 없었을뿐더러, 그나마 가지고 있던 땅들마저 새로 도착한 정착민들에게 헐값으로 넘어갔다. 캐나다 이주민들은 손쉽게 메티스들의 땅을 차지할 수 있었고, 땅을 잃은 메티스들은 아무런 기약도 없이 막연하게 더 멀리 서쪽에 있는 서스캐처원 강 유역으로 떠났다.

서스캐처원 강 유역에 정착한 후 처음 15년간은 이곳 원주민들과 백인 정착민들, 그리고 메티스들이 잘 어울려 아무 사고 없이 평화롭게 지냈다. 그러나 세월이 지나면서 점점 이들 모두는 하나같이 오타와에 있는 캐나다 정부

메티스 가족.

에 대해 불만을 갖게 되었다.

메티스들은 정부가 이곳 토지를 부락단위township system로 분할하는 것에 불만이 많았다. 그들은 퀘벡에서 종래에 정착민들에게 분할해준 것 같이 강을 낀 장방형의 긴 토지를 원했으나, 이곳에서는 토지를 정방형의 부락단위로 측량하여 분할했다. 메티스들은 또 이 지역에서 오래전부터 살아왔는데도 불구하고 새로 도착한 정착민들과 똑같이 취급받는 것에 대해서도, 그리고 땅의 소유권을 주장하는 데 3년이나 걸리는 것도 못마땅했다.

백인 정착민들 역시 그들 나름대로 불만이 있었다. 그들은 캐나다 정부가 북서부 주민들이 원하는 것들을 도무지 들어줄 뜻을 가지고 있지 않다고 판단했다. 그래서 백인들은 메티스들과 함께 정부에 항의하는 서한을 오타와에 보냈으며, 어떤 사람들은 지방신문에도 투고를 했다. 그러나 정부 당국은 서부에서 일고 있는 여론에 대해 미동도 하지 않았다. 이에 서스캐처원 주민들은 그들의 뜻을 이루기 위해서는 무엇인가 보여주어야 한다는 결론을 내렸다.

1884년 메티스들은 그들의 지도자 리엘을 데려오기 위해 사람을 보냈다. 리엘은 지난 15년간 동부 캐나다와 미국에서 지내면서 잠시 몬트리올에 있는 정신병원에 입원하기도 했으며, 퇴원 후에는 미국에 사는 메티스 여인과 결혼하여 몬태나Montana에서 교편을 잡고 있었다. 리엘은 고향에 있는 동족들의 어려운 처지를 듣고 서스캐처원 유역에 있는 그의 동족들을 돕기 위해 고향으로 돌아와 다시 메티스들을 규합하자 많은 인디언들과 일부 백인들까지 그를 따랐다.

그 당시 원주민인 인디언들은 메티스들이나 백인들보다 더 어려운 문제들을 안고 있었다. 오래전부터 들소에 의지하여 살아오던 인디언들은 기아로 죽음에 직면하게 되었다. 들소는 그동안 그들에게 식량은 물론이고 의식주를 제공하는 중요한 자원이었다. 그러나 점점 백인과 인디언 사냥꾼들이 연발소총으로 사냥하게 되어 들소들은 갈수록 그 수가 줄어들어 멸종 위기에 놓였다. 게다가 철도 건설은 들소들의 종말을 알리는 신호탄이 되었다. 이와 같이 인디언들에게는 당장 먹을 양식도 부족한 상황이 닥쳤다.

정부에서도 인디언들과 맺은 조약에 따라 양식을 제공했으며, 북서 기마경찰도 그들을 도우려고 애를 썼으나 그들이 제공하는 식량과 도움은 너무나 적고 빈약했다. 참다못한 인디언들도 이제 더 이상 참을 수 없다는 것을 정부당국에 보여줄 때가 왔다고 결론을 내렸다.

북서부 반란

서스캐처원 유역에 불안스럽게 드리워져 있던 정적을 처음으로 깬 것은 인디언들이었다.

1884년 초 크루키드Crooked 호 주위에 살던 인디언들이 굶주림을 참다못해 한 농촌 지도원에게 식량을 요구했으나 그는 그들의 요구를 거절했다. 기아로 죽음 직전에 직면했던 인디언들은 그가 관리하던 양곡창고를 점거했고, 곧 북서 기마경찰이 현장에 출동했다. 인디언들은 창고 안에서 바리케이드를 치고 저항했으나 기마경찰의 설득으로 사건은 무사히 진압되었고, 농촌 지도원이 약간의 부상을 입은 것 외에는 인명피해도 없었다.

얼마 후 같은 해에 다시 똑같은 사건이 다른 인디언 보호구역에서도 일어났으나 이때도 기마경찰이 크리족Cree 추장 빅베어Big Bear의 도움을 받아 인디언들을 조용하게 해산시켰다.

그러나 평화는 계속될 수 없었다. 수도 오타와의 연방정부는 정착민들과 인디언들, 그리고 메티스들의 간절한 청원을 묵살했다. 1885년 3월이 되자 그때까지 정부의 적절한 조치를 기다리면서 견뎌오던 그들은 점점 노골적으로 무력폭동에 대한 논란을 하게 되었다.

그해 3월 18일 리엘과 그를 따르던 메티스 추종자들은 정부관리 몇 명을 잡아 감옥에 가두고, 한 교회를 점거한 후 프린스 앨버트Prince Albert로 가는 전신줄을 절단했다.

당시 바토시Batoche에 임시정부를 세운 리엘은 북서 기마경찰 대장 크로지에Lief Crozier에게 전갈을 보냈다. 칼턴Corlton 요새에 주둔하고 있는 기마경찰대를 철수하라는 내용이었다. 리엘은 이 전갈에서 만일 크로지에 대장이 이 요구에 불응하면 전면전도 불사하겠다고 밝혔다. 그러나 크로지에는 그의 요구에 승복하지 않았다.

곧 북서 기마경찰과 지원병들이 메티스들과의 전쟁에 참여하기 위해 프린스 앨버트에서 출동했고, 더크Duck 호에서 벌어진 전투에서는 메티스들이 승리했다.

전쟁이 발발하자 빅베어 추장과 파운드메이커Poundmaker 휘하의 인디언 족들이 메티스에 합세하기로 결정을 내렸다. 굶어죽느니 차라리 전쟁에서 싸우다 죽겠다는 굳은 각오였다. 그러나 그들의 결연한 의지에도 불구하고 원주민 연합군에게는 패전의 운명이 기다리고 있었다.

반란 소식이 동부 캐나다에 전해지자 서부로 출전할 군 병력이 급히 편성되었고, 3천 명의 군인들을 태운 열차가 새로 완성된 캐나다 태평양 철도를 타고 힘차게 서부를 향해 달렸다. 그러나 슈피리어Superior 호 북쪽은 그때까지도 아직 철도가 놓이지 않았으므로 소택지와 언 땅을 가로질러 고난의 행군을 해야 했으며, 4월 초가 되어서야 겨우 목적지에 도착했다. 서부로 달려온 지원병들은 이곳에서 고전하고 있던 기마경찰과 만났고, 총 5천 명의 대병력이 전투에 투입됨으로써 반란군은 기세가 꺾여 차츰 밀리게 되었다.

메티스들은 피쉬 크릭Fish Creek과 바토시Batoche에서 벌어진 두 전투에서 연달아 패배했다. 빅베어 추장과 파운드메이커 추장이 이끄는 크리 족 인디언들도 전쟁 초기에는 이겼으나, 정부 측 병력이 수적으로 우세해지자 패배를 거듭했다. 추장 빅베어는 항복하고 파운드메이커는 북서 기마경찰에 포로로 잡혔다.

리엘의 유능한 부관이었던 뒤몽Gabriel Dumont도 미국으로 도망갔다. 그는 몬태나에 가서 리엘을 설득, 이 전쟁에 끌어들인 장본인이기도 했다. 그는 전쟁 때 리엘이 고수했던 정규전보다 게릴라전과 들소 사냥에서 익힌 몰아서 가두는 전법을 이용하여 많은 전과를 올렸다. 그는 미국에서 도피생활을 하는 동안 '대평원의 왕자Prince of Plains'라는 별명을 가지고 쇼 단에서 백발백중 명사수로서 명성을 날리기도 했다. 그는 1886년 사면되어 1893년 고향 땅 바토크에 돌아왔으나, 얼마 지나지 않은 1906년 그곳에서 생을 마쳤다.

한편 그동안 전쟁과 망명생활에 지쳐 있던 리엘은 동족을 위한 그의 사상과 투쟁은 어디까지나 정당방위였다고 주장했다. 그는 북서 기마경찰에 항복한 후 체포되어 반역죄로 기소되었다.

루이 리엘의 죽음과 몬트리올

루이 리엘의 죽음

1885년 6월, 리엘이 반역죄로 기소되어 지금의 서스캐처원 주의 주도인 리자이나Regina 법정에 서자 캐나다 전체 국민들의 이목이 리엘 재판에 쏠렸다.

온타리오 주에 사는 영어권 개신교도들은 리엘의 행위는 반역죄에 해당되는 것이 분명하므로 마땅히 죽여야 한다고 주장했던 반면, 퀘벡 주에 사는 불어권 가톨릭 신자들은 리엘을 핍박받는 메티스의 영웅으로 칭송하면서 그는 무죄이므로 당연히 석방되어야 한다고 주장했다.

퀘벡에서는 리엘을 구출하기 위해 변호인단을 결성하기로 했고, 3명의 변호사가 리엘의 변호를 위해 선정되었다. 변호인단은 리엘이 반역죄를 면할 수 있는 충분하고 확실한 한 가지 변론자료가 있다고 확신했다. 그들은 리엘이 과거 정신요양원에 입원한 병력이 있기 때문에 죄가 성립되지 않는다는 탄원을 하기로 했고, 이 주장을 뒷받침할 수 있는 확실한 증거도 확보했다. 리엘은 미국으로 가기 전 몬트리올에 있는 한 정신요양원에서 몇 개월 동안 입원한 사실이 있었으며, 그 당시 그는 종종 환상을 보았다면서 자기는 하나

법정에 선 리엘.

님과 직접 대화를 한다고 말하곤 했다. 그의 이러한 행동들이 주위 사람들에게는 그가 미친 것처럼 보이게 했다.

그러나 리엘 자신은 변호인단의 이와 같은 변론취지를 받아들이지 않았다. 그는 그의 사상과 행위가 정당하다는 것을 주장하고 싶었다. 그는, 과거에 정신과 치료를 받았다는 이유로 사건의 본질 자체를 왜곡시키는 것을 원치 않았다.

리엘은 재판장과 배심원들에게 그가 그의 동족들을 이끌고 전쟁을 일으킨 것은 정부당국이 그들에게 아무런 생활대책을 세워주지 않았기 때문이라고 주장하면서, 그의 행위가 정신병자의 행동으로 받아들여질 바에는 차라리 죽음을 택하겠다고 했다.

그는 마지막 진술에서 그의 모국에 대한 애정을 유감없이 피력했다.

> "나는 이 세상에 태어나던 날 무력하여 나의 어머니가 나를 보살펴주셨다. 오늘 내가 성인이 되어 캐나다 자치령Dominion of Canada의 법정에 서고 보니 내가 태어난 날처럼 무력하다는 것을 실감한다. 북서부는 나에게 어머니와 같은 존재이며 나의 모국이다. 비록 내 모국은 병들어 있지만 멀리 로어 캐나다에서 많은 분들이 내 모국을 도와 나를 보살피려고 이곳까지 오셨다. 나는 내 조국이 내 어머니가 하셨던 것 이상으로 나를 돌보아 나를 그냥 죽게 하지 않을 것이라고 굳게 믿는다."

정신병자라는 오명으로 사느니 죽음을 택하겠다고 오열했던 그에게 반역죄가 적용되어 법정 최고형인 교수형이 선고되었다.

형이 확정되자 리엘에 대한 논쟁이 더욱 격화되었다. 찬반논쟁이 계속되어 두 번이나 사형집행이 연기되기도 했으나, 1885년 11월 16일 리엘은 드디어 반란의 주동자로 몰려 형장의 이슬로 사라졌다.

배심원들은 논평을 통해 그들의 고충을 다음과 같이 털어놓았다.

"우리 배심원들은 선처를 바랐다. 피고는 유죄이며 그의 행위는 용서받을 수
없지만 정부의 책임도 있다고 본다. 정부는 메티스의 생활고에 대해 아무런 대책을
세워주지 않았다. 만일 정부가 대책을 세워주었더라면 제2의 리엘 사태는 결코
일어나지 않았으리라고 본다. 우리는 맥도널드 수상과 그의 정부가 직무유기를
했다고 보므로, 만일 그들이 종범자로 법정에 섰더라면 우리 배심원석에서는
그들에게 일말의 선처도 고려하지 않았을 것이다. 우리는 루이 리엘을 1885년에
일어난 메티스의 두 번째 반란의 주모자로 지목하여 반역죄로 재판했으나, 실은
그가 1870년 3월 4일 메티스의 첫 번째 반란 때 백인 정착민 스코트를 죽인
주동자로서 살인죄가 적용되어 처형된 것이라고 본다."

그는 죽었으나 그에 대한 논쟁은 끝나지 않고 오늘날까지 계속된다. 리엘은 오늘날 매니토바를 세운 창건자이자 메티스의 위대한 수호자로 추앙을 받고 있다.

리엘의 죽음과 몬트리올

몬트리올은 1800년대에도 오늘날과 마찬가지로 두 개의 문화를 공유하는 도시였다. 당시 인구는 20만으로, 도시의 서쪽에는 영국인들과 스코틀랜드인들이 살았고, 동쪽에는 프랑스계 사람들이 살고 있었다. 또 영국계와 프랑스계를 불문하고 가난하고 가톨릭교를 믿는 아일랜드 태생의 노동자들은 도시의 동쪽에 있는 불어권에서 살았고, 프랑스계 사람들 중에서도 돈 많은 부자들은 도시의 서쪽에 있는 영어권에서 살았다.

이와 같이 몬트리올은 대체적으로 도시가 종교·언어·지역적인 면에서 양분되어 있었으며, 도시 전체를 볼 때는 부자와 빈자, 영어와 불어, 신교와

구교가 공존하는 도시였다.

몬트리올은 또 사시사철 계절에 따라 여가를 즐길 수 있는 스포츠와 놀이 외에도 축제와 공연 등 볼거리가 많은 도시였다. 그러나 이러한 즐거운 분위기를 온 시민이 공유한다고 해도 두 지역 간에 파여 있던 갈등의 깊은 골은 숨길 수가 없었다. 그러던 차에 1885년 루이 리엘의 처형은 영국계와 프랑스계 시민들 사이에 벌어져 있던 틈을 더욱 넓혀놓는 계기가 되었다.

북서부 반란이 처음 터졌을 때만 하더라도 영·불 양측 시민들은 새로 탄생한 캐나다 자치령을 위해 서로 협력했다. 프린스 오브 웨일스 소총부대(Prince of Wales Rifles), 개리슨 포병대(Garrison Artillery), 그리고 제65연대(The 65th Regiment) 등 3개 민병대가 편성되어 메티스의 반란을 진압하기 위해 서부로 급히 달려갔다. 특히 이들 중 제65연대는 몬트리올의 자존심이었고 불어만 쓰는 불어권 부대였다. 파브르(Fabre) 주교도 싸움터에 나가는 군인들을 위한 기도와 금식미사에 참석하러 몬트리올을 직접 방문했다.

반란은 곧 진압되었고, 서부로 출정했던 군인들이 7월에 고향으로 돌아왔을 때는 영국계, 프랑스계 할 것 없이 수천 명의 시민들이 개선하는 군인들을 환영하기 위해 거리로 쏟아져나왔다. 가장 열광적으로 환영을 받은 부대는 제일 치열한 전투에서 용감하게 싸워 이긴 제65연대였다. 그들은 그동안 대평원의 작열하는 태양 아래서 싸우느라 비록 빛이 바래고 해어져 누더기처럼 되어버린 군복을 걸친 채 지친 모습으로 행진하고 있었으나 자랑스러운 캐나다의 젊은이들이었다. 그들은 머리에 카우보이 모자부터 인디언들의 깃털모자까지 온갖 것들을 전리품처럼 쓰고 있었다. 악대가 "캐나다 만세(Vive La Canadienne)"라는 곡을 경쾌하게 연주하고, 노트르담 성당의 종각에서는 환영의 종소리가 요란하게 울려퍼졌다. 군인들과 환영 나온 시민들이 한데 어울려 행진했고, 거리의 양쪽 빌딩 창가에는 깃발이 나부꼈다. 교회에서는 그들의 무사귀향을 감사하는 찬송가가 울려퍼졌다.

그러나 이와 같은 기쁨도 잠시뿐, 리엘의 교수형이 재판에서 확정되자 온 시가에는 긴장감이 감돌았다. 신문들은 매일 리자이나에서 전송되는 리엘의 재판기사들로 꽉 메워졌다.

드디어 1885년 11월 16일 리엘이 처형되던 날 밤, 400명의 학생들이 몬트리올의 중심가로 뛰쳐나와 시위를 벌였다. 그들은 검은 천을 두른 홍·백·청의 프랑스 국기를 손에 들고 행진을 하면서 프랑스 국가인 라 마르세예즈(La Marseillaise)를 목이 터져라 불렀다. 시위 군중들은 맥도널드 수상으로 분장한 허수아비를 달아매고 화형식을 치르는 동안만 빼고는 밤새도록 프랑스 국가를 부르며 행진했다.

다음날 아침 몬트리올의 불어 신문들은 일제히 사형집행을 반박하는 사설을 썼다. 사설에서는 보수당 정권이 불어권 캐나다인들의 인권을 유린한다고 비난했다. 많은 몬트리올 토박이들이 동조하여 그 다음 일요일에는 리엘의 처형에 항의하기 위해 무려 4만 명의 군중이 운집했다. 그들은 3월 광장(Champ de Mars)에 모여 30명의 연사가 토하는 열변을 경청했다. 캐나다의 차기 수상이 될 로리에(Wilfrid Laurier)는 연단에 올라가 "만약 나라도 그 당시 서스캐처원 현장에 있었더라면 총대를 메었을 것이다"라고 리엘의 입장을 동정했고, 강경파로서 프랑스계 캐나다인인 민족주의자 메르시에(Honor Mercier)는 궁중의 열렬한 호응을 받으면서 연설 서두에 "우리들의 형제 리엘은 죽었습니다. 그는 메티스의 지도자로서 자기 동족에게 헌신한 죄밖에 없음에도 불구하고 폭동과 반역의 죄를 뒤집어쓰고 희생양이 되고 말았습니다"라고 열변을 토하면서 청중의 가슴을 휘저었다. 메르시에 등 연사들이 리엘의 죽음과 영국계 캐나다인들이 가지고 있는 반프랑스 적대감정에 대해 맥도널드 수상을 공격할 때마다 맥도널드 정권에 보내는 야유가 장내에 메아리쳤다.

그날 밤 몬트리올의 양 진영 간에 벌어져 있던 골은 더 깊어지고 뚜렷해졌다. 그 후에도 해가 거듭할수록 매니토바 학교 설립 문제, 보아 전쟁, 징병제도 등과 같은 문제들이 화근이 되어 그 골은 점점 깊어만 갔다.

클론다이크 골드러시

캐나다의 태평양 연안 북쪽 끝에 붙어 있는 유콘Yukon 지방의 클론다이크 Klondike에서 금이 발견되었다는 소문이 나자 전 세계가 들썩거렸고, 노다지 꾼들이 북쪽과 서쪽을 향해 발길을 재촉했다.

1896년 칼맥George Carmack이라는 사람이 금을 찾아 헤매던 중 금이 많이 나는 곳을 발견했는데, 그곳은 금이 얼마나 많았던지 자갈 한 삽을 뜨면 10달러어치의 금이 나왔다. 근방에 있던 다른 노다지꾼들도 금을 찾아다니다가 클론다이크 강가에 있는 보난자Bonanza 냇가로 찾아와 칼맥과 합류했다.

그해 늦게 그들이 빅토리아와 샌프란시스코에 내려가자 금에 대한 소문은 삽시간에 퍼졌고, 소문을 들은 노다지꾼들이 클론다이크를 향해 앞다투어 달리기 시작했다.

그러나 그들이 가는 길은 너무나 험준하여 어떻게 클론다이크에 도착할 수 있을지 막막했다. 배로는 북쪽으로 스캐그웨이Skagway까지만 갈 수 있었고, 거기서부터 그들은 태평양 연안과 유콘의 내륙 사이에 놓여 있는 험준한 칠쿠트 고개Chilkoot Pass를 넘어야 했다. 이 고개는 수많은 말들과 노새들이

'말무덤 고개'라고 불리는 칠쿠트 고개.

이곳을 넘다 죽었기 때문에 곧 '말무덤 고개Deadhorse Pass'라는 별명까지 붙을 정도로 악명이 높았다. 수많은 노다지꾼들도 굶주림과 탈진으로 도중에서 목숨을 잃었다.

노다지꾼들은 여러 가지 경로를 택해 클론다이크로 가는 길을 모색했다. 어떤 사람들은 브리티시 컬럼비아의 내륙을 통해 북쪽으로 가는 길을 모색했고, 다른 사람들은 일단 에드먼턴Edmonton으로 가서 거기서 피스Peace 강 유역을 따라 넘어가는 길을 택했다.

클론다이크의 골드러시 덕분으로 그때까지 오지로 알려졌던 에드먼턴과 피스 강 유역이 새로운 정착지로 부상하게 되었고, 캐리브 골드러시가 끝난 후 침체상태에 있던 빅토리아와 밴쿠버에도 다시 한 번 열기가 불어왔다. 두 도시는 1890년대 초에 불황이 닥쳐 주민들이 어려움을 겪고 있었는데, 클론다이크 골드러시로 밴쿠버의 인구는 무려 두 배나 불었고 빅토리아도 다시 활기를 찾기 시작했던 것이다.

갑자기 수천 명의 사람들이 모여드니 클론다이크에는 여러 가지 문제와 갖가지 사고가 속출했고, 법과 질서를 유지하기 위해 북서 기마경찰대가 파견되었다. 기마경찰들은 대평원에서처럼 여기서도 폭력을 예방하는 데 주력했다. 그들은 광부들의 싸움을 법으로 처벌하기에 앞서 말렸으며, 금을 훔치거나 뺏는 절도나 강도를 미리 예방하는 데 힘을 썼다.

드디어 유콘은 골드러시로 말미암아 1898년 캐나다의 새로운 준주territory로 승격했다.

제 10장
20세기의 문턱에서

CANADA

맥도널드와 국가정책

맥도널드John a. Mcdonald는 1867년 캐나다 초대 수상이 되었다. 그가 재임한 6년 동안 캐나다 정부는 허드슨 베이 컴퍼니로부터 루퍼트 랜드를 사들여 캐나다의 국토를 두 배 이상으로 늘렸으며, 매니토바, 프린스 에드워드 아일랜드 그리고 브리티시 컬럼비아 등 3개 주가 캐나다에 합병되었다.

그러나 1870년대는 캐나다의 국내 사정이 어려웠다. 캐나다에는 이 시기에 새로운 생산공장도 별로 생기지 않았고 새로운 일자리도 없어 많은 사람들이 일거리를 찾지 못해 고통을 받고 있었다. 이때가 캐나다의 첫 불황기였다.

1873년 매켄지가 이끄는 자유당이 정권을 잡았으나 불황을 타개하지는 못했다. 1878년 총선에서 맥도널드와 보수당은 다시 정권을 잡아 불황 속의 캐나다를 구출할 각오를 다졌다.

그들은 소위 국가정책National Policy이라는 새로운 선거공약을 내놓았다. 이 국가정책은 3가지 주요항목을 담고 있었는데, 첫째, 캐나다의 산업을 보호하기 위해 관세를 강화하고, 둘째, 대서양에서 태평양까지 연결하는 대륙횡단철도를 완성하며, 셋째, 노동인력과 정착민들을 늘리기 위해 이민을 적극 권장한다는 내용이었다.

그 당시 미합중국의 산업체들은 캐나다의 산업체들에 비해 여러 가지 이점을 가지고 있었으며, 미국의 많은 산업체들은 캐나다보다 일찌감치 시작되어 이미 1870년대에 들어와서는 호황을 누렸다. 인구도 미국이 캐나다보다 훨씬 많았기 때문에 시장이 컸으며, 이러한 이점 등으로 미국은 캐나다보다 더 많은 물건을 만들어 더 싸게 팔 수 있었고, 이러한 여건들이 캐나다의 산업체들을 점점 어렵게 만들었다. 이것은 캐나다의 사활이 걸려 있

존 A. 맥도널드 초대 수상.

는 문제였으므로 맥도널드는 이 문제의 심각성을 실감하고 공약 1호로 내세워, 보수당이 이번 총선에서 정권을 잡으면 캐나다에 들어오는 모든 상품에 대해서 관세를 부과하겠다고 약속했다.

둘째 공약으로 내놓은 대륙횡단 철도는 빠른 시일 내에 완공하겠다고 약속했다. 그렇게만 되면 캐나다 내륙의 곡창지대에서 수확되는 농산물을 동부 캐나다와 유럽까지 원활히 수송할 수 있고, 온타리오와 퀘벡 및 대서양 연안 지방에서 생산되는 상품들은 서부로 보내 팔 수 있게 되며, 특히 멀리 태평양 연안에 떨어져 있는 브리티시 컬럼비아도 캐나다의 다른 주들과 연결될 수 있다고 이 정책의 중요성을 설명했다.

셋째 이민문제에 대해서 맥도널드는 외국에서 더 많은 사람들을 국내에 데려와 정착시키겠다고 약속했다. 새로 이민 온 정착민들이 서부의 곡창지대를 개간하여 농사를 지으면 더 많은 수확을 올릴 수 있고, 이들은 또 캐나

다의 산업체에서 생산되는 물건들을 팔아줄 수 있어 산업체는 판로를 확보하게 되니 일거양득이라고 역설하면서 유권자들을 설득했다.

드디어 1878년 맥도널드와 보수당은 총선에서 다시 정권을 잡게 되었고, 그들의 3대 공약이었던 보호관세와 대륙횡단 철도와 이민 장려책은 서서히 그 실효를 거두게 되었다.

DIGEST
54
CANADA

산업발전과
노동운동

산업발전

　캐나다 인구도 점점 증가하여 1900년에는 총 인구가 700만 명이나 되었으며, 불어난 인구만큼 여러 가지 생필품도 필요했다. 제재소에서 켠 목재와 제분소에서 생산된 밀가루도 필요했으며, 여행하기 위해서는 마차가 필요했고, 농산물을 수확하기 위해서는 결속기와 제초기 등 여러 가지 농기구가 필요했다. 그들은 또 마실 맥주와 주방 칼과 신발과 의복 등도 필요했으며, 도시마다 새로 생기는 신문사들은 인쇄기가 있어야 했다.

　이들 중 일부는 오래전부터 캐나다에서 생산되어왔지만 상당 부분은 외국에서 수입해서 썼다. 1880년대와 1890년대에는 캐나다에서도 많은 공장들이 생산활동에 들어가 주민들이 필요로 하는 물건들을 생산하기 시작했다.

　이와 같이 캐나다에서도 생산활동이 가능하도록 여러 가지 여건이 조성된 것은 첫째, 기업이 이윤을 낼 수 있을 만큼 충분한 인구가 확보되었고, 둘째, 철도를 이용하여 산업체에서 생산된 물품을 서부의 넓은 시장에 내다팔 수 있게 되었으며, 셋째, 맥도널드의 보호관세로 캐나다 기업들이 외국 기업들과 경쟁력을 갖추었기 때문이었다.

새로운 기계의 수요는 제철소의 성장을 가져왔고, 철도건설과 마차와 농기구를 제작하는 데도 철제의 수요가 많았다. 캐나다에서 제일 먼저 제철소가 들어선 곳은 케이프 브래턴Cape Breton이고, 두 번째로 들어선 곳이 온타리오에 있는 해밀턴이었다. 그 당시 캐나다에서는 대부분의 산업체들이 온타리오와 퀘벡 주에 모여 있었으며, 그들 중 대표적인 업체는 '매시 농기구Massey Farm Implements'였다.

　초기 개척시대에는 농부들이 간단한 농기구를 시골의 대장간에서 조달해 썼지만, 농사짓는 사람들이 불어나고 복잡하고 다양한 기구들이 개발됨으로써 이들 농기구들을 제작할 공장들이 필요하게 되었다.

　이때 뉴캐슬Newcastle 근방에 살고 있던 다니엘 매시Daniel Massey라는 한 농부가 부도난 주물공장 하나를 1847년에 인수하여 처음에는 쟁기 · 마구 · 주전자 등 여러 가지 철물들을 생산했다. 매시 농기구는 개척시대에 사람의 손이나 말에 의해 사용되던 농기구들을 대체하기 위해 자동 결속기 · 써레기 · 수확기 · 제초기 등을 개발해냈고, 1867년에 와서는 미국과 유럽의 여러 나라에까지 농기구를 팔게 되었다.

　사업이 날로 번창해짐에 따라 매시는 중앙에 더 큰 공장을 세우기로 하고 1882년 회사를 토론토로 옮겼다. 그 당시 토론토는 급성장하는 도시로 철도교통의 중심지였고, 좋은 항구를 가지고 있어 해상교통을 이용하기도 쉽다는 이점을 가지고 있었다.

　매시는 그의 소망대로 큰 공장을 세우고 무려 1천 명이나 되는 많은 직공을 채용하여 바쁘게 공장을 운영했다. 그러나 농기구의 수요가 많아지자 다른 사람들도 농기구 회사를 세우기 시작했다. 그래서 '매시 농기구'는 그의 주 경쟁사인 '해리스Harris 농기구'와 통합하여 '매시-해리스 사Massey-Harris Co.'를 창설했다.

　매시가 처음 세웠던 작은 가내공업 회사는 50년을 지나면서 캐나다 공업의 거인으로 성장하게 되었으며, 세계에서 제일 큰 농기계와 농기구 제작회사가 되었다. 지금은 회사 이름이 '매시-퍼거슨Massey-Ferguson'으로 바뀌었지만, 아직도 캐나다와 미국에 각각 공장을 가지고 전 세계에 농기계를 팔고 있다.

노동운동

19세기에는 캐나다에도 새로운 사업체들과 생산공장들이 많이 생겼으며, 이들 업체와 공장에서는 남녀 근로자들이 매일 아침 일찍부터 밤늦게까지 장시간 동안 고된 일을 해야 했다.

석탄이나 철, 기타 광석을 캐기 위해서도 노동자가 필요했고, 나무를 벌채하고 운하를 파고 철도를 건설하는 데도 노동자가 필요했다. 또한 삼림과 철강석 등 자원이 풍부했으므로 제재소와 제련소에서는 원자재를 가져다 목재와 강철을 뽑아낼 인력이 필요했다.

사업이 잘되어 이들 사업체와 산업체의 경영주들 중에는 돈을 벌어 부자가 되고 권력을 잡게 된 사람들도 많았다. 그들은 잔디가 깔려 있고 울창한 숲이 어우러져 있는 큰 저택에서 살았으며, 하인들을 거느리고 풍요로운 생활을 즐겼다.

그러나 공장에서는 남녀 근로자들이 쥐꼬리만 한 임금을 위해 온종일 고된 일에 시달리고 있었다. 그들은 일주일에 6일 동안 하루 10시간에서 12시간씩 일했다. 그들은 대부분 새로 이민 온 사람들이었고, 집이라고 해야 작은 셋방을 얻어 사는 것이 고작이었다.

열악한 조건에서 일하던 노동자들은 1830년대에 와서 처음으로 그들의 열악한 근로조건을 개선시키기 위해 조합을 결성하기 시작했으며, 캐나다에서 제일 처음 생긴 노동조합은 퀘벡 시의 인쇄공들에 의해 발족되었다. 그들의 뒤를 이어 양화공들과 재봉사들이 노동조합을 속속 결성했고, 1833년에는 몬트리올에 있는 목공들이 기능공 상조회Mechanics Mutual Protection Society라는 것을 조직했다. 그들의 목적은 1일 노동시간을 10시간으로 줄이는 데 있었다. 그 다음 해에는 벽돌공과 석공들이 이 투쟁에 동참했고, 결국 그해에 동맹파업으로 1일 노동시간을 10시간으로 줄이는 데 성공했다.

1872년은 캐나다 노동자들에게 역사적인 해였다. 많은 조합들이 단합해서 투쟁한 결과 1일 노동시간을 9시간까지 끌어내리는 데 다시 한 번 성공했다.

광부들은 하루
12시간 내지
13시간, 일주
일에 7일을 근
무했다.

노동조합들은 그들이 힘을 합쳐 투쟁하면 열악한 근로조건들을 얼마든지 개선할 수 있다는 것을 깨닫게 되었다. 특히 그해에는 노동조합법Trade Union Act이 국회에서 통과됨으로써 드디어 노동조합은 법적으로 인정받게 되었고 합법적인 단체가 되었다.

초기의 캐나다 노동조합들은 직능별 조합들이었다. 조합원들은 양화 · 직물 · 목공 · 조선 등과 같이 동종의 기술이나 업종에 종사하는 기능공들로 구성되었다. 그러나 1880년대에 노동기사단Knights of Labour이라는 새로운 형태의 노동조합이 캐나다에 들어왔다. 노동기사단이라는 조합은 공장이나 광산이나 그 외 큰 사업장에서 아무런 기술 없이 일하는 미숙련 노동자들의 조직이었다. 그들은 퀘벡의 조선소, 해밀턴의 제철소, 위니펙에 있는 철도 공사장, 너나이모에 있는 탄광 등 캐나다 산업의 각 분야에서 활약하고 있었다.

사업주나 공장주들은 노동조합들이 근로시간을 줄이고 임금을 올리려 했으므로 노동조합에 대해 거세게 반발했다. 사주들의 반발뿐만 아니라 심지어 개혁파들까지도 노동조합을 반대했다. 캐나다 연방 창설자 중의 한 사람인 브라운George Brown 같은 사람은 소농들의 개혁에는 매우 협조적이었으나, 토론토에 있는 그가 설립한 〈글로브Globe〉라는 신문을 통해서 노동조합에 대해서는 맹렬히 비판했다. 그는 그의 신문사에서 노조를 결성하려는 직원은 가차없이 해고했다. 그는 또 노동운동을 봉쇄하고 캐나다에서 노동조합의 조합원들을 몰아내자고 외치면서 기업주들을 선동하는 연설을 거침없이 해댔다.

그러나 맥도널드는 1872년 총선에서 보수당 지지표를 얻기 위해 노동자들을 격려하는 입장을 보여줌으로써 선거에서 유리한 고지를 점거했다. 그는 자유당의 태도가 반노동 운동인 점에 대해서 반박하고 나왔다. 노동자들은 맥도널드를 지지했고, 이 때문에 1872년 총선에서 맥도널드가 이끄는 보수당이 승리할 수 있었다.

19세기 말에 와서는 캐나다 내의 노조들도 확고하게 자리를 잡았으며, 전국 곳곳에서 수천 명의 남녀 노동자들이 조합원으로 가입했다. 그러나 노동운동이 격렬해지자 경찰이 파업을 진압시키기 위해 개입하게 되었고, 때로는 경찰과의 충돌에서 노동자들이 경찰이 쏜 총탄에 맞아 목숨을 잃는 불상사도 일어났다. 그뿐만 아니라 기업주들은 노동자들의 권리를 제한하기 위해 그들이 가지고 있는 정치적 영향력을 행사하여 정부 각 부처를 움직이려 했으며, 노조들은 그들대로 작업장을 벗어나 노동운동을 전개하게 되었다.

그들이 투쟁하는 첫째 목적은 정당한 임금과 작업조건의 개선을 보장받으려는 것이었다. 그밖에도 교육문제라든지 복리증진과 같은 여러 가지 이슈들을 들고 나왔다.

이와 같이 근로자들의 생활개선을 위한 노동조합의 노력은 계속되었으며, 그 결과 오늘날에 와서는 과거의 중요 쟁점들이 많이 해소되었다. 그러나 노조와 조합원들은 아직도 작업환경 개선과 임금인상을 위해 투쟁하고 있다. 그들은 또 오늘날 캐나다의 여러 지역사회 단체에서는 물론이고 교육과 정치분야 등에서도 활발한 활동을 보이고 있다.

아동교육과
미성년자 고용

　취학기의 아동들은 캐나다의 대부분의 주에서 만 12세나 14세까지 학교에 다녀야 했다. 매니토바에서도 의무교육은 아니었지만 만 14세까지 학교를 다닐 수 있었다. 그러나 대평원 지방이나 농촌지역에는 가까운 거리에 아동들이 갈 만한 학교가 없었다.

　농촌에서는 8학년 이상을 공부하는 아이들이 별로 없었고, 농사를 거들거나 푼돈이라도 벌기 위해 중도에 학교를 그만두는 경우가 허다했다. 특히 봄에 파종을 할 때나 가을에 추수할 때는 일손이 모자라 학교를 쉬고 농사를 도와야 했다. 도시에서도 대부분의 어린이들이 만 15세까지만 학교에 다녔고, 많은 학생들이 만 14세만 되면 돈벌이에 나섰다.

　19세기 캐나다의 탄광이나 공장 등 많은 사업장에서는 어른들 옆에서 일하는 아이들을 흔히 볼 수 있었다. 아이들에게는 어른보다 훨씬 적은 임금을 주어도 되기 때문에 어떤 업주들은 심지어 여덟 살밖에 되지 않은 어린아이들을 고용하는 일도 있었다. 어린이들을 고용하여 인건비가 적게 나가면 업주들은 자연히 더 많은 이윤을 챙길 수 있었다. 담배공장 같은 곳에서 일하는 아이들은 일주일에 1달러를 받고 일했는데, 이 돈은 어른들의 일당에 지나지 않는 적은 금액이었다.

공장은 조명시설이 잘 되어 있지 않아 실내가 어둠침침하고 환기도 되지 않아 마치 한증막과 같았다. 구타와 온갖 체벌이 난무했고, 옆에 있는 아이와 몇 마디만 해도 불호령이 떨어졌다.

노바 스코샤에 있는 탄광에서도 어린이들이 일했는데, 때로는 갱도가 너무 좁아 아이들만 겨우 기어들어가 작업을 해야 하는 곳도 있었다. 이런 힘들고 위험한 일을 해도 아이들에게 주어지는 일당은 60센트 내지 80센트밖에 되지 않았다.

1889년 몬트리올에 있는 한 면직공장에서 일한 8명의 어린이는 1년 동안 겨우 96달러밖에 받지 못했다고 한다. 이 돈을 벌기 위해서 그들은 일주일에 6일 동안 매일 새벽 6시부터 저녁 6시까지 쉬지 않고 일했다.

특히 피복공장은 '땀공장'이라고 부를 정도로 실내가 덥고 통풍이 되지 않았으며, 좁은 방에 많은 인원과 기계를 쑤셔넣기로 악명 높았다. 1880년대 몬트리올 근방에 있던 호케라가 방직공장Hochelaga Cotton Mill에는 1,100명의 근로자가 있었는데 그중 절반이 어린 소녀들과 젊은 여성들이었다. 그들이 받은 일당은 성인 남자의 일당인 1달러의 75%도 채 되지 않았다.

그래서 초창기 노동조합에서는 어린이들의 고용을 금지시키기 위해 많은 노력을 기울였으며, 만 16세 미만의 어린이를 고용하는 것을 불법으로 규정하기로 했다. 노조의 이러한 운동으로 어린이들의 노동에 대한 사회적인 관심이 점차 높아졌음에도 불구하고 1900년대 초만 하더라도 캐나다에서 일하는 공장 노동자 30명당 1명 꼴은 어린이들이었다.

어린이들의 노동문제는 노조의 부단한 노력의 결과로 1908년이 되어서야 온타리오 주에서 처음으로 어린이 노동법이 통과되어 만 14세를 공장에서 일할 수 있는 최저 연령으로 확정하게 되었다.

캐나다 여성의 사회참여

19세기 말의 캐나다 여성

캐나다 여성들은 남성들보다 몇 발자국 뒤처져 20세기의 문턱에 다가서고 있었다.

그들은 투표권을 행사할 수 없었고 관공서에 취직할 수도 없었다. 많은 일자리와 전문직종들이 여성들에게는 개방되지 않았고, 같은 일을 해도 여성들에게는 남성들보다 적은 임금이 지불되었다. 심지어 정착민들에게 무상으로 할당해주는 토지도 남자에게만 주었고 여자는 그 대상에서 제외되었다. 그 당시는 캐나다의 남성들도 다른 나라의 남성들처럼 여성들은 가정 밖의 일에 관심을 가져서는 안 된다고 생각했다. 여자들은 원래 정치나 사업에 대한 판단력이 부족하며, 조물주가 이 땅에 여자를 있게 한 목적은 단 한 가지, 아이를 낳는 것이기 때문에 아이를 많이 낳는 것만이 캐나다의 발전을 돕는 길이라고 여겼으며, 집에만 머물면서 집안일과 가족을 돌보는 일에만 전념해주길 바랐다.

19세기 말엽에도 캐나다의 여성들은 여전히 고된 일을 했는데, 집안일을 하고 가족을 돕는 일에는 많은 시간과 힘이 들었다. 특히 개척민들의 농가에

쟁기를 끄는
여성들.

서는 부부가 같이 농사를 했을 뿐만 아니라, 서부에서는 종종 남자들이 집을
비우고 돈을 벌기 위해 철도공사장이나 도시로 떠났기 때문에 여자들이 혼
자서 농사를 해야 했다. 그들은 부엌일과 집안 청소를 하면서 옷을 짓고, 채
소밭과 가축도 돌보면서 농기구를 운전해 곡식을 거두어들이는 일까지 혼자
서 하지 않으면 안 되었다.

그러던 것이 1900년에는 캐나다 여성 7명 중 1명 정도는 가정 밖의 일에
종사하게 되었는데, 이들은 대부분 독신여성들이었다. 가정을 가진 여성들
도 차츰 살림에 보태기 위해 때로는 집에서 일을 하든지 하숙을 치면서 돈을
벌기 시작했다. 또 어떤 여성들은 직물공장과 같은 직장에 취업하여 고정적
으로 일하는 경우도 있었고, 점원이나 부유한 가정에서 하녀로 일을 하기도
했다. 그러나 이런 일들의 노임은 긴 노동시간에 비해 보잘것없이 적은 액수
였다.

시간이 지나면서 차츰 여성들 중에는 좀 더 좋은 직장에서 일하는 사람들
이 생겼고, 교사·간호사·신문기자 등 전문직을 가진 여성들도 나왔다. 캐
나다의 첫 여의사였던 에밀리 스토(Emily Stowe)는 1880년에 의사면허증을 받
았는데, 처음에는 토론토 대학에 입학하려고 했으나 여자라는 이유 때문에
입학이 거절되어 할 수 없이 미국으로 건너가 의과대학을 마치고 의사가 되
었다. 3년 후인 1883년 에밀리의 딸 어거스타(Augusta)는 캐나다 의과대학을
졸업한 첫 번째 여성이 되었다.

1890년대에는 여성 변호사들까지도 등장했지만 아직도 많은 전문직종, 특히 엔지니어링 분야에서는 여성들의 영입이 배제되고 있었으며, 그때까지도 여성들이 공립학교 교육 이상을 받는 경우는 드물었다.

그러나 20세기가 가까워지면서 캐나다에서도 여성들이 대학에 들어가기 시작했다. 캐나다에서 첫 여학생이 대학에 입학한 후 겨우 10년이 지난 1897년, 토론토에 있는 대학의 등록학생 중 무려 3분의 1이 여학생이었다. 그러나 캐리 데릭(Carrie Derik)이라는 여성이 캐나다 최초의 여자교수가 된 것은 20세기에 들어와서도 훨씬 지난 1912년이었다.

여성의 사회 참여와 투표권

캐나다의 여성들도 점차 사회 · 종교 · 정치 분야 등에서 활동하기 시작했다. 기독교여자청년회(Young Women's Christian Association)와 기독교부인절제연맹(Women's Christian Temperance Union)과 같은 여성단체들은 캐나다가 안고 있는 많은 사회문제를 해결하기 위해 팔을 걷어붙이고 나섰다.

그중에서도 애들레이드(Adelaide Hunter Hoodless)와 같은 여성들은 기독교여자청년회를 통해서 캐나다 아동들의 건강과 영양을 개선하는 데 힘썼고, 기독교부인절제연맹은 19세기에 들어와서 캐나다의 많은 가정에 막대한 폐해를 입히면서 남성들 사이에 만연하고 있던 음주를 금지시키기 위해 금주운동을 벌였다. 그들은 캐나다 내에서 모든 주정의 판매를 전면 금지해줄 것을 원했다.

이 시기에는 그 외에도 여러 여성단체들이 생겼는데, 1893년에는 캐나다의 총독 부인이었던 에버딘(Aberdeen) 여사가 전국여성협의회(National Council of Women)를 창설했고, 4년 뒤에는 여성회관(Women's Institute)이 건립되었다. 가장 두드러진 활동을 한 여성단체들 중에는 대평원에서 활약한 단체들도 많았는데, 그들은 광활한 서부에서 남성들 못지않게 열심히 일했다.

그러나 노동조합에서 활약한 여성은 얼마 되지 않았다. 그들은 특히 작업환경 개선을 위해 힘썼지만, 남녀 간의 임금격차를 완전히 없애고 취업과 진급에서 여성들의 불이익을 종식시키는 문제들은 훗날 20세기에 가서나 기대

연방선거에 참여하는 첫 캐나다 여성들.

되었다.

여성단체들은 또 캐나다 여성들에게 투표권이 없다는 사실에 눈을 돌렸다. 일부 여성들은 18세기 말엽과 19세기 초엽에 연안 지방과 퀘벡에서 투표를 한 적이 있었지만, 연방이 된 후에는 남자들에게만 투표권을 부여하도록 캐나다 법률에 정해져 있었다.

여성들의 투표권 쟁취를 위한 투쟁은 험난했다. 1883년부터 3년간 맥도널드 수상이 연달아 여성들에게 투표권을 부여하자는 의안을 의회에 상정했으나 모두 부결되었다. 그러나 1880년대와 1890년대에는 여성들도 시·군과 같은 기초 지방자치단체 선거에서 투표를 할 수 있게 되었고, 몇몇 도시에서는 여성들도 흔히 학교임원과 같은 공직에 오르기 시작했다.

그 후에도 매클렁(Nellie McClung)과 같은 여성이 주축이 되어 많은 여성들이 전국 방방곡곡에서 지방자치주와 중앙정부의 선거에 여성도 투표할 수 있도록 참정권을 획득하기 위해 계속 투쟁했다. 그러나 주의회 선거에서 여성들에게 투표권이 처음 부여된 것은 1916년 매니토바 주의회 선거에서였다.

이듬해인 1917년 12월에는 제1차 세계대전 때 캐나다 병력과 함께 참전한 간호사들에게 한하여 중앙정부 선거에 투표할 수 있는 특권을 주었고, 곧바로 1920년 캐나다 의회는 여성들에게도 투표권을 부여하도록 하는 법안을 통과시켰다.

로리에 시대

1878년 선거에서 맥도널드가 승리한 후 캐나다에서는 18년간 보수당이 장기집권했으며, 1896년 총선에서는 보수당이 패배하고 로리에Wilfrid Laurier가 이끄는 자유당이 승리하여 새 정부가 들어섰다. 그리고 15년간 로리에가 정권을 장악하게 되었다.

흔히 로리에가 집권한 시기를 캐나다의 황금시기라고 평하는 것은, 그 기간에 인구가 많이 증가했고, 나라가 활기를 띠고 번영했으며, 국민들이 미래에 대해 희망을 가지고 있었기 때문이다.

로리에는 1896년 선거에서 당선되면 여러 가지 개혁을 하겠다고 국민들에게 공약을 내걸었다.

평소 자유무역주의를 지지해왔던 그는 첫째, 관세를 철폐하겠다고 약속했다. 그는 관세 없이 값싸고 질 좋은 미국 상품들을 캐나다로 들여온다고 하면 서부에 있는 농민들과 일부 동부 연안 지방주민들로부터 많은 지지표를 얻을 수 있을 것이라고 판단했다. 드디어 총선에서 그가 이끄는 자유당이 승리하여 정권을 잡았으나 캐나다의 산업이 아직 미국과의 경쟁에서 보호되어야 할 필요성이 있다는 이유로 관세를 없애지는 않고 그대로 두기로 결정했다. 그들은 만일 관세가 없어져 미국을 위시한 여러 나라에서 값싼 상품들이 들어오면 캐나다의 기업들은 그들이 생산한 제품을 팔지 못할 것이라고 우려하여 로리에의 자유무역주의에 제동을 걸었다.

로리에 수상.

그뿐만 아니라 자유당 정권은 캐나다 태평양 철도CPR와 동부 캐나다에 있는 철도 등 기존 철도회사들이 철도 수송업무를 독점하고 있어 이용자들의 피해가 많으므로 경쟁이 필요하다고 생각했다. 일부 국민들도 캐나다 태평양 철도 하나만으로는 서부에서 생산되는 곡물 수송을 감당할 수 없다고 생각했고 철도 운송요금도 너무 비싸다고 불평했다. 그래서 로리에와 자유당은 신규 철도회사의 설립을 장려하고 지원했다. 그 결과 너무 많은 철도회사들이 난립하여 그중 여러 회사가 파산하자 할 수 없이 정부가 부도난 회사들을 떠맡아야 했으며, 그것이 오늘날 '캐나다 국립철도Canada National Railway'의 시작이 되었다.

자유당 정부가 수립된 후 가장 큰 변화가 있었다면 그것은 이민정책이었다. 과거 맥도널드와 보수당도 이민을 국가 중요정책으로 정해놓고 계속 장려해왔지만 별로 성과를 거두지 못했다.

로리에와 자유당은 더 많은 농민들이 서부의 광활한 땅에 와주어야 하고, 더 많은 노동자들이 동부의 도시로 와야 나라가 부강해지고, 산업체들이 생산한 제품을 소비할 시장이 형성되어 기업이 산다고 생각했다.

로리에는 이민업무를 관장할 내무장관에 시프톤Clifford Sifton을 임명했다. 시프톤은 마침 캐나다 서부의 관문인 매니토바 출신이었다. 그는 부임하자마자 서부에 유치할 이민자들을 모집하기 위해 농사에 경험이 있고 부지런히 일할 수 있는 사람들을 찾아나섰다. 그는 영국 · 아일랜드 · 스코틀랜드 · 미국 · 유럽 등지에서 이민자들을 유치하기 위해 대대적인 캠페인을 벌이기 시작했다.

1895년 위니펙

컬링 경기, 카누 타기, 밀, 철도…….

이것들은 1895년 위니펙Winnipeg을 상징하는 것들이었다. 그 당시 위니펙 주민들은 겨울철만 되면 얼음 위에서 원판 같은 것을 밀어놓고 앞에서 빗자루로 길을 닦아주는 컬링 경기를 얼마나 즐겼던지, 주의회가 열리는 어느 날 의원들이 모두 컬링을 하러 가는 바람에 정족수가 모자라 회의를 열지 못한 적도 있었다.

1890년대에는 위니펙도 그동안 활기를 띠던 철도건설 경기가 사라져 한적한 도시로 변모해 있었다. 이때는 이민 붐도 아직 일지 않아 위니펙의 인구는 1년에 약 5%의 증가율을 보였다. 1891년에 2만 5천 명이 조금 넘던 인구가 1896년에는 3만 1천 명이 조금 넘었다. 이들 중 4분의 1이 온타리오에서 태어났고, 5분의 1은 매니토바에서 태어났으며, 또 4분의 1은 대영제국에서 태어나 이민 온 사람들이었다. 그외 주민들은 주로 캐나다의 타지방과 유럽 및 미국에서 왔다. 특히 위니펙 인구의 90%는 45세 이하의 젊은 사람들이었다.

도시가 조용했든 어쨌든 위니펙은 그때까지도 명실공히 캐나다 서부 대평원의 중심도시였다. 원래 레드 강 유역의 펄 구덩이에 수레가 빠지지 않도록 하기 위해 만든 도로들은 이제 곡물거래상과 농기구상, 철도야적장들이 자리 잡은 중요 간선도로가 되어 도시 발전에 기여했다.

노동조합도 날로 그 세력이 확대되어 1895년에는 독립노동당Independent Labour Party이라는 정당이 창당되었는데, 이것은 캐나다에서 최초로 노동자들이 만든 정당이었다.

그해에는 여성들에게도 시에서 시행하는 선거에 참여할 수 있도록 투표권이 부여되었는데, 이때도 역시 남녀 모두 일정한 재산을 소유하고 있는 사람들에게만 투표권이 주어졌다. 그러나 여성들에게는 아직도 공공기관에 취업할 기회는 주어지지 않았다.

한편 여유가 있는 위니펙 주민들은 철 따라 각종 스포츠와 레저에 몰두했다. 1896년 2월 14일에는 몬트리올에서 열린 스탠리 컵Stanley Cup 하키 대회에서 예상을 뒤엎고 위니펙의 빅토리아 팀이 우승하여 위니펙 주민들을 열광시키기도 했다.

또 시에서는 수년간 식수운동을 전개했기 때문에 도로 양쪽에 가로수가 들어섰고, 위니펙에 자전거가 처음 들어왔을 때는 가로수가 우거진 길을 따라 자전거를 타는 것이 인기였다.

드디어 1896년 내무장관 시프톤이 이민정책 계획에 따라 이민자들을 적극 유치해오자 조용했던 위니펙은 다시 활기를 되찾게 되었고, 서부의 면모도 점차 바뀌어갔다.

새로운 이주민과 정착

이민

1900년의 유럽은 사람들이 살기에 썩 좋은 곳은 아니였다. 무엇보다 인구가 너무 많았고 대부분이 가난했다.

그 당시 유럽에서는 그 어느 때보다 농촌에 사는 인구가 많았기 때문에 농지는 점점 더 작은 농토로 쪼개져야 했고, 이렇게 나뉘어진 작은 농토로는 가족들을 더 이상 부양할 수 없었다.

많은 농민들이 일자리를 찾아 도시로 몰려들었지만, 기술이 없는 그들에게는 마땅한 일자리가 없어 도시에서도 그들은 매우 어렵게 살아야 했다. 농촌의 돈 많은 대지주나 도시의 기업주들에 비해 일반 농민이나 노동자들은 너무나 가난하게 살았고, 그들 사이에는 빈부의 차가 매우 심했다.

특히 남부와 동부 유럽에서는 대부분의 나라들이 절대군주에 의해 통치되었으므로 왕이나 여왕이 절대적인 권력을 가지고 자기 멋대로 나라를 다스리고 있었다. 통치계급과 상이한 종교를 믿는 이교도들은 때때로 혹독한 박해를 받기도 했다. 예를 들어 중부와 동부 유럽에서는 많은 유대인들이 유대인이라는 단 한 가지 이유 때문에 박해를 받아야 했으며, 제정 러시아 정부

에서는 유대인에 대한 대학살이 허용되어, 주민들이 유대인들을 기습하고 그들의 집을 불태워버리는 등의 만행이 거리낌없이 저질러졌다.

　가난하고 박해받는 많은 사람들에게 미국은 도로까지 금으로 포장된 곳이라고 알려졌다. 그들은 미국에만 가면 돈을 벌 수 있고 자녀들에게도 더 밝은 미래가 보장될 수 있다고 믿었다. 그들은 또 종교적 · 정치적 박해에서 벗어나 더 많은 자유를 누리고 싶어했다. 어떤 사람들은 그저 막연히 따분한 농촌생활보다 신대륙에 가면 무언가 신바람 나는 일이 있을 것이라고 생각했다. 그래서 수년간 유럽에서 많은 사람들이 미합중국으로 이민을 떠났다.

　그러나 미국에서는 1890년대에 와서 이민자들에게 나누어주던 무상토지가 이미 동이 나고 말았다. 마침 이때를 같이하여 1896년부터 시프톤 장관과 캐나다 정부는 미국 · 영국 · 유럽 전역에 걸쳐 철도역마다 캐나다에 오면 무상으로 토지를 준다는 선전 포스터를 붙이고 백방으로 홍보활동을 전개했다. 포스터에는 이민 각 세대당 160에이커(64헥타르)를 약속한다고 선전했다.

　캐나다 무상토지 Canada Free Land에 대한 소문을 들은 많은 가정들이 이 행운을 잡기 위해 캐나다로 향한 이민길에 올랐고, 1901년부터 1911년까지 10년 사이에 약 250만 명의 이민자들이 캐나다에 정착하기 위해 몰려왔다. 처음에는 주로 영국제도에서 오는 이민자가 대부분이었고 나머지는 미국에서 넘어오는 사람들이었으나, 나중에는 오스트리아 · 헝가리 · 독일 · 러시아 등 영국계가 아닌 유럽 사람들도 많이 왔다.

그러나 이러한 시프톤과 로리에의 이민정책에 대해 일부에서는 불평을 하기 시작했다. 그들은 이민자들을 선별하지 않고 비영국계 이민자들을 마구 받아들이는 것은 캐나다의 국력을 약화시키는 원인이 될 것이라고 우려했다.

1905년 시프톤이 사임하고 그 뒤를 이어 올리버Frank Oliver가 그 자리에 오르자 올리버는 우파인 영국계 이민자들이 필요하다고 생각했다. 올리버의 이러한 생각은 캐나다 사회의 기존 계층과 이민자들 사이에 긴장을 초래하게 했다. 또 캐나다 주민들 중에는, 이민자들은 캐나다에 도착하면 무조건 빨리 영어를 습득하여 영어를 하는 캐나다 시민이 되어야 한다고 주장하는 사람도 많았다. 이러한 주장은 프랑스인들에게 영어만 쓰는 캐나다에서 프랑스계 캐나다인들은 어떻게 입지를 마련해야 할까 하는 걱정을 안겨주었다.

대평원의 정착민들

19세기 말 유럽과 미국에서 수많은 이민자들이 밀려오자 서부의 대평원 지방은 캐나다에서 가장 고속으로 성장하는 지역이 되었다. 철도는 유럽에서 온 이민자들을 동부 캐나다에 있는 항구로부터 대평원 지방에 있는 위니펙과 같은 도시로 부지런히 실어날랐다.

이민자들이 처음 위니펙에 도착하면 당분간 이민청에 머물면서 토지를 얻거나 일자리를 구할 때까지 의식주를 해결했다. 그뿐만 아니라 이민청에서는 의사들이 나와 새로 도착한 이민자들 중에 혹시 질병이나 전염병에 걸린 환자가 없는지 정밀 신체검사를 실시했다.

이민자들 중 일부는 도시에 머물렀지만, 나머지 사람들은 농촌에 가서 값싼 땅이나 무상토지를 얻어 농사를 지었다. 농사를 짓는 사람 중에는 자기 개인 소유지에 정착한 사람들이 있는가 하면, 식민지 회사의 집단농장에 정착한 사람들도 있었고, 또 어떤 사람들은 같은 고향사람들끼리 혹은 같은 종교를 가진 사람들끼리 모여 집단을 이루어 정착했다.

특히 우크라이나Ukraina에서 이민 온 사람들에게는 이곳이 우크라이나 지방과 같이 평탄하고 광활한 평야일 뿐만 아니라 기후와 경관이 비슷하고 작물도 거의 같았으므로, 대개 같은 지역에 모여 살면서 힘을 합쳐 농지를 개간하고 주택과 창고를 짓고, 파종과 추수를 하는 등 힘이 드는 일을 서로 도와가며 살았다. 그들은 그들의 언어를 그대로 사용했고 고집스럽게 그들의 고유 의상과 종교를 지키면서 살았기 때문에, 영어권 주민들은 자기들과 다르다는 이유 때문에 그들을 좋아하지 않았다.

또 이민자들 중에는 종교생활을 자유롭게 하기 위해서 온 사람들도 많았다. 미국에서는 모르몬 교도Mormons, 유럽에서는 허터파 교도Hutterites와 메노파 교도Mennonites, 그리고 러시아의 영혼의 전사 교도Doukhobors 등이 모국의 박해를 피해 캐나다로 왔다. 또 자칭 평화주의자들이라고 하는 러시아Russia나 프러시아Prussia에서 온 사람들은 그들의 조국에서 군에 입대하지 않고 적과 싸우는 것을 거부하다가 이곳까지 왔다. 뿐만 아니라 수많은 유대인들도 캐나다에 왔다. 그 당시 유럽 여러 나라에서는 유대인들에게 토지 소유가 허용되지 않았기 때문에 농사에 경험이 있는 사람이 없었으므로 그들은 주로 농촌보다 도시에 정착했다.

서부에 도착한 이민자들 중에는 돈이 없어 바로 농사를 짓지 못하는 사람들도 많았다. 그런 사람들은 위니펙에 머물면서 농촌에 가서 농사를 지을 만한 충분한 돈을 벌 때까지 빌딩 하수구나 철도공사장이나 도로공사판 같은 곳에서 일하면서 숱한 고생을 해야 했다.

1872년 농지법이 미국보다 10년 늦게나마 통과되었고, 이 법에 따라 대평원 지방에 정착하려는 사람들은 토지를 무상으로 분배받을 수 있게 되었다.

토지는 부락단위로 측량하여 분할했는데, 각 마을은 6평방마일(9.7km²)이었으며, 각 평방마일은 4등분하여 160에이커(64헥타르)씩 정착민들에게 무상으로 분양했다. 농지법에 의하면 만 21세 이상인 사람과 세대주는 누구나 농지를 분양받을 수 있었다. 또한 분할된 일부 구역들은 학교부지나 허드슨 베이 컴퍼니 등 식민지 회사의 부지로 남겨놓고 개인에게는 분양하지 않았다.

새로운 도시들의 탄생

세기의 문턱에 선 대평원

대평원 지방에 처음 도착한 정착민들은 들에 있는 떼를 흙과 함께 떠서 떼 장집을 짓고 임시로 살아야 했으며, 1년쯤 지나 사정이 좀 나아지면 나무로 집을 지었다. 또 대평원 지방에서 농토를 일구어 수확을 하는 데까지는 3년 이상 걸렸다. 그러나 일단 농장을 만들어놓기만 하면 일한 만큼 수확을 거둘 수 있어 열심히 일할 가치가 있는 곳이었다.

특히 1880년대와 1890년대는 전 세계에서 밀의 수요가 급증하여 밀의 시 세가 오르자 대평원 지방의 농민들은 호황을 누렸다. 지금까지 가내 수공업 으로 만들어 쓰던 말이 끄는 쟁기도 트랙터 등 기계화된 농기구로 대체되었 다.

초기에는 이 지역이 서리가 일찍 내리고 작물이 성장할 수 있는 절기가 짧 기 때문에 밀농사에서도 실패하는 일이 많았으나, 레드 파이프Red Fyfe와 말 퀴스Marquis 등의 새로운 밀 품종이 개발되어 이런 문제를 해결했다. 이 품종 들은 서부 대평원 지방의 조건에 알맞게 과학적으로 개량된 것으로, 성장속 도가 빨라서 서리가 내리기 전에 수확할 수 있었다.

또 대평원 지방 곳곳에 읍·면 크기의 고을이 들어서 빠르게 발전해갔고, 철도를 따라 위니펙·리자이나·캘거리Calgary와 같은 큰 도시들이 들어섰다. 에드먼턴Edmonton은 북서 기마경찰대의 한 거점에서 시작하여 번창한 도시로 성장했고, 그 외에도 도로를 따라 곡물 집산지에 작은 소도시들이 형성되어 성장해갔다. 이렇게 형성된 고을과 도시에서는 농민들이 씨앗과 농기구와 그외 생활 필수품들을 구입할 수 있었고, 신문도 살 수 있었으며, 각종 공연도 접할 수 있었다. 또 정착민들이 모여들고 왕래가 빈번한 고을에는 의사나 변호사들이 와서 개업을 했다.

19세기 말에는 1880년대 초창기에 널빤지로 적당히 지었던 허름한 가게들이 물러나고 벽돌과 석조 건물들이 그 자리를 채워가기 시작했다. 작은 마을에는 아직 더러운 도로와 목재로 만든 인도가 그대로 있었지만, 리자이나와 위니펙과 같은 큰 도시에는 말끔하게 포장된 도로가 있었고, 도로 양쪽에는 가로수가 즐비하게 늘어서 있었으며, 전차·전등·전화도 들어와 있었다.

상인들과 전문직을 가진 사람들은 잘살았다. 그들은 큰 집을 짓고 멋진 마차를 탔으며, 캐나다 태평양 철도를 타고 캘거리 서쪽에 있는 로키 산맥 내에 새로 생긴 휴양지로 여행을 떠나기도 했다. 철도는 또 뉴욕과 토론토로부터 최상의 상품들을 그들에게 공급해주었다.

그러나 정착민들이 모두 잘사는 것은 아니었다. 특히 동부 유럽에서 온 정착민들은 도시 출신이 많아 농사 경험이 없었으므로 농부로서 실패한 사람들이 많았고, 도시에 남은 사람들도 영어를 할 줄 몰라 일자리를 구하기도 힘들었다. 심지어 의사와 기타 전문직을 가진 사람들도 철도 건설현장이나 건축 공사판에서 막노동을 했으며, 그들이 하루 10시간씩 일해서 받는 일당은 겨우 1달러 75센트밖에 되지 않았다. 또 주택 건설을 한다지만, 대평원 지방으로 몰려오는 이민자들을 수용하기에는 턱없이 부족하여 이민자들은 하숙집에 셋방을 얻어 살았다.

1905년까지 백만이 넘는 이민자들이 대평원에 정착하기 위해 모여들었다. 그해에 캐나다 정부는 대평원 지방의 북서 준주에 새로 두 개의 주를 세우기로 결정했다. 그때 새로 탄생한 주가 앨버타Alberta 주와 서스캐처원 주였다.

앨버타라는 주명은 빅토리아 여왕의 딸 앨버타Louise Caroline Alberta 공주의 이름을 딴 것이고, 서스캐처원은 그곳을 흐르는 강의 이름을 딴 것인데, 원래는 이 강을 크리 족들이 키시카체완Kisikatchewan이라 부르던 것을 유럽에서 온 탐험가들과 지도 제작자들이 서스캐처원으로 기록하여 서스캐처원이란 명칭으로 굳혀졌다고 한다. 앨버타는 주도를 에드먼턴으로 정하고 서스캐처원은 주도를 리자이나로 정했다. 이렇게 해서 캐나다는 이제 9개 주를 가진 나라가 되었다.

연안 지방과 중부 캐나다

19세기 말에는 대서양 연안 지방에도 많은 변화가 왔으며, 1880년대와 1890년대에는 농업과 어업과 임업이 이곳의 가장 활발한 산업이었다. 이때는 증기선과 기차가 석탄을 연료로 사용했기 때문에 케이프 브레턴 섬에 있는 탄광들도 호황을 누렸으며, 1882년에는 탄광들과 가까운 시드니Sydney에 노바 스코샤 철강회사가 들어섰다. 이 공장에서도 철도와 여타 새로운 산업에 쓸 철강을 뽑아내는 데 많은 석탄을 이용했기 때문에 탄광은 날로 번창하고 확장되어갔다.

1880년대 노바 스코샤와 뉴브런즈윅에서 건조된 목재 선박들은 전 세계에서 발주되었고, 특히 세인트 존Saint John은 세계에서 가장 큰 조선업 센터의 하나였다. 그러나 철선의 등장으로 목선시대는 끝났고, 조선업의 중심도 스코틀랜드에 있는 크라이드 강 하구로 옮겨갔으며, 연안 지방의 조선업은 점점 쇠퇴해갔다.

그밖에 노바 스코샤의 산업들은 온타리오 주나 퀘벡 주의 산업들과 경쟁할 만한 것이 별로 없었다. 많은 연안 지방 주민들은 관세 때문에 미국에서 들어오는 물건들이 비싸다고 불평했고, 일부 주민들 중에는 캐나다가 연방이 된 후 연안 지방을 위해 한 일이 무엇인지 반문하면서 연방의 이념 자체에 대해 회의를 느끼기 시작했다. 연안 지방 주민들 중에는 자기들의 실질적인 교역 대상은 캐나다의 내륙 지방이 아니고 영국이나 미국 등과 같은 대서양 연안 국가들이라고 생각하는 사람들도 있었다. 그들은 연방이 되어 혜택을 입는 것은 온타리오 주와 퀘벡 주뿐이라고 불평했다.

사실 퀘벡 주와 온타리오 주는 굉장히 빠른 경제 성장기에 접어들어 있었다. 도시에 있는 공장들은 다양한 현대상품들을 생산하기에 숨돌릴 틈이 없었고, 자동차·전화기·전구 등 20세기를 상징하는 새로운 상품들을 생산해냈다. 그중에서도 몬트리올은 캐나다에서 가장 주도적인 산업의 중심지로 선두주자에 나섰으며, 다음으로 토론토가 그 뒤를 바싹 따랐다.

한편 중부 캐나다의 시골도 살기가 좋았으며, 농민들은 골고루 번영을 누렸다. 특히 몬트리올과 토론토 주변의 시골에서는 농사보다 낙농업이 더욱 번창하여, 급증하는 도시 인구를 상대로 우유와 버터 등을 생산해 돈을 벌었다. 나이아가라 반도에서는 과일 재배를 많이 했고, 담배도 중요한 작물 중의 하나였다. 맥도널드 가와 같은 집안들은 연초산업으로 부를 쌓았다. 그러나 중부 캐나다의 농촌은 밀 경작지인 서부 대평원 지방의 곡창지대에 비하면 상대가 되지 않았다.

1880년대에는 온타리오 지방에 있는 서드베리Sudbury에서 엄청난 양의 구리와 니켈이 발견되었다. 그러나 1900년대 초에 와서야 그들을 분리해내는 기술이 개발되어 광석을 처리하는 제련소들이 세워졌고, 광산 열기도 일어났다. 또 퀘벡의 동부 지방에서도 석면광산이 발견되어 광산산업이 발전했다.

한편 캐나다 순상지의 삼림은 중앙 캐나다의 목재산업과 펄프 및 종이산업의 공급원이었다. 거대한 원목과 뗏목들이 다가오는 20세기에 쓸 목재를 생산하기 위해 19세기 말까지도 오타와와 세인트 로렌스 강으로 운반되었다. 그러나 1세기 가까이 무차별하게 큰 나무들을 벌목하다 보니 중부 캐나다에는 작은 나무들만 남게 되었다. 작은 나무들은 펄프와 종이 제조에 적합했으므로, 1900년에 와서 캐나다는 펄프와 종이제품의 수출국으로 세계의 선두주자가 되었다.

브리티시 컬럼비아와 이민자들

브리티시 컬럼비아

밴쿠버는 캐나다 태평양 철도에 의해 탄생된 도시였다. 철도가 들어오기 전 지금 밴쿠버가 서 있는 자리는 그랜빌Granville이라고 하는 인구가 겨우 2~3백 명밖에 되지 않는 작은 마을이었으며, 그곳 주민들은 주로 벌목장과 제재소에서 일을 했다.

1885년 철도가 처음 들어왔을 때는 그랜빌 동쪽 20km에 위치한 포트무디 Port Moody가 종착역이었다. 그러나 캐나다 태평양 철도회사는 곧 포트무디보다 그랜빌이 더 좋은 항구를 끼고 있다는 것을 알고 브리티시 컬럼비아 주 정부와 비밀협상에 들어갔다. 협상에서 캐나다 태평양 철도회사에 무상으로 그랜빌에서 4,000헥타르가 넘는 최상급의 토지를 주기로 타협했고, 추가로 그랜빌에 있는 전 지주들은 그들 토지의 3분의 1을 철도회사에 바쳐야 했다. 1886년 2월 협상이 조인되자 캐나다 태평양 철도회사 측은 종착역인 포트무디에서 서쪽으로 20km 떨어진 그랜빌까지 철도가 연장된다고 발표했다.

철도의 완공은 브리티시 컬럼비아에 새로운 바람을 몰고 왔다. 또 밴쿠버는 북미대륙 서해안에서 가장 좋은 항구를 가지고 있었기 때문에 전 세계로

부터 많은 배들이 이곳 항구로 들어왔고, 여기서 다시 세계 시장으로 팔려나
갈 서부 대평원 지방에서 생산된 밀 등 곡물을 싣고 온 철도와 만났다. 항구
에서는 영국과 미국과 동양에서 수입된 물품들이 하역되면 곧바로 브리티시
컬럼비아 주에서 생산된 원목과 목재들이 실려 세계 도처로 수출되었다.

밴쿠버 외에도 빅토리아와 뉴웨스트민스터New Westminster와 같은 도시들
이 성장해갔고, 전차와 전기가 들어왔으며, 5~6층짜리 빌딩도 서너 채 들어
섰다. 상점에는 동부 캐나다와 유럽과 미국 등지에서 들어온 좋은 상품들이
쌓였고, 사업하는 사람들은 수 분 내에 몬트리올이나 토론토로부터 전보를
받아볼 수 있었다. 기차는 매일 동부 캐나다로 떠났고, 고속기선들이 여객을
싣고 샌프란시스코나 동양과 유럽으로 떠났다.

어디든 그렇듯이 이곳에 사는 주민들도 모두가 잘사는 것은 아니었다. 많
은 사람들이 한 달에 겨우 몇 푼 안 되는 돈을 벌기 위해 고된 노동을 했으
며, 이들 노동자들과 그 가족들은 공동주택에서 셋방을 얻어 살든지 판잣집
에서 어렵게 살아야 했다.

브리티시 컬럼비아 이민

골드러시는 끝났지만 브리티시 컬럼비아에 있는 광산들은 여전히 붐볐다.
금에 이어 은·납·주석·동·석탄이 발견되자 광석에서 금속을 뽑기 위해
거대한 제련소들이 세워졌다.

밴쿠버 섬에서는 사업가 던스미어Robert Dunsmuir가 너나이모Nanaimo와 웰
링턴Wellington 일대에 거대한 탄광을 여러 개 운영했다. 그는 탄광업으로 부
자가 되자 권력을 잡게 되어 드디어 주지사까지 되었다. 그는 여느 부자들과
마찬가지로 인정이 없는 매정한 사람으로, 연합광산노조United Mine Worker's
Union가 임금과 노동조건의 개선을 요구하면서 파업에 들어가자 노조에 가
담한 모든 광부들을 해고하고 탄광에서 일할 중국인 노동자들을 홍콩에서
데려왔다.

새로 생긴 브리티시 컬럼비아는 중국에서 온 광부 외에도 유럽·미국·인
도·일본 등과 캐나다의 여타 지방에서 온 사람들로 인구가 날로 불어났다.

솔트 스프링Saltspring 섬과 빅토리아에는 흑인들도 와 있었고, 솔트 스프링 섬에는 하와이 원주민들까지 와 있었다.

이들 이민자들은 광산이나 벌목장, 그리고 도시 등에서 일했는데, 작업환경에는 언제나 위험이 도사리고 있었다. 광산이 붕괴되고 보일러가 폭발하는 등 많은 사고들이 일어났다. 작업현장에서는 사고를 당해 사망하는 경우도 있었고 장애자들도 속출했다. 여성들과 어린 아이들도 고된 일을 했으며,

반아시아 폭동으로 박살난 일본인 가게.

그들은 농장과 통조림 공장과 상점 등에서 주로 일을 했다. 의사와 병원이 거의 없을 때였으므로 의료혜택은 거의 기대할 수 없었고, 보험과 연금은 물론 사고 피해자들에 대한 보상도 없었다.

여성들은 종종 출산을 하다가 젊은 나이에 죽었고, 많은 아기들이 생후 1~2년을 넘기지 못하고 죽었다. 거기다 독감과 같은 여러 가지 질병이 유행하여 많은 생명을 앗아갔다.

특히 중국인과 아시아계 이민자들에게는 또 다른 문제점들이 있었다. 낮은 임금에도 불구하고 열심히 일하는 중국인과 아시아계를 백인 노동자들은 못마땅하게 생각했다. 대부분의 중국인들과 아시아계 이민자들은 영어를 할 줄 몰랐고, 그들은 자신들이 이루어놓은 차이나타운Chinatown에 모여 살면서 그들 자신들을 보호했다. 그러나 중국인들은 종종 캐나다인들로부터 폭행을 당했고 심한 차별 대우를 받았으며, 아무리 성실히 살아도 그들에게는 시

민권 취득이 허용되지 않았다. 20세기 초엽인 1907년 9월 9일에는 반아시아 폭동Anti-Asiatic Riots이 일어나 밴쿠버 시내에 있는 아시아계 이민자들의 상점들이 습격을 받는 등 곤욕을 치렀다.

또 캐나다 정부는 아시아인들에게는 까다로운 이민법을 제정해놓았기 때문에, 1914년 인도에서 시크족Sikhs 이민자들을 싣고 온 일본 선박 고마가다 마루Komagata Maru가 입국허가를 받지 못해 그해 여름을 두 달 동안이나 밴쿠버 항에 머물다가 끝내 상륙하지 못하고 돌아가는 일도 있었다.

19세기 말의 밴쿠버

밴쿠버가 새로운 도시로 태어난 것은 1886년 4월이었다. 그 달에는 병원도 한 곳에 세워졌는데, 벌목장과 제재소에서 많은 사고가 발생했기 때문에 병원 마당에 부상당한 인부들을 수용할 천막을 쳐야 할 정도였다. 또 도시 곳곳에는 병원 외에도 주택과 빌딩들이 속속 들어서고 있었다.

그러나 1886년 6월 13일 뜻밖의 재난이 이제 막 발전해가는 도시를 강타하여 삽시간에 도시 전체가 불 속에 휩싸이는 비운을 맞게 되었으며, 새로 지은 목조건물들은 깡그리 재로 변했고 20명의 목숨까지 앗아갔다. 화마가 할퀴고 간 도시는 폐허로 변했지만, 일주일 후에는 100채의 건물들이 새로 세워졌다.

밴쿠버는 결코 뒤를 돌아보지 않았다. 이듬해인 1887년 봄이 돌아오자 밴쿠버는 많은 상점과 도매상과 호텔과 주택들로 활기가 넘치는 신흥도시가 되었다. 항구에는 선착장마다 목선들과 기선들이 서로 잘 어우러져 정박해 있었다. 시내에는 롤러스케이트장이 생기고 오페라 극장이 한창 건설되는 중이었다.

1887년 5월에는 몬트리올로부터 첫 승객들을 태운 열차가 새로 지은 밴쿠버 역에 도착했다. 열차에서 내린 승객들은 만국기와 오색 테이프가 나부끼는 가운데 흥분된 군중들과 경쾌한 음악을 연주하는 악대들의 환영을 받았다.

벌목장과 광산과 도시의 새로운 일자리를 구하기 위해 세계 도처에서 사람들이 열차와 배를 타고 밴쿠버로 모여들자 인구는 급속도로 불어났고, 갖가지 인종과 문화가 뒤섞이게 되었다.

미국에서 온 흑인과 백인, 동부 캐나다에서 온 영국계와 프랑스계 캐나다인, 영국제도에서 새로 온 이민자, 철도공사와 광산의 인부로 데려온 중국인 등으로 도시는 마치 인종 전시장 같았으며, 도시 변두리에는 인디언들이 살고 있는 부락이 있었다.

도시는 확장되어갔으나 도로 포장상태는 형편없었다. 그랜빌 가Granville Street는 일 년 내내 질펀거리는 펄 구덩이였고, 도시의 심장부에 있는 몇 개의 도로만이 두꺼운 목판이나 블록으로 포장되어 있었다.

밴쿠버에서 최초로 아스팔트 포장을 한 것은 1891년 지금의 차이나타운에 있는 코르도바 가Cordova Street였다. 곧이어 다른 도로에도 포장이 되고 상수도와 하수도가 같은 시기에 지하에 매설되었다.

밴쿠버는 현대도시로서의 자부심이 대단했다. 1886년 처음 들어온 전깃불은 1890년에 와서는 거의 모든 상점과 호텔과 개인 가정에 들어왔다. 전화도 몇 대 들어와 있었으며, 1890년에는 당시로는 밴쿠버에서 가장 빠른 교통수단이었던 전차가 4~5대 운행되기 시작했다. 1899년 밴쿠버에 처음으로 자동차가 들어왔으나 너무 무겁고 운전하기가 복잡하다는 이유로 단 한 번 운행하고 다시는 운행하지 않았다. 그 후에 앰뷸런스가 처음 들어왔는데, 첫 승객은 미국에서 온 관광객으로, 네거리에서 그 당시 한 대뿐이던 이 앰뷸런스에 치어 병원으로 후송 도중 앰뷸런스 안에서 사망했다.

1908년에는 밴쿠버에 캐나다 최초로 주유소가 생겼다. 자전거는 19세기 말 밴쿠버 주민들에게 가장 인기 있는 교통수단이었고, 자전거 타는 법을 가르쳐주는 학원들도 있었다. 그 당시 밴쿠버 시내에서 가장 흔하게 볼 수 있는 교통수단은 승객과 짐을 나르는 마차였으며, 아무것도 타지 않고 걸어다니는 사람들도 많았다.

　밴쿠버 내항 입구에 위치한 스탠리Stanley 공원은 시민들이 즐겨 산책하던 곳으로, 오늘날에도 많은 사람들이 찾는 밴쿠버 시내의 명소이다.

국제사회와
캐나다의 위상

1867년 캐나다는 하나의 독립국가로서 탄생되었으나 공식적으로는 아직 영국의 식민지였으므로 외교 활동에서도 영국이 캐나다의 역할을 대신하고 있었다. 다시 말해 캐나다는 외국에 외교관을 내보내지 못했고, 육군과 해군도 없어 자체 방위력도 없는 상태였다. 각국에 나가 있던 영국 외교관들이 캐나다의 외교 업무를 대신했고, 영국 육군과 해군이 캐나다의 방위를 담당하고 있었다.

그뿐만 아니라 대부분의 영어권 캐나다인들은 캐나다에 대한 충성은 곧 영국 여왕과 영국 왕실에 대한 충성을 의미한다고 생각하여 1898년 5월 24일 빅토리아 여왕의 생일이 국경일로 정해지자 캐나다 국민들은 매년 시가행진과 가장행렬 등을 하면서 이날을 성대하게 치렀다.

그러나 모든 캐나다 국민들이 영국 왕실에 충성한 것은 아니었다. 불어권 캐나다인들은 영국을 1759년 자기들이 정착하고 있던 뉴프랑스 식민지를 무력으로 정복한 침략국으로 기억하고 있었기 때문에 캐나다에는 애정이 있더라도 영국 여왕과 왕실에 대해서는 거의 충성심이 없었다.

그런데 로리에가 수상으로 재임하고 있던 기간에 캐나다는 몇 가지 사건으로 인해 국제사회에서 하나의 독립국가로서 그 위상을 높이고 자주자립할 수 있는 기틀을 마련했다. 그것은 바로 알래스카 국경분쟁과 대영제국협의회Imperial Conferences와 캐나다 해군 창설, 보어 전쟁 등의 사건들이었다.

1867년 미국이 러시아로부터 알래스카를 사들였을 때만 하더라도 미국인들은 이것이 북아메리카 대륙의 북서 지방 전역을 모두 미국의 영토로 흡수하는 첫 단계라고 생각했고, 프라이팬의 손잡이를 닮은 알래스카 남쪽에서 브리티시 컬럼비아 연안을 따라 길게 뻗어 있는 알래스카 팬핸들Alaska Panhandle 반도에 대해 국경문제를 우려한 사람은 아무도 없었다. 그러나 클론다이크의 골드러시로 인해 캐나다가 태평양 연안의 항구를 통해 유콘으로 접근하다 보니 알래스카 팬핸들의 소유권에 대한 의문이 생겼다.

드디어 1903년 알래스카 팬핸들을 놓고 캐나다와 미국 사이의 국경분쟁을 해결하기 위해 국제협의회가 열렸는데, 실질적인 협상은 미국과 캐나다가 아닌 미국과 영국 사이에서 이루어졌다. 위원회 구성은 영국이 임명한 2명의 캐나다인과 1명의 영국 외교관 그리고 루스벨트 대통령이 임명한 3명의 미국대표로 구성되었다.

당시 루스벨트의 외교정책 중 유명했던 것은 소위 '부드러운 대화와 큰 지팡이Speak Softly And Carry A Big Stick'였다. 그는 미국의 대외정책을 밀고나가기 위해서는 언제라도 그의 큰 지팡이인 군대를 이용할 준비가 되어 있었다. 그는 이번 협상에서도 만일 영국 대표가 미국에 반대투표를 하면 알래스카에 군대를 파견하겠다고 경고했으며, 그 외에도 여러 가지 제재를 가하겠다고 암시했다.

협의회가 열리자 영국 외교관은 미국 측에 표를 던졌고 항구들은 미합중국에 돌아갔다. 캐나다 대표들은 영국 대표가 캐나다를 팔아먹었다며 맹렬히 비난했다. 이 사건으로 거센 반미감정이 일어났고, 심지어는 캐나다에서 자국의 국익을 위해서는 더 이상 영국의 역할을 기대해서는 안 된다는 강한 국민정서가 형성되기에 이르렀다. 이렇게 해서 캐나다는 자립적인 외교정책을 수행하기 위한 힘을 키우지 않으면 안 되었다.

또한 영국은 당시 그들의 해외 식민지 국가들이었던 캐나다 · 호주 · 뉴질랜드 · 인도 · 홍콩 · 서인도제도 · 남아공 등과 1897년, 1902년, 1907년에 걸쳐 차례로 일련의 협의회를 가졌다. 캐나다 대표로는 로리에 수상이 참석했다. 영국은 식민지 국가들을 대영제국의 정치적 영향하에 넣기 위해서 대영제국협력회Imperial Council를 구성할 것을 제의하고 식민지 국가들에게 영국해군을 위한 후원기금을 부담하라고 요구했다. 로리에는 대영제국협력회의 발상에 대해 강력하게 반발했다. 그는 캐나다도 이제 더 많은 정치적 영향력을 가지고 식민지가 아닌 하나의 독립국가로서 본분을 지켜나가야 한다고 생각했다.

더구나 1900년대 초에는 대영제국과 독일 사이에 전운이 감돌았고 두 나라 사이는 세계 최대, 최강의 해군을 갖기 위한 경쟁을 하고 있었다. 1909년 런던에서 전 대영제국 식민지 국가들의 특별협의회가 다시 소집되었다. 이 협의회에서도 영국은 식민지들에게 영국 해군을 위한 발전기금을 요구했다. 로리에는 영국을 돕기로 했으나, 돈을 내는 대신 캐나다의 독자적인 해군 창설을 위해 11척의 군함과 5척의 순양함, 6척의 구축함을 영국에 발주하여 건조하기로 했다. 그리고 전쟁 발발 시에는 캐나다 해군이 영국을 도와 싸우기로 했다.

그러나 로리에의 이와 같은 협상안은 캐나다 국민 누구도 반기지 않았다. 프랑스계 국민들은 로리에가 영국에 너무 많은 것을 양보했다고 불평했고, 영국계들은 로리에가 대영제국의 국력을 저해시켰다고 비난했다. 또 조선소들을 가지고 있던 연안 지방 주민들은 캐나다 전함들을 영국에서 건조하는데 대해 분개했다.

1909년 캐나다는 독자적인 외무성을 설립하고 같은 해에 캐나다와 미국과의 관계를 협의하기 위한 국제공동위원회International Joint Commission를 발족시켰다. 캐나다는 사상 처음으로 국제회의에 캐나다인만으로 대표단을 구성했고, 회의도 런던이 아닌 워싱턴과 오타와에서 열었다. 드디어 캐나다에도 자주적 독립국가 시대가 도래하고 있었다.

그러나 이와 같은 시대가 되는 과정에서 로리에는 비싼 대가를 치러야 했다. 그는 수많은 타협을 치러야 했고, 어떤 타협도 영국계나 프랑스계 캐나다인들 양쪽 모두를 만족시키지 못했다. 그 결과 1911년에 있었던 선거에서 어느 한쪽의 지지도 받지 못한 로리에는 끝내 패배하고 권좌에서 물러나게 되었다.

보어 전쟁

캐나다 군대가 처음으로 해외에 참전한 것은 남아프리카에서 일어난 보어 전쟁Boer War이었으며, 영국의 요청에 의해 파병되었다.

원래 남아프리카에 있던 트란스발Transvaal 공화국과 오렌지 프리 스테이트 Orange Free State 공화국에는 소위 보어족Boer이라고 불리던 네덜란드 정착민 들이 농사를 지으며 하나의 독립된 집단을 이루고 200년 넘게 살고 있었는 데, 1870년대 말에 이 두 공화국은 영국의 통치하에 들어갔다.

영국이 점령한 후에도 처음 몇 년간은 보어 족들이 자유롭게 활동하여 별 문제가 없었으나, 그곳에서 엄청난 양의 금과 다이아몬드가 발견되자 영국 의 태도가 급변하여 보어 족들을 심하게 다스리기 시작했다. 이에 불만을 품 게 된 보어 족들은 반란을 일으켰고, 1899년 영국은 반란을 진압하기 위해 자국의 군대를 남아프리카에 파병하는 동시에 캐나다 · 뉴질랜드 · 호주에도 파병을 요청했다.

그러나 영국의 요청에 대한 캐나다 국민들의 의견이 엇갈렸으므로 당시 총리였던 로리에는 매우 난처한 입장에 놓이게 되었다. 영국계 캐나다인들 은 영국을 도와 남아프리카에 캐나다 군대를 파병하는 것을 찬성한 반면, 프

랑스계 캐나다인들은 파병에 반대했다. 프랑스계들은 이 전쟁은 영국의 전쟁이지 캐나다의 전쟁이 아니라고 주장했다. 특히 퀘벡 주민들은 과거 영국이 퀘벡을 점령했을 때 그들이 겪었던 일들을 상기하면서 도리어 보어 족들을 동정했다. 아일랜드에서 이민 온 가톨릭 교도들도 수년 전 그들의 모국을 침략한 영국을 상기하면서 이 지구상의 모든 영국의 적은 아일랜드의 우방이라고 생각하면서 도리어 보어 족들을 지지했다.

로리에 수상은 양쪽 다 만족시킬 수 있는 방안을 찾기 위해 고심했다. 그는 마침내 캐나다 군대를 남아프리카에 파병하기로 하되, 캐나다군은 영국군의 소속이 아닌 독립된 부대로 참전하여 캐나다 군대라는 주체성을 가지고 싸우기로 했다. 그리고 남아프리카에 파병되는 모든 캐나다 병력은 캐나다 정규군이 아닌 지원병에 한하여 보내기로 했다.

많은 영국계 캐나다인들이 보어 전쟁으로 가기 위해 지원했다. 그들 중에는 북서 기마경찰관들이 상당수 끼어 있었다. 이 전쟁에서 가장 이름을 날린 캐나다 부대는 샘 스틸Sam Steele이 지휘했던 캐나다 최고 정예 기마경찰대인 스트래스코나 공의 기마부대Lord Strathcona's Horse였다.

캐나다 군대는 용감하게 잘 싸웠다. 캐나다 신문들은 연일 캐나다군의 용감성과 승전보로 지면을 꽉 메웠으며, 이 시절 캐나다 어린이들은 카우보이와 인디언 놀이 대신 캐나다군과 보어 족들의 전쟁놀이를 했다.

그러나 이번에도 로리에는 영국계와 프랑스계 중 그 어느 쪽에도 만족을 주지 못했다. 영국계 캐나다인들은 그가 영국을 돕는 데 최선을 다하지 않았다고 했고, 프랑스계 캐나다인들은 그가 영국을 너무 많이 지원했다고 불평했다.

보어 전쟁으로 얻은 것이 있다면, 캐나다도 이제 영국의 단순한 식민지가 아닌 하나의 주권국가로서 그 역할을 당당히 할 수 있다는 것을 확인하는 계기를 마련해준 것이고, 잃은 것은 영국계와 프랑스계 국민 사이의 긴장이 더욱 고조되었다는 점이었다.

1912년 캘거리

캘거리Calgary의 최고 호황기를 가르켜 '캘거리 붐 이어즈Calgary's Boom Years'라고 부른다.

1912년 한 해 동안만 해도 무려 2천만 달러에 해당하는 건물들이 건축허가를 받았다. 인구도 급격히 증가하여 5년 동안 도시 인구가 3배나 증가해서 4만 5천여 명에 육박했다. 이들 중 2만여 명이 캐나다에서 출생한 사람들이었고, 캐나다에서 출생한 이들 중 또 절반 정도가 온타리오에서 태어났으며, 단지 5천 명만이 이곳 앨버타Alberta 주에서 태어난 사람들이었다. 캐나다 밖의 외국에서 이곳으로 바로 온 2만 5천여 명 중 1만 5천 명이 대영제국에서 왔고, 독일과 미국에서 온 사람들도 각각 3천 명을 조금 넘었다.

도시의 건축업은 최고조에 달했으며, 가용 노동력의 4분의 1이 건설업에 종사했다. 당시 캘거리에서 가장 큰 벽돌공장은 하루에 8만 장의 벽돌을 생산했다. 팰리저 호텔Palliser Hotel이 건설 중이었고, 캐나다 태평양 철도창이 순조롭게 건설되고 있었다.

1년 전에는 전기공사가 완공되어 캘거리 주민들은 값싼 전기를 편리하게 이용하고 있었다. 100km나 되는 전차 궤도가 깔리고 50대의 전차가 운행되었으며, 새 시청청사도 들어섰다. 이리하여 캘거리는 이때 북아메리카 도시들 중 빌딩 건축 분야에서 4위에 오르기도 했으나, 그 후 1950년까지 이와 같은 건축경기는 다시 오지 않았다.

이런 호황기에서도 일부 시민들은 몇 가지 문제에 불만을 표시했다. 부녀단체에서는 시내에서 상영되는 영화들에 대해 시의회의 검열을 거치도록 요구했고, 1년 전에는 캘거리의 요리사들이 식당에서 중국인들을 취업시키는 것을 반대하여 파업까지 벌였다. 그러나 중국인들은 그들만의 기독교청년회 YMCA를 창립하는 등 끈질기고 느긋한 그들의 민족성을 과시하면서 차츰 그곳에 뿌리를 내리고 있었다.

1912년에는 스탬피드Stampede라 불리는 로데오 경기를 하는 축제가 처음으로 열리게 되자 캘거리 시민들은 로데오 경기에 대한 화제로 꽃을 피우면서 모든 시름을 잊었다. 축제에서는 오리건Oregon에서 원정온 카우보이 부대가 말을 타고 선두에 서서 퍼레이드를 이끌었고, 북서 기마경찰대의 정규대원들도 행진에 참가했다. 로데오 경기에서 우승한 팀은 돌개바람Cyclone 팀을 누르고 이긴 톰 3인조Tom Three Persons 팀이었다.

로데오 축제는 오랫동안 캘거리 주민들의 화젯거리가 되었으나, 그 다음 해인 1913년부터 불황이 시작되어 인구증가가 둔화되고 건축경기도 침체되었다. 1914년에는 캘거리 근방에서 석유가 발견되어 잠시 활기를 띠는 듯했으나 그것도 잠시뿐, 그 후 40년 동안은 캘거리 붐과 같은 호황기를 다시 찾아볼 수 없었다.

20세기를 향한 캐나다

로리에 시대의 마감은 캐나다가 하나의 독립된 국가로 탈바꿈하는 긴 여정의 끝이기도 했다.

캐나다는 이제 대서양에서 태평양 연안까지 9개 주를 가진 하나의 현대 국가로서 20세기로 들어섰다. 새로운 나라에 정착하기 위해 지구촌의 곳곳에서 수백만 명의 이민자들이 찾아왔고, 도시에는 그들이 필요로 하는 다양한 물품들을 생산하는 공장들이 생겼다. 대평원의 초원들은 풍요로운 밀 농장으로 변했고, 철도는 대서양과 태평양을 연결했으며, 하늘에는 최초의 비행기들이 날고 있었다.

그러나 캐나다는 프랑스계와 영국계 주민들 사이에 긴장과 갈등이 팽배해 있어 여전히 불안한 나라였다. 많은 영어권 캐나다인들은 유색인종과 영어를 하지 못하는 나라에서 온 이민자들을 업신여겼다. 종교적인 갈등도 심했으며, 여성차별 때문에 이때까지도 여성들에게는 선거권이 주어지지 않았다.

이러한 국민들 간의 갈등에도 불구하고 캐나다는 서서히 하나의 국가로 성장하고 있었다. 국민들도 그들 자신을 영국인이나 아일랜드인이나 우크라이나인이나 이탈리아인이 아닌 캐나다인으로 인식하기 시작했다. 그러나 캐나다인이 된다는 것은 중국인이나 프랑스인과 같은 민족에게는 매우 힘든 일이었다.

많은 이민자들이 계속해서 들어왔고 따라서 인구도 계속 증가되었다. 캐나다는 한창 자라나고 있는 젊은 나라였다. 농장으로 개간할 땅이 아직 많았으므로 남녀가 모두 변경지역으로 나가 농토를 개간하고 광산과 벌목장에서 땀을 흘렸다. 도로와 철도도 계속 건설되어 많은 사람들을 새로운 정착지로 실어보내고, 새로운 정착지에 도착한 사람들은 또 하나의 개척자들이 되었다. 그들의 생활은 1세기 전 캐나다에 처음 정착한 초기 개척민들의 생활과 너무나 흡사했다.

1900년대 캐나다는 하나의 도시화한 국가로 급성장하고 있었으며, 수많은 사람들이 도시로 모여들어 생활하고 있었다. 가로등이 훤하게 밝히고 있는 도로에는 전차와 자동차들의 행렬이 이어졌고, 중심가에는 높은 빌딩들이 세워지고 있었다.

그러나 대부분의 주민들은 여전히 작은 집이나 임대 아파트에서 살았고, 공장 노동자들은 매우 가난하게 살았다. 이민자들은 흔히 빈민굴에서 살면서 빈곤과 차별대우에 시달렸다. 이러한 어려운 도시생활에도 불구하고 학교에는 언제나 캐나다인이 되기 위한 학생들로 붐볐다.

캐나다는 이제 더 넓은 국제사회에서 그들의 독립을 주장하기 시작했다. 캐나다는 더 이상 영국의 종속국이 아니었다. 하지만 캐나다가 영국의 지배하에서 완전히 자유롭게 되기까지는 아직도 시간이 필요했다. 그러나 캐나다가 다른 나라들 앞에서 하나의 독립된 국가라는 것을 보여줄 수 있는 위치에 와 있는 것은 확실했다.

20세기는 캐나다에 더욱 희망적인 약속을 제시하면서 다가왔다. 현대산업과 과학은 모든 사람들에게 양질의 삶을 가져다줄 것이며 빈곤과 고립에서 벗어나게 할 것이다. 또 캐나다는 좋은 자원들을 풍부하게 가진 나라이므로 20세기는 캐나다의 세기가 될 것이라고 한 로리에의 말이 확실한 것으로 보여졌다

DIGEST100SERIES

제11장
제1차 세계대전

CANADA

제1차 세계대전과
서부전선

전쟁의 발단

1815년 나폴레옹 전쟁이 종식된 후 유럽에서는 간혹 독일과 이탈리아가 영토 확장을 위해 이웃 국가들과 싸우는 일이 있었으나, 제1차 세계대전이 일어나기까지 약 100년 동안은 큰 전쟁 없이 비교적 평화스러웠다. 그러나 1914년 세르비아Serbia에서 일어난 한 암살사건은 전 세계를 삽시간에 전쟁 속으로 몰아넣었고, 4년 동안 계속된 전쟁에서 캐나다군도 6만여 명이 전사했다.

대전을 촉발한 신호탄은 사라예보Sarajevo에서 발사된 권총 한 발이었으나, 유럽은 몇 가지 요인으로 인해 이미 1900년대 초부터 건드리기만 하면 터질 정도로 긴장이 팽배해 있었다.

첫째, 1871년 비스마르크Bismarck가 독일을 통일하여 강대국을 세운 후 유럽의 평화를 주도했으나, 빌헬름 2세가 황제로 등극하여 비스마르크를 해임시키자 독일 지도자들은 그들이 전통적으로 신봉해오던 군국주의에 몰입하여 1900년대 초부터 앞다투어 육군과 해군을 증강하고 국력을 과시하려 했다. 둘째, 1900년대 초에는 영국·프랑스·스페인·포르투갈 등이 아시아

전선으로 떠나는 캐나다 병사들.(왼쪽), 한 병사가 전선으로 떠나며 아들과 작별하고 있다. 1940년 6월, 뉴웨스트민스터.(오른쪽)

와 아프리카에 많은 식민지를 가지고 있었는데, 독일도 국내 산업발전에 따라 원자재 조달을 위해 식민지가 필요했으므로 이미 식민지를 점유하고 있던 특히 영국 및 프랑스 등과 갈등을 빚게 되었다. 셋째, 1900년대 초에는 영국이 세계 최강의 해군을 보유하고 있었으며, 그들의 임무는 주로 식민지를 보호하는 일이었다. 독일도 식민지 제국이 되기 위해서는 해군을 창설해야 했고 세계 최강의 해군력을 위해서는 영국과 경쟁해야 했다. 독일은 또 프랑스나 러시아와도 군비경쟁을 했으므로, 유럽에는 점차 긴장감이 고조되었고 전운이 감돌았다.

이렇게 되자 유럽의 열강들은 각자 그들의 방위를 위해 동맹을 찾았다. 1900년대 초에 독일 · 오스트리아-헝가리 · 이탈리아가 3국 동맹Triple Alliance을 맺었고, 프랑스 · 러시아 · 영국이 3국 연합Triple Entente을 맺어 군사적으로 볼 때 적대적인 양대 진영으로 갈렸다. 이러한 상황이었으니 세계대전은 예고된 것이나 다를 바 없었다.

이와 같이 긴박감과 위기감이 유럽 전체에서 고조되고 있던 1914년 6월 28일, 오스트리아의 왕위 계승자인 페르디난트Archduke Ferdinand 대공이 보스니아의 수도 사라예보에서 한 세르비아 저격수에 의해 피살되었다. 7월

23일 오스트리아는 세르비아에 받아들일 수 없는 최후 통첩을 보냈고, 28일에는 선전포고와 함께 세르비아를 침공했다. 이때 같은 슬라브 민족으로 동맹관계에 있던 러시아가 세르비아를 돕기 위해 원군을 보냈고, 불과 한 달만에 적대관계에 있던 국가들이 기회가 왔다는 듯 모두 전쟁에 뛰어들었다. 3국 동맹인 독일 및 오스트리아-헝가리가 3국 연합에 대항하여 싸웠다. 캐나다는 대영제국에 속했으므로 자동적으로 전쟁에 말려들었다.

서부전선

1800년대 말 독일은 전쟁이 일어날 경우 서쪽에 있는 프랑스와 동쪽에 있는 러시아 중 한쪽을 택하는 것이 유리했으므로 러시아와 우호관계를 유지하려고 노력했다. 그런데 독일이 오스트리아와 동맹을 맺자 러시아도 독일과의 우호관계를 파기하고 프랑스와 1892년 동맹을 맺었으므로 독일은 동서 양쪽에 있는 적과 양면전을 치러야 할 운명에 놓이게 되었다.

그래서 독일군 육군참모총장 슐리펜Schlieffen 장군은 이러한 부담을 덜기 위해 군대 동원에 시간이 걸리는 러시아보다 프랑스를 먼저 공격하여 속전속결한 후 러시아를 공격해도 늦지 않는다고 보고 기발한 작전계획을 세웠다.

슐리펜 계획Schlieffen Plan에 의하면 프랑스 군대를 독일군의 예상 주공격

지점인 지형이 험난한 독일 국경으로 유인하는 한편, 실제 주공격 부대를 지형이 평탄한 벨기에와 북프랑스로 침투시켜 영국해협을 휩쓴 다음 우회하여 파리를 후면에서 공격하면 러시아가 군대를 동원하기 이전인 6주 안에 파리를 충분히 함락할 수 있을 것이고, 프랑스를 쓰러뜨린 다음 러시아를 향해 전군을 진격시킨다는 것이었다.

그러나 1913년 슐리펜 장군이 죽고 그 이듬해에 전쟁이 터지자 후임 참모총장과 독일군 수뇌부는 슐리펜 계획을 작전에 이용했으나 도중에서 약간의 수정을 했다. 벨기에와 북프랑스를 침공한 독일군은, 슐리펜 계획대로 영국해협을 우회하여 파리를 후면에서 공격하는 대신, 도중에서 너무 빨리 남쪽으로 향했으므로 독일 국경에 집결하고 있던 프랑스군과 파리에서 출동한 프랑스군 및 영국군에 의해 양면공격을 당했고, 독일군의 진격은 마른Marne 강에서 중단되었다. 그 결과, 독일군이 애초에 계획한 속전속결 대신 지루하고 처절한 4년간의 참호 속 전투가 시작되었다.

양측은 각자 그들이 차지한 땅을 지키고 병력을 보호하기 위해 참호를 파기 시작했다. 각 참호는 위쪽에 모래주머니를 쌓은 2m 깊이의 도랑이었다. 최전방의 양측 참호 사이에는 소위 무인지대No Man's Land라는 좁고 긴 완충지대가 있었다. 지휘관이 돌격 명령을 내리면 적의 참호에서 퍼붓는 소총과 기관총의 탄막을 뚫고 무인지대를 가로질러 마구 뛰어야 했다. 불과 몇 m의 땅을 뺏고 빼앗기는 과정에서 수백 명씩 죽었다.

군인들은 참호 속에서 싸우고 먹고 자야 했다. 겨울철에는 추위와 진눈깨비 속에서 얼어붙었고 봄비가 내리면 얼음물이 허리까지 찼다. 여름철에는 벨기에와 북프랑스의 옥토가 진흙탕으로 변해 펄 구덩이에서 싸워야 했다. 후방에서 퍼붓는 포탄은 하루도 쉬지 않고 사방팔방에 크고 작은 파편들을 떨어뜨렸다.

1916년 7월 1일, 그때만 하더라도 캐나다 연방에 들어오지 않고 영국 식민지로 남아 있던 뉴펀들랜드의 왕립 뉴펀들랜드 연대Royal Newfoundland Regiment가 솜Somme 강에 있는 뷰몽하멜Beaumont Hamel에서 참호를 뛰쳐나와 무모하게 돌격을 감행했다. 결국 독일군의 무자비한 기총소사에 겹겹이 쓰

참호전.

러져 연대는 초토화되었다. 작전에 참전한 840명의 장교와 사병 중 293명이
전사하고 468명이 부상을 입었으며, 전투가 끝난 후 호명에 답한 병사는 겨
우 79명에 불과했다,

이프르 전투와
비미릿지 전투

캐나다 군대가 처음 영국에 도착한 것은 1914년 10월이었다. 영국군 장교들은 거수경례 동작 하나 제대로 하지 못하는 얼간이 같은 이들을 보고 비웃었다. 그들만의 독립부대로는 아무짝에도 쓸모없었고, 영국군 부대에 분산 편입시키는 수밖에 도리가 없다고 생각했다.

그러나 캐나다 민병장관 휴스Sam Hughes는 캐나다군을 영국군에 배속시키는 것을 완강히 반대했으므로 캐나다군은 독자적인 독립부대로 서부전선에 투입되었다.

영국에서 훈련을 마친 캐나다군은 1915년 3월 벨기에 해안에 인접한 도시 이프르Ypres에 상륙했다. 그들의 임무는 영국해협으로 진격하려는 독일군을 차단하는 것이었다.

한편 슐리펜 계획이 실패한 후 서부전선에서 참호를 파고 연합군과 대치상태에 있던 독일군은 교착상태의 전황을 돌파하기 위한 길을 모색하고 있었다. 그들은 새로운 무기로 독성이 강한 염소가스를 사용하기로 결정했다. 4월 22일 마침 연합군 쪽으로 미풍이 불었으므로 독가스로 공격할 절호의 기회가 왔다.

비미릿지 전투에서 승리하고 돌아오는 캐나다군.

그날 캐나다군은 최전방 참호에 배치되어 있었고 그 좌측에는 알제리 Algeria의 프랑스 식민지군이 배치되어 있었다. 미풍을 타고 무인지대를 넘어오는 낮게 깔린 녹색구름을 먼저 본 것은 알제리군이었다. 가스가 참호에 스며들자 병사들은 호흡이 가빠지고 숨통이 막혔다. 질식하지 않은 병사들은 모두 도망갔다.

화학전에 대한 소문은 있었으나, 연합군 측은 독일군이 독가스를 사용하리라고는 미처 생각하지 못했으므로 캐나다군도 방독면이 준비되어 있지 않았다. 그들이 할 수 있는 최선의 방법은 소변을 적신 솜으로 얼굴을 가리는 것이었다. 소변 속의 요산이 염소를 중화시켰기 때문이었다. 캐나다군은 그렇게 꼬박 이틀을 갇혀 있으면서 독일군의 진격을 막기 위해 처절하게 싸웠다. 드디어 영국군 교대병력이 도착하여 캐나다군은 지옥 같은 참호 속에서 가까스로 구출되었다. 캐나다군은 이 전투에서 그들 자신의 진가를 증명했고, 이프르 전투 후에는 아무도 그들을 깔보지 않았다.

한편 연합군은 지루하고 처절한 교착상태를 돌파하기 위해서 독일군 방어선의 열쇠라고 할 수 있는 비미릿지Vimy Ridge를 공략하는 수밖에 없었다. 1917년 부활절을 참호 속에서 맞은 캐나다 병사들 사이에 작전개시 시간은 오전 5시 30분이 될 것이라는 소문이 퍼졌고, 2년 동안 고되고 지루한 전투에서 잘 버텨온 캐나다군에 비미릿지 공격명령이 하달되었다.

캐나다 병사들은 참호 밖 무인지대 건너편을 바라보았다. 불과 100m도 안 되는 펄 구덩이 너머에는 독일군 최전방 방어선인 참호가 있었다. 준비포격으로 지난 2주 동안 적진에 포탄을 쏘아부었지만, 적의 방어선을 넘는다는 것은 지옥에 가는 것이나 다름없었다. 그날 밤 그들은 최후의 만찬답게 따뜻한 음식과 럼주로 위를 데웠다.

부활절 다음날인 월요일, 진눈깨비가 내리는 가운데 먼동이 트기 시작했다. 정확히 새벽 5시 30분 공격명령이 내렸다. 포병의 지원사격을 받으면서 1만 5천 명이 제1진으로 공격에 가담했다. 그들은 펄구덩이와 철조망을 가로질러 노도와 같이 밀고나갔다. 반격하는 독일군의 기관총과 포탄은 살인적이었다. 캐나다군은 너무나 저돌적으로 공격한 나머지 언제 독일군의 최전방 방어선을 넘었는지도 모른 채 어느새 제2 방어선을 공격해 들어갔다. 다급해진 독일군은 도망갔고 나머지는 캐나다군에 항복했다. 이로써 캐나다군의 용맹성과 전투력이 다시 한 번 입증되었다.

오전 중반에 캐나다군이 고지를 점령함으로써 비미릿지는 연합군의 손에 들어왔다. 비미릿지 전투는 제1차 세계대전이 시작된 이래 최초로 거둔 연합군의 대승리였다. 그러나 그들이 치른 대가는 너무나 컸다. 불과 수시간 만에 3,598명의 용감한 캐나다 병사들이 이 전투에서 목숨을 잃었다.

공중과 해상작전

라이트 형제가 제작한 비행기가 최초로 비행에 성공한 6년 후에 캐나다에서도 매컬디John McCurdy와 벨Alexander Graham Bell이 설계한 실버다트Silver Dart 호가 노바 스코샤에서 처녀비행에 성공했다.

그러나 항공기 제작은 비용이 많이 드는 사업이었으므로 대전이 발발했을 때 캐나다는 비행기도 없었고 조종사도 전무한 상태였다. 그래서 조종사를 꿈꾸는 많은 캐나다 젊은이들이 영국으로 건너가 왕립항공비행단Royal Flying Corps에 들어갔으며, 그들 중에는 대전에 참여한 최우수 전투기 조종사들이 많았다.

전쟁 초기에는 조종사들이 시속 150km로 나는 1인승 비행기의 무개 조종석에 앉아 적군의 동태를 관찰하는 정찰임무를 수행했다. 이때는 영국·독일·프랑스 조종사들이 서로 마주치면 적기와 아군기를 가리지 않고 서로 손을 흔들며 우호적으로 지냈다. 그러나 그 후 일부 조종사들이 소총을 지니고 비행하면서 적기를 향해 총을 발사했으므로 이때부터 우정의 게임은 끝나고 공중전이 시작되었다.

시간이 지나자 전투기마다 기관총을 장착했고, 적기를 만나면 총구를 돌릴 수 없는 꼬리 쪽을 먼저 잡으려고 강아지들처럼 꽁무니를 쫓으며 서로 뒤엉켰다. 조종사의 목숨보다 비행기를 구하는 것을 더 원했기 때문에 낙하산이 지급되지 않아 격추는 곧 조종사의 죽음을 의미했다. 그 결과 조종사의 평균 수명은 격추 전 3주였다.

캐나다 출신 전투기 조종사 중 빌리Billy Bishop는 대전 중 72대의 적기를 격추시켰고, 레이몬드Raymond Collishaw는 60대를 격추시켰다. 그 외에도 왕립항공비행단에는 최우수 전쟁 영웅에게 수여하는 빅토리아 십자훈장을 조지 5세 영국 국왕으로부터 받은 10명의 공군조종사가 있었는데, 그중 3명이 캐나다 조종사였을 정도로 캐나다 출신 명격추자들이 많았다.

한편 대전이 일어났을 때 캐나다 해군은 막 설립된 상태였다. 캐나다가 보유하고 있던 단 두 척의 중형 순양함 중 니오베Niobe 호는 대서양의 핼리팩스에 기지를 두고 있었고, 레인보우Rainbow 호는 태평양의 밴쿠버에 기지를 두었다. 그러나 대전 말기에는 캐나다 해군이 보유한 군함은 100척에 달했으며, 대부분이 소형 연안 선박들이었다.

대전 중 캐나다 해군이 전투에 직접 참가한 일은 거의 없었고, 그들의 주된 임무는 캐나다 병력과 물자를 유럽으로 수송하는 것이었다. 영국은 당시 중립이었던 미국의 상선들이 독일로 들어가는 것을 막기 위해 북해에 어뢰를 깔았고, 독일은 영국으로 들어가는 보급선을 봉쇄하기 위해 영 제도 주위의 수역을 전쟁지역으로 선포하는 동시에 잠수함들을 배치했다.

1915년에는 영국 여객선 루시타니아Lusitania 호가 독일 잠수함의 공격을 받고 격침되어 천여 명이 넘는 승객이 죽었다. 사망자 중에는 114명의 미국인들도 포함되어 있어 미합중국은 이때부터 반독일 감정을 갖기 시작했다.

영국은 무차별한 독일 잠수함의 공격으로부터 자국 선박을 보호하기 위해 소위 호송선단이라는 것을 편성하여 항해하기 시작했다. 호송선단은 퀘벡·핼리팩스·세인트존스에서 편성하여 출발했으며, 대규모 동반 항해는 독일 잠수함의 공격을 막을 수 있어 선박 침몰을 현격하게 줄였다.

한편 대전 중 캐나다 해상에서 발생한 가장 비극적인 사고는 핼리팩스의 폭발사고였다. 1917년 12월 6일 목요일, 핼리팩스에는 맑고 온화한 날씨로

동이 텄다. 오전 7시 30분 대서양을 건너갈 호송선단을 만나기 위해 뉴욕에서 벤젠과 티엔티 등 폭발성 화물을 실은 프랑스 화물선 몽블랑Mont Blanc 호가 핼리팩스의 내항을 향해 좁은 협수로를 따라 움직이기 시작했고, 8시가 되자 노르웨이의 부정기 증기화물선 이모Imo 호가 벨기에로 갈 구호물자를 가득 싣고 좁은 협수로를 빠져나오려고 하고 있었다. 몽블랑 호와 이모 호는 서로 가까이 접근하자 신호를 보냈다. 그러나 이때 갑자기 몽블랑 호가 이모 호의 항로를 가로지르므로 8시 43분 이모 호는 피할 겨를도 없이 몽블랑 호의 옆구리를 들이받고 말았다. 몽블랑 호는 한참 떠내려가다가 9시 6분, 천지를 진동하는 폭음을 내며 폭발했다.

이 사건으로 사방 5km 내에 있던 학교 · 공장 · 상점 · 주택들이 완전히 파괴되어 삽시간에 폐허로 변했다. 2톤이나 되는 앵커의 파편이 4km나 떨어진 곳에서 발견되었고, 2천여 명 이상이 사망했으며, 9천여 명이 부상을 당했다. 그날 밤 1만여 명의 이재민들이 집을 잃고 영하 8도의 눈보라가 치는 혹한 속에서 추위와 싸우며 길바닥에서 지샜다. 핼리팩스 폭발은 그 당시로는 인간이 저지른 세계에서 가장 큰 폭발로 기록되었다.

정시경제와 징병제도

전시경제와 여성

제1차 세계대전은 사회 각 분야가 참여한 첫 번째 전쟁이었다. 캐나다군인들이 유럽 전선에서 용감하게 싸우는 동안 멀리 대서양 너머에 있던 캐나다 국민들도 국내에서 열심히 일하며 전쟁을 도왔다.

전쟁이 일어나자 유럽에서는 농사가 중단되었으므로 전쟁 전부터 유럽에 밀을 수출해오던 캐나다로서는 더 많은 밀을 공급해야 했고, 전쟁 말기에는 서부 평원 지방의 밀 경작지가 두 배나 늘어났다. 치즈의 수출도 3배나 늘었고, 돼지고기와 쇠고기 등 육류의 수출은 헤아릴 수 없을 정도로 증가했다.

기업들도 전쟁 전에는 내수시장을 위해 물건을 만들었으나, 전쟁이 터지자 연합군을 위한 무기와 군수품의 생산으로 새로운 전시특수를 맞았다. 기업들은 총기·포탄·비행기 부품·선박 등을 만들었으며, 캐나다에서 생산되는 알루미늄·니켈·철도 레일·목재 등은 모두 유럽으로 수출되었다. 캐나다 군대를 위해서도 군복·군화·장비·의약품 등을 만드느라 분주했다.

모든 국민들이 전쟁을 돕기 위해 별도의 수당도 받지 않고 온종일 열심히 일하면서 좋은 기회를 맞은 국가 경제를 돕고 있었으나, 일부 악덕 기업인들

앰불런스에 냉각
수를 채우고 있는
여성 운전병.

은 값을 올리기 위해 매점매석하고 싼 재료를 이용하여 날치기로 불량품을
만드는 데만 혈안이 되어 있었다. 그뿐만 아니라 정부 계약을 따내기 위해
뇌물을 주는 등 부당이득을 노리는 무리들이 속출했다. 그 결과 캐나다 병사
들에게 처음 지급된 군화는 두 달도 신지 못했으며, 병든 가축으로 고기 통
조림을 만드는 경우도 있었다.

　여성들에게도 전시특수로 인해 새로운 일자리가 창출되었고, 산업현장에
서 일해야 할 젊은이들이 군에 입대하자 남성들이 떠난 빈자리를 여성들이
맡아야 했다. 전쟁 말기에는 2만 명이 넘는 여성들이 총기 · 탄약 · 항공기 제
작 분야에서 전문적인 기술직으로 종사했다. 여성들은 군수산업체 외에도
남성들만 독점하던 전차운전 · 비서 · 지배인과 같은 새로운 분야에서도 일
하게 되었다.

　취업하지 않은 여성들도 군인들을 위해 양말을 짜고 위문품과 위문편지
를 보냈으며, 전사자가족을 찾아 위로하는 등 적십자사와 같은 봉사단체 일
을 도왔다. 특히 서부전선에서 많은 부상병들이 발생하자 3천 명이 넘는 캐
나다 여성들이 서부전선에 나가 군 간호사와 구급차 운전병으로 복무했다.
1918년 5월에는 한 후방 군병원이 폭격을 당해 많은 캐나다 간호사들이 목
숨을 잃기도 했다.

징병제도

제1차 세계대전이 발발하자 많은 캐나다 젊은이들이 앞다투어 군에 지원했기 때문에 대전 중 캐나다군은 대부분 지원병에 의존했다. 캐나다군의 용감성이 인정되어 치열한 전투에 수시로 투입된 결과 많은 사상자가 생겼고, 특히 1917년 4월 비미릿지 전투에서는 한 달 동안 1만 명 이상이 전사했다. 그러나 군 입대를 지원한 병력은 5천 명 미만이었으므로 지원병 제도로는 늘어나는 병력 손실을 더 이상 감당할 수 없었다. 그간 누차 강제징집을 하지 않겠다고 약속해왔던 보든Borden 수상은 선거를 통해 국민들의 지지를 받아내려고 했다.

이 선거전은 캐나다 역사상 가장 거센 국민들의 비판과 저항을 불러일으켰으며, 징병제도를 반대하는 가장 큰 집단은 역시 프랑스계 캐나다인들이었다. 대전이 시작되었을 때 프랑스계 젊은이들도 군에 많이 자원했고, 왕립 제22연대는 불어만 사용하는 프랑스계 캐나다 부대로 많은 전과를 세웠다. 그러나 프랑스계를 분노시킨 것은 당시 민병장관 휴스였다. 그는 아일랜드 태생으로 개신교도였으며, 프랑스계 캐나다인과 그들이 믿는 가톨릭 교를 증오했다. 그는 퀘벡에 개신교 성직자들을 징병관으로 보냈고, 프랑스계 군인들도 불어 대신 영어로 훈련을 받도록 고집했다. 퀘벡 주민들의 원성이 높아지자 보든 수상은 1916년 휴스를 해임했으나, 퀘벡의 민심을 달래기에는 너무 늦었다.

프랑스계 캐나다인들은 과거 보어 전쟁 때도 마찬가지였지만 이번 전쟁도 유럽의 전쟁이지 캐나다의 전쟁이 아니며, 영국을 구하기 위해 강요당하고 있다고 생각했다. 그러나 야당인 자유당 당수 로리에는 그들과 좀 다른 견해를 가졌다. 그는 프랑스계 캐나다인들의 입대를 권장했으며 강제 징집만은 반대했다. 한편 서부에서도 많은 정착민들이 징집을 반대했다. 그들은 유럽에서 전쟁을 피하여 캐나다로 이민왔으며, 모국의 징집을 피했다고 안도의 숨을 쉬었는데, 다시 이곳에서 징집문제가 불거져나오자 도처에서 농민들이 반대하고 나섰다.

다급해진 보든 수상은 징병제도를 관철하기 위해 야당 당수 로리에를 설득했으나 그의 징집반대 의지를 꺾을 수가 없었다. 보든은 자유당 당원들을 개별 접촉하여 징집에 찬성하는 당원들을 보수당에 영입시켜 연합당Unionist Party이라는 새로운 정당을 창당했다.

정부는 또 전시선거법Wartime Election Act을 통과시켜 징집을 반대하는 이민자들을 선거에서 제외시키고 찬성하는 여성들에게 투표권을 주었다. 보든은 농민들의 자식들을 징집에서 제외시키겠다고 농민들에게 약속했다. 그러나 선거 후 이 약속을 깸으로써 농민들을 속인 셈이 되었다.

1917년에 시행한 선거에서 연합당이 153석, 자유당이 82석을 얻어 여당이 압도적으로 승리했다. 그러나 선거결과는 전시선거법을 악용했기 때문이었고 캐나다 국민들의 민심을 올바르게 반영한 것은 아니었다. 많은 영국계 주민들도 징집제도를 반대했으며, 군인들의 표를 빼면 국민의 절반이 징집에 반대표를 던진 셈이었다.

종전

프랑스와 벨기에서 벌어졌던 서부전선의 대치상태는 1918년까지 계속되었다. 어느 쪽도 이 전쟁에서 승리한다는 보장 없이 양측 군인들은 차츰 지옥 같은 이 전쟁에 왜 말려들었는지 회의를 느끼기 시작했다. 서부전선의 싸움은 아무런 희망도 없이 많은 사람들의 목숨만 요구하고 있었다.

한편 동부전선에서는 1917년 러시아인들이 반기를 들고 혁명을 일으키면서 땅과 빵과 평화를 요구했고, 군인과 선원들은 싸움을 거부했다. 11월에는 볼셰비키Bolshevics 혁명정권이 동맹을 맺은 연합국들을 젖히고 일방적으로 독일과 브레스트 리토프스크 조약Treaty of Brest-Litovsk을 체결했다. 양국 간에 평화조약이 체결되자 독일은 동부전선의 모든 병력을 서부전선으로 돌렸다.

이에 앞서 이때까지 중립을 지키던 미국이 1917년 4월 6일 독일에 대해 선전포고를 했다. 그러나 미합중국의 병력이 서부전선에 도착하는 데는 1년은 족히 걸릴 것이라고 판단한 독일의 루덴도르프Ludendorff 장군은 미군이 도착하기 전에 최후의 결전을 벌이기로 결정했다.

1918년 4월, 독일의 마지막 대규모 공세가 시작되었다. 300만 명이 넘는 대군이 막강한 포병의 엄호를 받으며 공격을 감행해 60km 이상을 전진하여

프랑스군과 영국군을 분리시키고 드디어 전선을 돌파하는 데 성공했다.

그러나 연합군은 후퇴하여 새로운 방어선을 구축하고 독일의 공격을 저지하는 한편, 미군의 병력지원을 받아 1918년 7월 대반격을 개시했다. 증강된 연합군에 밀려 독일군은 퇴각했고, 8월에 들어 독일군은 전면 후퇴했다.

때를 같이하여 독일 국내에서는 식량이 부족하여 폭동이 일어나고 계속되는 전쟁에 국민들은 반기를 들었다. 일부 독일 해군이 항명하고 바다로 나가는 것을 거부했다. 10월에 와서 독일과 그들의 동맹국들은 패전이 확실시되자 평화협상을 시작했다. 휴전이 협정됨으로써 11월 11일 오전 11시를 기해 4년간의 혈전은 막을 내렸다.

이 전쟁에서 800만 명 이상이 목숨을 잃었고, 2천만 명 이상이 포탄의 공포와 독가스로 인한 후유증으로 시달리는 것은 물론이고 팔다리와 시력과 청력을 잃고 고통을 받게 되었으며, 같은 수의 민간인들도 전쟁의 피해자가 되었다.

캐나다는 대전을 치르면서 68명의 군인들이 영국 국왕으로부터 빅토리아 십자훈장을 받았으나, 6만 명 이상의 군인들이 해외에서 전사하고 많은 사람들이 영구 불구자가 되어 고국 캐나다로 돌아왔다.

제12장
분노의 계절

CANADA

위니펙 총파업

　전쟁터에서 목숨을 건진 군인들은 1919년 새로운 삶에 대한 희망을 안고 캐나다로 돌아왔다. 고향의 정거장 플랫폼에서는 가족들과 친구들이 달려나와 그들을 얼싸안고 반겼다. 그러나 다음날 시내 중심가에 나간 제대군인들은 엄청나게 오른 물가에 깜짝 놀랐다.

　전쟁 중 캐나다는 전시특수를 타고 선박, 병기, 탄약에서 군복, 군화, 담요까지 모든 군수산업이 호황을 누렸으며, 업주들은 갑부가 되었고, 농촌에서도 밀 수요가 급증하여 호황을 누렸다. 수요의 증가로 물가가 상승하여 고국에 돌아온 제대군인들은 전쟁 전보다 물가가 두 배 정도 오른 것을 발견했다.

　후방에 머물러 있던 주민들도 전쟁 중 임금이 18%밖에 오르지 않아 물가상승을 따르지 못했으므로 실수입 면에서 보면 노동자들은 훨씬 더 가난하게 되었다. 게다가 전쟁이 끝나고 군수품이 더 이상 필요하지 않게 되자 공장들은 문을 닫거나 규모를 줄여야 했으므로 프랑스 서부전선에서 희망을 안고 고향을 찾은 제대군인들을 받아주는 곳은 아무 데도 없었다.

　노동자들 사이에서는 불안이 고조되었다. 정치권에서 자신들의 불안을 해

일자리를 요구하는 제대군인들. 1920년, 추수감사절.

소시켜주지 않으면 노동자들은 그들의 요구를 관철시키기 위해 노동조합을 결성하여 투쟁을 하는 수밖에 없었다.

1919년 3월 노동자들은 단일거대노조One Big Union를 결성하기 위해 캘거리에 모였다. 그들의 목적은 모든 노동자들이 하나의 노동조합으로 뭉쳐 필요하다면 전체 노동자들이 총파업을 일으킨다는 것이었다.

1919년 5월 1일, 2천 명의 건축 · 금속 노동자들이 드디어 위니펙에서 파업에 돌입했다. 그들은 시간당 임금을 85센트로 인상해줄 것과, 근로시간을 주당 60시간에서 44시간으로 단축해줄 것을 요구했다. 그리고 금속거래협의회Metal Trades Council도 근로자들을 위해 협상할 수 있는 권리를 가진 조합으로 인정해달라고 요구했다. 그러나 고용주들은 협상을 거절했다.

위니펙 상공협의회Winnipeg Trades And Labour Council는 시 전체 조합원들에게 파업에 동참할 것인지를 묻기 위해 찬반투표를 실시했다. 투표결과 11,000명이 총파업에 찬성했고 600명만이 반대했다. 총파업은 5월 15일 시작되었다.

오전 11시가 되자 도시는 마비되었다. 소방수 · 전차운전수 · 전화교환수 · 미화원 · 제빵 기술자 · 낙농 근로자 할 것 없이 모두 일손을 놓았고 비조합원들도 일자리에서 뛰쳐나왔다. 3일 만에 3만여 명이 일자리를 떠났다.

곤봉을 든 자원 경찰들.

심지어 경찰까지 파업을 원했으나 파업위원회 Strike Committee 는 사회질서를 유지하는 데 필요한 경찰과 같은 부처는 그들의 업무를 계속 유지할 것을 당부했으며, 식빵·우유 등 일상생활에 필수적인 분야에서 종사하는 근로자들에게도 자리를 이탈하지 말도록 요청했다.

6주 동안 위니펙은 두 진영으로 나누어졌다. 파업근로자들은 파업위원회에 의해 이끌렸고, 사업가들과 고용주들은 일천시민위원회 Citizen's Committee of One Thousand 를 결성했다.

시민위원회는 파업을 공산주의자들의 음모라고 주장했으며, 이것은 캐나다에서 혁명의 시작일 수도 있다고 보았다. 그들에게는 노조 간부들의 연설이 마치 러시아 볼셰비키의 어투로 들렸다. 드디어 시민위원회는 정부가 개입해줄 것을 요구했다. 파업이 한 달 이상 계속되자 많은 노동자들은 더 이상 일하지 않고 견디기가 힘들어 일터로 돌아가는 쪽으로 대세가 기울어졌으며, 파업도 시들해져갔다.

좀 더 시간이 흘렀으면 모든 것이 평화스럽게 끝났을지도 몰랐다. 그러나 이때 정부가 행동을 개시하기로 결정했다. 그들은 왕립 북서 기마경찰의 보조대원을 모집하여 무장시켰고 노동자들의 시가행진을 금지했다.

6월 17일, 파업 주동자들은 잠자리에서 총부리를 들이대는 무장 경찰에 의해 끌려갔다. 그들의 체포에 대해 전국적으로 항의 시위가 일어났다. 위니펙에서는 제대 군인들이 항의시위를 하기로 결정하고 토요일에 파업 노동자들과 도시의 중심가로 행진해 들어갔다. 그들은 곤봉을 휘두르고 권총을 쏘아대는 경찰과 마주쳤고, 뒤따른 폭동에서 2명의 사망자가 발생했다. 시위를 진압하기 위해 보조 경찰병들이 기관총으로 무장하고 도시를 순찰했으며, 파업위원회는 일주일 후에 파업을 철회했다.

체포된 사람 중 7명이 내란 음모죄로 유죄가 선고되어 모두 2년 이상의 형을 살았다. 그러나 위니펙 총파업이 혁명을 음모했다는 증거는 없었다. 대부분은 그들의 임금을 인상하고 작업환경을 개선하려고 한 것에 지나지 않았던 것이다. 다만 주동자들의 격앙된 연설이 마치 정부를 전복시키려는 음모가 있는 것처럼 들렸을 뿐이었다.

총파업은 실패로 끝났으나 '유혈의 토요일Bloody Saturday'은 캐나다 노동자들에게 오래도록 기억에 남는 사건이었다. 그 후 노동조합 운동이 점점 지지를 받자 우즈워스Woodsworth와 같은 파업 주동자들은 그들의 문제를 해결하기 위해 정가에 진출하여 노동자들의 문제를 의회로 가져갔다.

대공황과 경제정책의 변화

대공황

1919년에 시작된 경제 전반의 침체는 1920년대 초까지 계속되었으나 그 후로 캐나다 경제는 점차 회복되어 각 가정마다 전기난로, 세탁기, 진공청소기 등 현대적인 가전제품들이 보급되었다. 1928년에 와서는 두 가정 중 한 가정이 자가용을 소유할 정도로 부유해졌고, 중산층들도 주식시장에 투자할 정도로 안락한 생활을 했다.

대부분의 사람들은 이러한 호황이 영원히 갈 것이라고 생각했다. 그러나 일부 경제전문가들은 위험한 징후를 느꼈다. 그들은 부의 편중을 우려했다. 고용주들은 돈을 버는 반면 고용인들은 낮은 임금 때문에 그들이 생산한 물건들조차 살 수 없었으므로 팔리지 않는 물건들이 창고에 쌓였다. 더욱이 캐나다 경제는 목재·펄프·종이와 밀, 금속 수출에 의존하고 있었기 때문에 외국에서 이것들을 사줄 형편이 되지 않을 때는 캐나다 경제가 하루아침에 침몰할 수도 있었다.

또한 20세기에 와서는 많은 기업들이 한 개인이나 한 가족에 의해 소유되기에는 그 규모가 너무 커져 큰 회사들은 주식시장에 주식을 팔아 자금을 조

달했다. 조심성 있는 투자자들은 회사의 재무구조를 면밀하게 점검하는 등
심사숙고하여 투자했지만 일부 투자자들은 무분별하게 투자했기 때문에 때
로는 주식이 회사의 실제 가치나 이윤과 관계없이 더 높은 가격으로 거래되
기도 했다.

1929년 9월 3일 주가는 최고로 올랐다. 그 후 가격은 떨어졌다. 그러나 이
런 일은 전에도 항상 있었기 때문에 투자자들은 곧 반등이 될 것이라고 생각
했다. 그러나 반등은 되지 않고 주가는 바닥을 모르고 계속 내려갔다. 10월
24일 목요일 수천만 주가 주식시장에 쏟아져나왔지만 살 사람은 없었다. 주
가는 곤두박질쳤다. 뉴스가 나오자 투자자들은 놀랐다. 10월 29일 '검은 화
요일Black Tuesday' 상황은 더 나빠졌다.

주식시장을 침몰시킨 공황은 미국에서 시작되었으나, 곧이어 미국과 거래
관계에 있던 모든 나라로 급속히 파급되어 대공황Great Depression을 촉발했
다.

주식에 투자하지 않은 가난한 노동자들과 취미로 주식에 투자한 소액 투
자자들은 주식이 폭락해도 직장이 있었기 때문에 그들에게는 더 이상 문제
가 일어나지 않을 것으로 생각했으며 잃은 돈도 다시 만회되리라 생각했다.
그러나 그들의 예상은 빗나갔다. 수출에 의존하던 많은 캐나다 생산품들이
주식이 폭락하자 다른 나라에서 수입하지 않아 가격이 폭락했고, 팔리지 않

은 재고품이 창고에 쌓이기 시작했다. 공장들은 재고품이 팔릴 때까지 휴업을 하거나 조업을 단축하게 되었고, 노동자들은 해고되었으며 남아 있는 노동자들도 임금이 깎였다. 공장이 돌아가지 않으니 원자재를 공급하던 사람들에게도 사정은 마찬가지였다. 국민들은 구두 한 켤레 살 형편도 되지 못했다. 악순환은 계속되어 1933년에 와서는 캐나다 노동자 5명 중 1명이 일자리를 잃었다. 그 당시는 실업보험도 없었으며, 한꺼번에 200만 명의 구호 대상자가 발생했다. 그들은 매일 식권을 가지고 멀건 죽을 타먹기 위해 구호소 앞에 긴 줄을 서서 차례를 기다려야 했다. 절망은 점점 깊어갔고, 자존심을 잃은 지는 이미 오래였다.

남자들이 할 만한 일은 없었고, 그나마 임금이 싼 여자들은 주당 3달러 내지 4달러를 받고 온종일 일을 해서 남편과 가족들의 입에 겨우 풀칠을 했다. 이렇게 되니 남편들의 자존심은 말이 아니었다.

그러나 사람들은 포기하지 않았다. 헌옷은 기워 입고, 옷이 없으면 밀가루 포대로 옷을 지어 입었다. 떨어진 신발 속에 신문지를 여러 겹 깔고 신었으며, 찻잎과 소뼈는 서너 번씩 재탕을 해서 우려먹었다. 그들은 화물차에 몰래 숨어들거나 고속도로에서 지나가는 자동차를 공짜로 얻어타고 일자리를 찾아 이 마을 저 마을을 전전했다. 농가에 들르면 한때 끼니는 얻어먹을 수 있었으나 일자리는 거의 없었다.

그들은 여름철에는 도시 변두리의 부랑자들이 피워놓은 모닥불 옆에서 잠을 잤고, 겨울철에는 운이 좋으면 죄인들이 갇혀 있는 영창에서 잠잘 수 있도록 허락받았다. 많은 사람들이 이런 생활을 10년 동안이나 했다. 어려운 30년대였다.

대평원의 기근

대공황이 계속되는 기간 중 가장 처참했던 지방은 대평원이었다. 1931년 여름은 비가 내리지 않아 매우 가물었다. 그 이듬해인 1932년에는 비가 내렸으나 1933년 다시 가뭄이 찾아왔다. 그해는 세계 경제사정이 좀 나아져 동부 캐나다에서는 공장에서 사람들을 조금씩 쓰기 시작했고 광산들도 다시 문을

강풍에 휩쓸리는 토양.

열었다. 그러나 대평원의 고통은 이제 막 시작이었다. 이렇게 시작된 가뭄이 약 5년 동안 계속되면서 비다운 비는 한 번도 내리지 않았다.

비가 장기간 내리지 않자 곡물이 자랄 수 있는 표층 토양이 먼지로 변했고, 먼지로 변한 토양은 강한 바람이 불어 모두 휩쓸어가버렸으므로 곡물이 전혀 생육할 수 없는 심층에 있는 하층토만 남게 되었다. 농부들은 밀 이삭 하나 올라오지 않는 메마른 땅에 서서 수심에 잠겨 있었다. 농부들을 더욱 슬프게 한 것은 메뚜기떼였다. 메뚜기들은 수백만 마리씩 떼를 지어 메마른 대평원의 사막에 찾아들어 알을 깠다. 농부들은 태양을 가리며 구름같이 까맣게 날아오는 메뚜기떼를 넋을 잃고 쳐다볼 수밖에 없었다. 메뚜기떼가 지나간 자리에는 아무것도 남는 것이 없었다.

1928년 대풍작 때 서스캐처원의 밀의 총생산량은 875만 톤으로 헥타르당 수확량이 1.6톤이었으나, 1937년 최악의 흉년에는 총생산량이 92만 톤으로 뚝 떨어졌고, 헥타르당 수확량이 0.2톤으로 감소했다.

대공황에다 가뭄까지 겹쳐 대평원에 사는 주민들의 고통은 말할 수 없이 처참했다. 그들은 신발도 없이 밀가루 포대로 옷을 해 입고 다람쥐를 잡아 국을 끓여 먹었다. 장작 대신 밀을 때는 것이 헐하게 치었으며, 라디오와 신문과 자동차도 모두 단념했다. 은행 빚을 갚지 못한 농민들은 은행이 담보권을 행사하자 농사짓던 땅에서 쫓겨나는 신세가 되었다. 그들은 온타리오 쪽에 있는 도시나 멀리 브리티시 컬럼비아 쪽에 있는 도시로 떠났다. 이렇게 해서 30년대는 대평원의 밀 농장의 4분의 1 이상이 주인을 잃고 버려졌다.

그러나 대부분의 농민들은 다음 해에는 비가 내려 풍년이 들 것이라는 기대감으로 참고 견뎠다. 상황이 좋아진 것은 1939년이 되어서였다. 그리고 밀 가격을 흑자로 돌린 것은 제2차 세계대전이 계기가 되었다.

구호 캠프

대공황 기간에 각 사업장에서는 근로자들을 해고시킬 때 가족을 부양해야 하는 기혼자들보다 젊은 독신자들을 먼저 해고했다. 젊은 사람들은 전국 방방곡곡을 돌아다니며 일자리를 찾았지만 그들을 받아주는 곳은 없었다.

각 도시의 구호기관에서는 그들 지역의 구호대상자들에게 의식주를 해결해주기도 힘든 판에 타지에서 흘러들어오는 떠돌이들 때문에 골치가 아팠다. 그래서 그들은 새로 몰려드는 떠돌이들을 떠나게 하려고 애썼다.

자포자기한 사람들이 폭도로 변할 수도 있고, 공산주의 선동자들이 그들을 조직하여 폭동을 일으킬 수도 있다고 생각했다. 그래서 도시마다 오타와에 있는 중앙정부에서 어떤 조치를 내려줄 것을 요구했다.

드디어 중앙정부는 폭동과 같은 불미스러운 사태를 미연에 방지하기 위해 도시와 거리에서 떠도는 부랑자들을 수용할 구호 캠프를 세웠고 그 운영은 국방성이 맡았다. 캠프에 수용된 사람들은 하루 8시간씩 도로공사·하수구 공사·나무심기 등 취로사업을 하고 작업복과 잠자리와 음식을 제공받았으며, 일당 20센트를 받았다.

캠프 촌은 군대 캠프와 죄수들의 근로 캠프 사이에 위치하고 있었다. 일과가 끝나면 할일이 없었고 환경은 매우 열악했다. 한 막사의 길이는 24m였고 폭은 7.3m로, 출입문 외에 창문은 없었으며, 한 침상에 2명씩 88명이 잠을 잤다. 캠프 촌에 수용된 사람들은 세상과 완전히 담을 쌓고 격리된 느낌이었다. 그들에겐 미래에 대한 희망도 없었고 투표권마저 주어지지 않았다.

1935년 6월, 1천 명이 넘는 캠프 촌 노동자들이 밴쿠버 지역에서 빈 화차에 올라탔다. 그들은 수상을 직접 만나 그들의 문제를 해결하기 위해 오타와로 향했다. 열차가 지나가는 곳마다 불만을 가진 많은 노동자들이 합세했으며, 그들이 통과하는 도시마다 주민들이 나와 그들을 환영했고 음식까지 제공하면서 그들의 장도를 빌었다. 심지어 기관사들까지 잘 협조했으며, 화차는 지붕까지 노동자들

리자이나에 도착한 캠프 촌 수용자들.

이 매달려 인산인해를 이루었다.

정부는 사고를 미연에 방지하기 위해 구호 캠프를 세웠고 캠프 촌의 노동자들이 자치회를 구성하는 것마저 금지시켰는데도 불구하고 이들이 집단행동을 하는 것을 보고 놀랐다. 그들은 어떤 일이 있더라도 노동자들이 오타와까지 밀고올라오는 것은 막아야 했다.

노동자들이 탄 화차는 로키 산맥을 넘어 리자이나에서 왕립 캐나다 기마경찰대의 제지를 받았다. 옥신각신 끝에 8명의 대표자만 오타와에 가서 당시 수상 베넷Bennett을 만날 수 있도록 허락받았다. 수상과의 담판에서 분위기는 험악했다. 수상은 대표들을 범법자라고 했고 대표들은 수상을 거짓말쟁이라고 불렀다. 수상이 그들의 요구를 거절하자 대표들은 화차에서 기다리고 있는 노동자들을 오타와로 데려오기 위해 리자이나로 돌아갔다.

7월 1일, 캐나다의 가장 큰 국경일인 자치령 제정기념일에 노동자들은 리자이나에 있는 마켓 스퀘어Market Square 광장에서 기금을 모으기 위한 집회를 열었다. 집회가 시작되자 곧 대형 밴 트럭들이 광장의 네 모퉁이에 도착했고, 호루라기 소리가 나자 밴의 문이 열리면서 기마경찰과 리자이나 시경

소속 경찰들이 곤봉을 휘두르며 쏟아져나왔다. 노동자들은 한순간 우왕좌왕하다가 경찰에 맞서 싸웠다.

리자이나 폭동은 밤늦게까지 계속되었으며, 노동자들의 오타와 진군은 무산되고 말았다. 정부는 구호 캠프가 실패했다고 결론을 내리고 그로부터 한 달 내에 캠프 촌들을 모두 폐쇄했다.

경제정책의 변화

1930년 대부분의 캐나다 주정부들은 보수당이 장악하고 있었다. 주정부들은 킹King 수상이 이끄는 자유당의 연방정부에 실업대책을 강구해줄 것을 요구했으나, 킹 수상은 그들에게 아무런 도움을 주지 못했다. 분노한 유권자들은 1930년 총선에서 새로운 정부를 세우기 위해 베넷이 이끄는 보수당의 손을 들어주었다. 그러나 대공황에 대한 보수당의 정책도 자유당과 크게 다르지 않았다. 그 당시 양당은 기업은 그들의 문제를 스스로 해결하는 것이 최선이라고 믿었으며, 경제에 간섭하는 것은 정부의 의무가 아니라고 생각했다.

정부의 미온적인 태도에 지친 일부 진보당 대표들과 노동당 대표들 외에도 관심 있는 사람들이 1933년 리자이나에서 만나 합동공화연합Co-operative Commonwealth Federation을 결성했다. 그들은 사회주의를 선호했다. 그들은 기업이나 산업을 정부가 더 많이 간섭하고 조정하기를 원했다. 이제까지 기업주들은 개인의 이익만 추구했지만, 경제는 협력의 기초 위에 전체 국민을 위해 이루어져야 한다고 믿었다.

합동공화연합은 위니펙 총파업 때 주동자로 활약하던 사람들 중 한 사람이었던 우즈워스Woodsworth 목사를 그들의 대표로 뽑았다. 그리고 그들의 정책을 담은 리자이나 성명서Regina Manifesto를 발표했다.

많은 사람들은 사회주의 합동공화연합과 공산당을 혼동했다. 그러나 공산당은 무력혁명을 통해서만 개혁을 이룰 수 있다고 믿는 반면, 합동공화연합은 제도의 개혁은 민주적으로 이루어져야 한다고 믿었다. 또 공산당은 개인의 권리를 중요하지 않다고 믿었으나, 그들은 개인의 인권을 존중하고 국민들은 자유롭게 투표를 해야 하며 나라의 복지가 최우선이라 믿었다.

한편 1933년 같은 해에 미합중국에서는 루스벨트 대통령이 뉴딜New Deal 정책을 약속했다. 기업을 시장논리에 맡겨 자생하도록 내버려두는 대신 정부가 경제에 적극 개입한다는 것이었다. 이 정책으로 미국의 상황은 서서히 호전되어갔다.

1935년 총선이 다가오자 보수당 정권의 베넷 수상도 선거 바로 직전에 캐나다 뉴딜 정책을 발표했다. 이것은 미국의 루스벨트 대통령의 아이디어를 본뜬 것으로, 1일 8시간 노동과 최저 임금제, 실업보험제도, 물가통제 등의 내용을 담고 있었다.

킹이 이끄는 자유당은 베넷의 캐나다 뉴딜 정책을 맹렬히 비난했다. 5년 동안 정권을 잡아온 베넷이 그동안 실업과 민생문제에서 손을 놓고 있다가 선거가 임박하여 발표한 캐나다 뉴딜 정책은 유권자들을 기만하여 선거에서 이기려는 술책에 지나지 않으며 이 정책은 선거용이라고 비난했다. 자유당은 '킹이 아니면 파국'이라는 극단적인 슬로건을 걸고 캠페인을 벌였다. 선거 결과는 자유당의 압승으로 끝났다. 그러나 솔직히 그들에게도 난국을 해결할 구체적인 정책은 없었다.

대공황은 풍요로웠던 앨버타 주민들에게도 극심한 고통을 주었다. 상점에는 옷·라디오·트랙터들이 진열되어 있었으나, 주민들은 그것들을 살 돈이 없었다. 밀은 있어도 팔리지 않았고, 팔려고 해도 밀 가격은 경작비에 못 미쳤다.

마침 이때 캘거리의 한 학교 교장이며 라디오 성서강좌를 맡아 바이블 빌 Bible Bill이라고 더 잘 알려졌던 아벨하트William Aberhart가 1932년 사회신용설 Social Credit이라는 새로운 정치개념에 대해서 이야기하기 시작했다.

그의 이론은 공황의 원인은 생산되어 나오는 물건들을 살 만한 충분한 돈이 주민들의 호주머니에 없기 때문이라고 했다. 만일 주민들이 더 많은 돈을 가진다면 더 많은 물건을 살 것이고, 이로 인해 생산공장이 돌아가면 더 많은 사람들이 일자리를 가질 수 있어 공항은 끝날 것이라는 것이었다. 그는 주민당 월 25달러의 사회 배당금을 신용대출해줄 것을 제안했다.

그의 착상은 앨버타 농민들과 노동자들에게 커다란 공감을 얻었다. 1935년 주의회 선거에서 사회신용당은 63석 중 54석을 얻어 압승했고, 바이블 빌 아벨하트는 주지사가 되었다.

시간이 경과함에 따라 캐나다 국민들과 정부는 대공황을 벗어나기 위해서는 정부가 국민을 돕지 않으면 안 된다는 인식을 같이했고, 대공황도 서서히 지나갔다. 제2차 세계대전이 시작되자 실업자들은 군대와 군수품 공장에서 일자리를 찾았고, 캐나다는 다시 한 번 전시특수를 맞았다.

대공황은 베넷이나 킹 등에 의해 타결된 것이 아니고 결과적으로 아돌프 히틀러에 의해 타결된 셈이었다.

캐나다의 변신

20세기 초는 캐나다에 있어서 고통과 절망만 있었던 것은 아니었다. 제1차 세계대전 중 캐나다군은 영국군에 배속되지 않고 독립부대로 대전에 참전함으로써 그들의 활약상은 캐나다 국민들에게 긍지를 심어주었고, 그들은 이제 영국인이나 프랑스인이 아닌 엄연한 캐나다인임을 인식하게 되었다.

1919년 6월, 대전을 청산하는 베르사유 조약이 체결될 때도 캐나다는 독자적인 나라로 참전국들과 함께 참석했으며, 캐나다는 전후 국제연맹의 독립된 회원국이 되었다.

1923년 북서연안의 광어 보호를 위해 미국과 조약을 맺을 때도 이때까지의 관례에 따라 캐나다를 대신하여 워싱턴에 주재하고 있는 영국대사가 조약에 서명할 것이라는 예상을 깨고 캐나다 수산장관이 직접 조약에 서명했다.

1926년 대영제국의 식민지 국가들의 모임인 제국협의회에서는 밸푸어 보고서Balfour Report를 통해 영국 자치령들은 자유와 동등권을 가진다고 천명했고, 그들은 영국 국왕을 구심점으로 모여 식민지가 아닌 영연방의 독립된 회원국으로 거듭났다. 그뿐만 아니라 1931년 영국 의회는 웨스트민스터 제

밴팅과 베스트. 1922년 3월, 토론토 대학.

정법Statute of Westminster을 통과시켜 영국 의회는 자치령의 법령을 우선하는 권한이 없다고 명시했다.

한편 캐나다에서 영국의 전통이 퇴색되면서 미국의 문화와 영향이 캐나다인들의 생활에 깊숙이 파고들었다. 독립국가로서 주체성이 절실했던 베넷 정부는 1932년 캐나다 라디오 방송공사Canadian Radio Broadcasting Corporation를 창설했다. 이때부터 캐나다 라디오 방송CBC을 통해 캐나다 배우들과 가수들이 그들의 재능을 마음껏 발휘할 수 있는 기회를 가지게 되었고, 뉴스 보도를 통해 그들 자신들의 관점에서 사건을 다룰 수 있었다. 국민들은 멀리 떨어진 농촌의 소식도 들을 수 있었으며, 라디오는 인간의 목소리를 장소에 구애받지 않고 공간을 초월하여 들을 수 있었기 때문에 30년대 캐나다에서 가장 인기 있는 문명의 이기였다.

1939년에는 킹 정부가 국립영화제작소National Film Board를 설립하여 캐나다 국민들뿐만 아니라 외국인들에게도 캐나다를 소개할 수 있는 영화를 제작할 수 있게 되었다.

이에 앞서 1937년에는 에어 캐나다Air Canada의 전신인 트랜스 캐나다 에어라인Trans Canada Airline이 창설되어 2년 만에 10인승 항공기 15대를 보유하게 되었다. 대전이 끝난 후 한두 대의 경비행기를 가진 작은 회사에서 변경을 날며 우편물과 보급품을 전하던 퇴역비행사들이 트랜스 캐나다 에어라인의 조종사들을 양성했으며, 승객의 안전을 위해 모든 승무원은 간호사 자격증을 필히 가져야 했다.

캐나다는 더 이상 식민지가 아니었고, 캐나다인들이 여러 분야에서 이룩한 업적에 대해 자부심과 긍지를 갖는 독립국가였다. 의학 분야만 하더라도 밴팅 Frederick Banting과 베스트 Charles Best가 1921년 인슐린 Insulin을 발명해 죽음을 목전에 둔 전 세계의 당뇨병 환자들에게 생명과 희망을 주었다. 그뿐만 아니라 팬필드 Wilder Panfield가 이끄는 몬트리올 병원 신경외과는 뇌수술 분야에서 당대 세계 최고였다. 미술과 문학분야에서도 뛰어난 작가들이 많이 배출되었다. 드디어 캐나다는 존경받는 국가로 떠올랐다.

제13장
제2차 세계대전

CANADA

제2차 세계대전의 서막

선전포고

베르사유 조약을 통해 전쟁을 일으킨 독일에게 그 책임을 물어 응분의 징계를 내렸으므로 전후 사회 혼란과 전쟁 재발은 충분히 방지될 수 있을 것으로 예상되었다. 그러나 이 조약은 패전국 독일에게 너무 가혹하고 굴욕적이었으므로, 도리어 그들로 하여금 복수심을 갖게 했다.

더구나 30년대에 불어닥친 세계 대공황은 심각한 사회·경제·정치적 문제들을 야기시켰고, 유럽에서도 그 여파는 사회적 재난으로 이어졌다. 독일 국민들은 그들의 삶을 둘러싼 절망과 불만에서 하루라도 빨리 벗어나기 위해, 자신들의 나라를 더 나은 강대국으로 만들겠다고 약속하는 지도자가 나타나기만 하면 그를 따를 마음의 준비가 되어 있었다. 그 결과 절망과 공포 그리고 빈곤과 증오 속에서 자연스럽게 국수주의가 움텄고, 무솔리니·히틀러·프랑코 등과 같은 독재자들도 등장하게 되었다.

당시 모든 독재자들이 그러했듯이 히틀러도 영토팽창의 야욕에 사로잡혀 있었다. 1938년 히틀러가 오스트리아를 독일의 영토라고 선언하면서 오스트리아로 진격해 들어갔을 때, 오스트리아인들은 독일군을 대항할 능력이 없었고 프랑스와 영국도 아무 말을 하지 못했다.

7백만 명의 오스트리아인들을 하루아침에 독일인으로 만든 히틀러는 다음 공격 목표로 체코슬로바키아를 점찍고 공업지대인 수데텐란트Sudetenland에서 300만의 독일인들이 억압받고 있다고 주장하면서 그곳을 점령하겠다고 협박했다.

프랑스·영국·러시아는 체코슬로바키아의 편을 들기로 약속하고 히틀러를 만나러 뮤니히Munich에 갔다. 그러나 히틀러를 만나본 그들은 어떻게 해서든 전쟁의 재발을 피하자는 생각으로 히틀러의 요구를 들어주고 인정해줌으로써 도리어 히틀러의 야욕을 북돋아준 꼴이 되었다. 고국에 돌아온 챔벌레인Chamberlain 영국 수상은 열광하는 영국 국민들 앞에서 명예롭게도 평화를 확인하고 돌아왔다고 주장했으며, 그의 말에 캐나다인들도 안도의 숨을 내쉬었다.

그러나 히틀러는 6개월 후 체코슬로바키아에서 독일인들이 살지 않는 나머지 지역까지 통째로 삼켜버림으로써 영토 팽창에 대한 그의 속셈을 유감없이 드러냈다. 히틀러는 다음으로 독일어를 사용하는 폴란드를 요구했다. 드디어 영국과 프랑스는 독일의 팽창주의를 저지해야 한다는 것을 깨닫고 1939년 3월 폴란드의 국경을 책임지겠다고 선언했다. 그러나 폴란드의 방위는 소련의 도움 없이는 불가능했다. 이를 알아차린 독일은 재빨리 그해 8월에 소련과 불가침 조약을 체결하고 폴란드를 갈라먹기로 비밀협정까지 했으므로 독일은 소련에 대한 부담을 느끼지 않아도 되었다.

1939년 9월 1일 독일 탱크가 폴란드 국경을 넘었다. 폭탄은 수도 바르샤바Warsaw를 쑥밭으로 만들었다. 9월 3일 프랑스와 영국은 독일에 선전 포고를 했다. 일주일 후 캐나다도 긴급회의를 소집하여 영국 편에 가담하여 참전하기로 결정했다.

캐나다는 1914년 제1차 세계대전 때는 대영제국의 일원으로 전쟁에 자동적으로 휘말렸지만, 1939년에는 독자적으로 선전포고를 하고 전쟁에 참여했다.

영국전투

나치군은 한 달도 안 돼 폴란드를 함락했다. 1939년 10월 폴란드군은 독일 탱크와 슈투카Stuka 폭격기의 무차별 폭격에 무릎을 꿇었다. 폴란드가 점령되고 나서 전쟁은 잠시 소강상태에 들어갔다. 그러나 1940년 봄이 되자 독일의 공격은 다시 시작되었다. 덴마크가 하루아침에 떨어지고 노르웨이가 이틀 만에 떨어졌다. 네덜란드가 5일, 벨기에가 8일, 심지어 강대국 프랑스가 6주 만에 함락됨으로써 히틀러는 유럽의 주인이 되었다.

영국은 유럽에서 독일에 맞서 홀로 서게 되었으며, 새로 취임한 처칠 수상은 피와 노력과 눈물과 땀 외에는 아무것도 약속할 수 없다고 했다. 독일은 영국을 공격할 준비를 하고 있었으며 전쟁은 곧 끝날 것 같이 보였다.

이때 대서양 건너 멀리 캐나다에 있는 핼리팩스와 노바 스코샤에서는 세계 역사상 가장 중요한 전투 중의 하나가 될 영국전투를 위해 전투병력과 무기와 식량 등 보급품을 수송할 호송선단을 편성하느라 분주했다.

제2차 세계대전에서 독일의 작전은 전격전이었다. 영국에 대한 전격전을 위해 해군과 공군의 지원은 필수적이었다. 독일은 막강한 영국 해군과의 대결보다 수적으로 우세한 공군기를 가지고 결판을 내고자 했다.

1940년 7월 10일 독일 공군에 출격 명령이 떨어졌다. 독일의 매서슈미트Messerchmit 기와 하인켈Heinkel 기들이 영국해협을 건너 공격 목표인 비행장·항구·공장 등을 향했다. 독일은 모든 공격력을 동원하여 런던을 무자비하게 폭격했다. 그러나 런던 시민들은 이에 굴하지 않고 폭격 때마다 방공호와 지하철역으로 몸을 피해 목숨을 부지하면서 매일 부서진 가옥을 수리하고 점포를 다시 열었다. 이로써 영국은 약해지기는커녕 날로 강해졌다. 영국 공군도 공군기의 손실을 보충하기 위해 스핏파이어Spitfire 기와 허리케인Hurricaine 기를 신속하게 재편성했으며, 새로 훈련된 조종사로 손실분을 보충했고, 비행기도 한 달에 500대씩 생산했다.

9월 15일 독일 공군기가 하늘을 까맣게 메우고 영국해협을 건넜다. 출격 때마다 영국 공군에 비해 더 많은 손실을 입었던 독일 공군은 이날 출격에서 또다시 결정적인 타격을 입었다. 이틀 후 히틀러는 영국에 대한 공격을 취소했다. 드디어 히틀러는 영국 본토 함락의 꿈을 포기했다.

영국전투는 수백 명의 공군 조종사들에 의해 이룩한 승리였다. 이들 조종사들 중에는 80명의 캐나다 조종사들도 포함되어 있었다. 독일은 이 전투에서 1,733대의 각종 공군기를 잃었으며, 영국은 915대를 잃었다. 캐나다 조종사들은 이 전투에서 확실한 사살 60대, 불확실한 사살 50대로 모두 110대의 독일 공군기를 격추시켰다.

디에프 기습작전

영국에 대한 지상군의 공격을 포기한 독일의 다음 공격 목표로는 소련이 가장 유력했다. 다급해진 스탈린은 시간을 벌기 위해 서방 연합국에 제2 전선을 벌이도록 독려했으나 영국은 제2 전선을 시작할 준비가 되어 있지 않았다.

한편 지구의 반대편에서는 1941년 12월 7일 일본이 선전포고도 없이 진주만을 공격하고 태평양상의 영국과 미국의 거점들을 공격하자 영연방 국가들은 일본의 홍콩 점령에 대해 격분했고, 미국도 일본의 진주만 공격으로 참전하게 되었다.

한편 3년 전 전쟁이 발발한 이래 영국에서 대기 중이던 캐나다군은 언제라도 행동을 옮길 준비가 되어 있었다. 1942년 8월 19일 아침, 5천여 명의 캐나다군이 독일군의 철통 같은 방어선이 구축되어 있는 프랑스 항구도시 디에프Dieppe를 급습하기 위해 상륙정에 웅크리고 있었다. 그들은 디에프를 급습하여 부두시설과 비행장을 파괴하고 포로들을 구출할 계획이었다. 그러나 캐나다군이 해안침투작전을 벌이는 동안 독일군은 밤새도록 캐나다군의 동태를 파악했으므로 공격에 대비하여 만반의 준비를 하고 기다리고 있

불타는 상륙정과 시신들.

었다. 더구나 일부 상륙정들이 진로를 벗어나 늦게 도착했으므로 기습은 밝은 대낮에 시작되었다. 캐나다군이 상륙할 해안은 지뢰밭이었으며, 철조망과 탱크의 진입을 막는 함정 등으로 물샐 틈 없이 방어선이 구축되어 있는 길이 15km의 절벽이었다. 상륙정이 물 밖으로 나오자마자 기다렸다는 듯이 독일군 화력이 불을 뿜었다. 해안에 도착한 상륙정에서는 탑승 병력 80명 중 40명이 죽고 20명이 부상했다. 불과 수분 내에 한 연대에서 96%의 사상자가 속출했다. 포연이 걷히고 난 해안에는 900구의 시체가 널려 있었고 약 2천 명이 포로로 잡혔다. 위니펙 · 해밀턴 · 몬트리올 · 캘거리 · 윈드솔 · 리자이나 · 토론토 등지에서 참전한, 아직 소년티를 벗지 못한 젊은이들이 무참하게 죽어갔다.

영국 군사위원회는 작전의 실패 원인을 조사했다. 그들의 결론은 첫째, 대낮에 철통같이 무장된 해안을 공격한 무모함이었고, 둘째, 상륙 개시 전에 적의 방어진지에 공군과 해군의 충분한 준비폭격이 없었다는 것이었다. 상륙 작전을 성공시키기 위해서는 상륙 개시 전에 공군과 해군의 화력으로 적의 방어선을 미리 초토화시켜야 했다.

디에프 기습작전의 참패는 순수하게 군사적인 관점에서만 보더라도 기본을 무시한 작전의 오류였다. 비록 이 작전은 실패로 돌아갔지만, 많은 캐나다 젊은이들이 희생된 대가로 연합군은 독일 해안방어선 공격에 대한 값진 교훈을 얻을 수 있었고, 이 교훈을 거울 삼아 1944년 6월 6일 감행된 노르망디 상륙작전에서는 캐나다·영국·미국 군대가 최소한의 사상자로 작전에 성공했다.

전시 캐나다 국민

유럽에서 대전이 발발하자 캐나다도 전시체제에 들어갔으며, 정부는 국토 방위와 전쟁수행에 대한 계획을 수립했다. 정부의 계획은 연합국의 계획과 유기적으로 협조되었으며 연합군의 전쟁수행에 많은 기여를 했다.

1,000척의 군함, 1,500대의 항공기, 70만 대의 트럭, 그밖에도 무수한 총기와 탄알이 군수조달장관 하우Howe의 지휘하에 캐나다 공장에서 쏟아져나왔다.

하우는 제1차 세계대전 당시 캐나다 기업들 사이에서 만연하던 부당 이득과 비리가 재연되지 않도록 하기 위해 전시물가와 거래를 원가에다 10%의 이윤만을 붙이도록 제한했다. 그러나 정부가 물가를 이렇게 통제해도 군수조달을 위해 정부가 지불하는 금액은 매주 6천 5백만 달러가 넘었다.

정부는 이와 같은 엄청난 군비를 조달하기 위해 소득세를 인상하고 소위 빅토리 본드Victory Bond라는 채권을 발행해 전쟁비용의 3분의 2를 채권으로 충당했다. 높은 세금과 채권 매입으로 국민들의 수중에는 돈이 말라버렸고, 정부는 급기야 1942년 전 국민을 대상으로 배급제까지 시행했다. 설탕·버터·육류·차·커피 등을 구입할 때는 배급 쿠폰을 떼어주어야 했으며, 쿠

폰이 떨어지면 암시장 이외에서는 물건을 살 수 없었다. 그러나 암거래가 적발되면 가혹한 벌금을 내야 했다. 휘발유도 배급제로 월 1회만 탱크로 제한했다. 새 차도 팔리지 않아 1942년에는 자가용 생산이 중단되었다.

캐나다 국민들은 허리띠를 졸라매고 절약했으며, 모두 검소한 생활을 했다. 그들이 덜 먹고 덜 입어 남긴 물건들은 물자난에 허덕이는 영국 국민들에게 보내지거나 전쟁수행에 쓰였다. 한때 세탁기 등 가전제품을 만드는 데 쓰였던 철강재는 포탄 등을 만드는 데 쓰였고 심지어 5센트짜리 니켈 화도 니켈 대신 주석으로 대치했다.

아이들도 예외는 아니었다. 어린 학생들은 폐지·공병·고철·걸레·고무·소뼈 등과 같은 재생이 가능한 폐품들을 모두 수집했다. 알루미늄 은박지 공을 누가 제일 크게 만들었는지 하는 대회도 열었다. 점심시간은 일선에 보낼 양말과 목도리를 짜는 뜨개질 시간이었으며, 외로운 포로들을 위해 위문편지도 썼다. 심

지어 전시 식량을 생산하기 위해 학교 야구장까지 갈아엎어 소위 빅토리 가든Victory Garden이라고 부르는 밭을 만들었고, 이곳에서 채소를 비롯한 여러 가지 작물을 재배했다. 남학생들은 군사훈련을 받았으며, 수확철에는 수업을 받지 않고 수확을 돕기 위해 학교를 떠났으므로 이때는 시험을 보지 않아도 되었다.

한편 군에 가지 않은 사람들은 공습 감시원으로 지원하여 적기의 출현을 감시하기 위해 해안을 순찰했으며, 적기 식별법도 터득했다. 그들은 힘을 합쳐 방공호도 팠으며, 돈 있는 사람은 직접 자원봉사를 하는 대신 1년에 얼마씩 돈으로 계산해서 성금을 냈다. 전쟁은 이렇게 캐나다 국민들을 단결심과 협동정신으로 뭉치게 했다.

홍콩 전투와
일본계의 수모

1930년대 만주와 중국을 침략하며 영토 팽창에 혈안이 되어 있던 일본은 1940년 프랑스가 독일군에 점령되자 인도차이나에 있던 프랑스 식민지를 쳐들어갔다. 일본은 동남아시아에 식민지를 보유하고 있던 많은 서방 열강들이 유럽에서 전쟁에 몰두하는 틈을 타 그들의 야욕을 동남아 쪽으로 뻗치고자 했다. 마침 히틀러가 소련을 공격하자 동북아에 대한 위험 부담을 덜게 된 일본은 마음놓고 그들의 눈길을 남쪽으로 돌려 홍콩과 인도네시아, 말레이시아와 동쪽에 있는 태평양을 겨냥하게 되었다.

1941년 12월 7일 일요일 수병들이 아직 아침 잠자리에서 뒤척이고 있을 때, 일본은 선전포고도 없이 하와이의 진주만에 있는 미 해군기지를 급습하여 2시간 만에 미 태평양 함대를 초토화시켰다.

그 다음날 일본은 영국의 식민지 홍콩을 공격했다. 이때 홍콩에서 일본군과 맞서 싸운 군인들 중에는 2,000명의 캐나다 병력이 포함되어 있었다. 그들은 주로 매니토바와 퀘벡에서 온 신병들로, 일본의 공격이 임박해서 급하게 보내졌으므로 거의 훈련을 받지 못해 총도 제대로 쏘지 못했고, 수류탄을 던질 때 안전핀을 뽑아야 하는 것도 모르는 신출내기들이었다. 그러나 이들

은 영국군과 호주군과 합세하여 용감하게 싸웠으며, 일본군의 맹렬한 공격
에 끝까지 저항했다.

전투는 17일간을 끌었다. 1941년 크리스마스에 홍콩은 일본군에 점령되었
고, 죽지 않고 살아남은 사람들은 대전이 끝날 때까지 일본군 포로수용소에
수용되었다. 홍콩 전투에서 캐나다군은 290명이 전사했고, 262명은 일본의
패망도 보지 못한 채 이역만리 포로수용소에서 죽어갔다.

캐나다인들은 복수를 원했다. 그들은 캐나다에 정착하고 있던 일본계 캐
나다인들을 공격목표로 삼았다.

캐나다는 1913년 이후 몇몇 아시아 인들에게 입국이 허가되기는 했지만
아시아인의 이민을 환영한 적은 없었다. 그 결과 1942년 캐나다에 거주하는
2만 3천 명의 일본인 중 절반 이상이 캐나다에서 태어난 캐나다 시민권자들
이었다.

대부분의 캐나다인들은 일본계 캐나다인들을 위험한 존재라고 생각했다.
그들은 간첩일 수도 있으며, 일본군이 북미를 공격하도록 도울지도 모른다
고 생각했다. 캐나다인들 중에는 아무도 태평양을 제압하려는 일본인들의
야욕을 동정하는 사람이 없었다.

1942년 정부는 일본인들을 태평양 연안 지방에서 멀리 떠나도록 명령했
다. 많은 일본계 캐나다인들이 브리티시 컬럼비아의 내륙에 있는 수용소로

강제 이주되면서 가족들과 헤어져야 했다. 남자들은 처자식과 분리되어 다른 수용소에 보내졌으며, 일부는 멀리 평원 지방과 온타리오 지방에 있는 농장에 일꾼으로 보내졌다. 그뿐만 아니라 정부는 일본인들의 개인재산과 가옥과 사업을 경매에 부쳐 헐값에 팔아버렸기 때문에 일본인들은 제대로 돈도 받지 못했다.

일본계 캐나다인들이 대전 중 겪은 수모와 피해는 대전이 끝나고도 영영 보상받지 못할 것 같았다. 그러나 1988년 9월 멀로니 정부가 늦게나마 생존하고 있는 일본계 캐나다인들의 피해를 일부 보상해줌으로써 그들의 억울한 과거는 그나마 달래질 수 있었다.

멀로니가 발표한 보상내용은 다음과 같았다.

1. 일본계 캐나다인들과 그들의 가족과 재산에 대한 과거의 부당한 처사에 대해 공식적으로 사과한다.

2. 1949년 이전에 태어나 생존하고 있는 일본계 캐나다인 1인당 21,000달러의 보상금을 지급한다.

3. 캐나다인종교류재단Canadian Race Relations Foundation 설립에 2,400만 달러를 지급한다.

4. 일본계 고령자들을 위한 주택사업을 위해 일본-캐나다 협회Japanese Canadian Association에 1,200만 달러를 지급한다.

후방의 또 다른 전쟁

전쟁은 전선에서만 벌어지는 것이 아니었다. 전쟁을 성공적으로 수행하기 위해서는 후방에서도 전방에 못지않은 또 다른 전쟁을 치러야 했다. 캐나다 본토에서 진행된 이와 같은 전쟁은 일부는 공개되지 않았고, 더러는 극비사항이었다.

제2차 세계대전에서 제공권은 필수적이었기 때문에 원활하게 조종사들을 수급하기 위해서는 바로 출전할 수 있도록 조종사들을 미리 훈련시켜야 했으며, 캐나다는 영연방항공훈련계획British Commonwealth Air Training Plan을 위해 훈련기지를 제공했다.

훈련병들은 주로 오스트리아 · 남아프리카 · 영국 · 서인도 · 뉴질랜드에서 왔으며, 독일 점령하에 있던 폴란드 · 프랑스 · 노르웨이에서 탈출한 지원병들도 조종사 훈련을 받기 위해 캐나다로 왔다.

그러나 활주로가 짧고 노면상태가 좋지 못했으며, 더구나 전투에 투입시킬 조종사와 정비사들을 서둘러 양산했기 때문에 훈련 중 사고가 많았다. 심한 달에는 500대의 비행기가 경험이 부족한 조종사들로 인해 망가졌으며 훈련병도 850명이나 사망했다. 무사히 훈련을 마치고 졸업한 조종사는 13만 명이었으며, 그중 절반 이상이 캐나다인이었고, 훈련이 끝나면 곧바로 공중전에 투입되었다.

또 오사와 부근의 온타리오 호 해안에는 캠프엑스Camp X가 있었다. 그러나 캠프의 존재를 아는 사람은 거의 없었으며, 아는 사람일지라도 일체 발설하지 않았다. 캠프엑스는 스파이와 특수비밀요원들과 전문파괴공작원들을 위한 일급 비밀훈련소였다.

캠프엑스 출신들은 적의 후방에 투하되어 첩보활동을 하고, 수집된 정보를 무전으로 보고했다. 그들은 또 적의 활동을 교란시키고 투하된 지역의 지하조직들과도 접촉했다. 전후 제임스 본드의 첩보소설을 쓴 이안 플레밍Ian Fleming도 한때 캠프엑스 출신이었다.

스테이션 엠Station M은 캠프엑스의 심장부였다. 이곳에서는 위조범이나 금고털이 기술자, 민속의상 전문가들과 화학자, 영화 세트 디자이너 등이 간첩활동에 필요한 위조여권과 화폐, 폭탄을 장치한 가방, 유럽 각국의 치약, 안경, 헌 양복과 내의 등을 제작했다. 이곳에서 제작된 물건들은 너무나 정교해 적의 눈에 띄어도 조금도 의심받지 않았다.

전쟁 중 적군이 점령한 지역에 투하된 28명의 캐나다 특수요원 중 8명은 사망했다. 그러나 그들이 수행한 임무는 오늘날까지 알려지지 않고 있다.

육지에서 멀리 떨어진 북대서양에서도 캐나다인들과 영국 식민지로 남아있던 뉴펀들랜드인들이 용기와 인내를 가지고 해상작전에 참여했다. 그들은 영국으로 가는 식량과 연료와 무기 등을 실은 위장상선에서 상인으로 위장한 수병으로 근무했으며, 일부는 호송선단을 지키는 캐나다 해군에 소속되었다.

그 당시 캐나다 해군의 임무는 독일해군의 유보트U-boat를 발견하여 침몰시키는 일이었다. 1943년까지 유보트들이 극성을 부렸으나, 수중 음파탐지기와 대서양 연안에 기지를 둔 항공기 등에 의해 발견되는 족족 파괴되었다. 캐나다 해군은 대전 말기에 와서는 무려 400척의 군함을 보유하게 되어 해군력에 있어서는 세계 3위, 공군력에 있어서는 세계 4위의 강대국이 되었다. 막강한 캐나다 해군과 공군은 대서양의 안전을 지키는 데 부족함이 없었다.

한편 전쟁터로 떠나는 남성들이 많아지자 여성들의 역할이 두드러졌다. 캐나다 여성들은 그들의 두뇌와 근육을 탱크와 비행기와 배를 만드는 데 기여했다. 1943년에 와서는 백만 명이 넘는 여성들이 산업현장에서 일하고 있었다. 여성들은 남성들보다 더 섬세하고 참을성이 있었다. 많은 공장들이 공장 내에 탁아소를 설치하고, 휴식시간까지 반납하면서 군수품 생산에 매진했다.

가정에 머물러 있던 여성들도 부상병들을 위문하고, 외로운 포로들에게 소포를 보내고, 야전병원에 보낼 붕대를 만들었다. 가정주부들은 재생이 가능한 폐지·고철·우지·소뼈 등을 수집하고 보리쌀 한 톨도 버리지 않고 절약했다.

1941년에는 여성들에게도 군 입대가 허용되었다. 전쟁 중 4만 5천여 명의 캐나다 여성들이 군대에서 복무했고, 그들 중 1만 명가량이 해외에 파병되었다. 일부는 전선에서 포로로 잡혔고, 전쟁 중 244명이 무공훈장을 받았다.

킹(King) 수상은 제1차 세계대전 당시 징병문제로 인해 국민들 사이에 거센 반발이 있었고, 전쟁 내내 국론이 분열되었던 점을 감안해 제2차 세계대전에서는 이러한 갈등의 재발을 피하기로 했다. 그래서 그는 해외파병을 위해 징병제도를 도입하지 않겠다고 국민들에게 약속했다.

그러나 1939년 10월 퀘벡 주의회 선거를 앞두고 주지사 뒤플레시Duplessis가 전쟁에 대한 연방정부의 정책을 맹렬히 비난하면서, 연방정부는 퀘벡에 간섭하지 말라고 요구했다. 캐나다 정부로서는 통일된 국론으로 전쟁을 원활하게 수행하려면 정부 정책에 반대하는 뒤플레시의 연합국민당Union Nationale을 선거에서 패배시키는 것이 필수적이었다.

집권당이었던 자유당은 3명의 퀘벡 출신 각료장관들을 선거전에 투입시켜 뒤플레시의 주장을 반박하면서 정부정책을 설명했다. 그들은 퀘벡 주민들에게 현정부는 해외파병을 위해 절대 징병제도를 도입하지 않을 것이라고 했으며, 만일 징병제도가 도입될 때는 자신들은 사퇴하겠다고 약속했다. 퀘벡 주의회 선거에서 자유당이 뒤플레시의 연합국민당을 누르고 승리했다.

한편 온타리오 주지사 햅번Mitch Hepburn은 더 많은 캐나다인들이 전쟁터

징집 지지 선거운동.

에 나가는 것을 원했으며, 같은 자유당 동료인 킹 수상을 도리어 전쟁수행에 소극적이라고 비난했다. 그러나 1940년 초에 실시된 총선에서 킹이 이끄는 자유당이 전국적으로 압도적인 승리를 했고, 킹을 비판하던 햅번의 정치생명도 끝났으므로, 이제 캐나다는 킹을 중심으로 뭉치게 되었다.

캐나다는 해외에 파견되는 전투병력을 이때까지 지원병으로 충당했으나, 일부에서는 차츰 지원병만으로는 충분하지 못하다는 것을 느꼈다. 1940년 의회는 국내 방위만을 위한다는 조건으로 징집제도를 슬그머니 통과시켰다. 그리고 이때 징집된 군인들은 국내에서만 근무했다. 사람들은 그들을 전쟁터에 자원하지 않고 국내에서만 근무하는 겁쟁이라고 하여 '좀비Zomby'라고 불렀다.

그때까지만 해도 캐나다군은 전투에 투입되지 않고 영국에서 대기하고 있었기 때문에 정부는 실제 해외에 파견할 전투병력을 징집할 필요성을 느끼지 않았다. 그러나 1942년 전황이 변하면서 킹은 변화하는 상황에 대비할 필요성을 느꼈다. 킹은 이제 국민들과 약속한 그의 공약을 깨야 했으므로 정부는 이 문제를 놓고 국민들의 의견을 묻기 위해 투표에 부치기로 했다.

투표결과 전국적으로 64%가 정부의 결정에 따르겠다고 했고 그중에서도 특히 온타리오와 매니토바와 브리티시 컬럼비아에서는 무려 80%가 찬성표

를 던졌다. 그러나 퀘벡에서는 72%가 해외파병을 위한 강제징집을 반대했
다. 프랑스계 캐나다인들은 킹에게 배신당했다고 느꼈고, 1940년의 국민 대
화합은 와해되고 말았다.

킹 수상은 국민들 사이에서 뜨겁게 달아오르고 있는 논쟁을 냉각시킬 필
요가 있었다. 그는 유사시 징집이 필요하기는 하나 현재로는 징집을 꼭 해야
할 필요가 없다고 국민들을 무마시켰다. 이렇게 해서 실제 캐나다군이 영국
에서 대기하고 있는 2년 동안은 징집에 대한 논쟁을 하지 않고 가까스로 위
기를 모면할 수 있었다.

그러나 이탈리아 전투와 프랑스 상륙작전 후에는 상황이 달라졌다. 영국
에 대기 중이던 캐나다군이 유럽 전투에 참가하기 시작하자 인명피해가 속
출했고, 정부가 지원병의 입대를 위해 최선을 다했지만 자원 입대자는 점점
줄었다. 할 수 없이 킹은 12월에 국내 방위를 위해 징집했던 병력 중 일부를
해외에 파병토록 명령했다. 이로써 16,000명의 좀비들이 해외에 파송되었다.

국민들은 국내 방위만을 위한다고 징집했던 병력을 해외에 파견한 킹을
성토했고, 퀘벡 출신 내각들은 약속대로 사임했다. 그러나 일부 프랑스계 캐
나다인들 중에는 킹을 지지하는 사람들도 있었다. 당시 퀘벡 주 총독이었던
로랑Laurent도 퀘벡 주민들에게 파병의 결정은 당연하다고 킹의 입장을 대변
했다.

다행히 제2차 세계대전 중 킹 정부가 도입한 징병제도는 1917년 제1차 세

계대전 때와는 달리 실시 전에 투표를 통해 국민들의 의견을 미리 수렴했기 때문에 캐나다인들의 화합은 크게 손상되지 않았고, 국민들은 선거를 통하여 더욱 굳은 단결력을 보여주었다.

전쟁의 종식

이탈리아 전투

디에프Dieppe 기습작전에서 작전 미숙으로 많은 인명피해를 내고 참패한 캐나다군은 그 후 아무런 행동도 보이지 않고 있었다. 그러나 1943년 5월 몽고메리Montgomery 장군의 영국군과 아이젠하워Eisenhower 장군의 미군이 북아프리카에서 독일 롬멜Rommel 장군의 기갑부대를 섬멸하고 지중해를 건너 시실리Sicily로 향할 때 캐나다 제1사단은 몽고메리 장군이 지휘하는 시실리 공격에 참가했다.

시실리 전투는 눈부시게 햇볕이 내리쪼이는 1943년 7월의 태양 아래서 감행되었다. 38일 만에 시실리를 함락한 연합군은 이탈리아 본토를 공격할 준비를 하고 있었다.

당시 이탈리아 국민들은 반란을 일으켜 무솔리니를 권좌에서 쫓아냈으며, 그의 신로마 제국에 대한 꿈은 산산조각이 났으나 히틀러가 재빨리 독일군을 이탈리아에 진주시켰다.

이탈리아 전투는 길고 힘들었다. 9만 2천여 명의 캐나다 대군이 이탈리아에서 싸웠다. 그중 3만 명이 부상을 입거나 전사했다. 험준한 산악에 몸을 숨

긴 독일 저격병들은 포복을 하면서 전진해 들어오는 연합군을 향해 정확하게 조준하여 사격을 가했다. 이탈리아 유격대의 도움에도 불구하고 연합군은 매 km 전진하는 데 비싼 대가를 치러야 했다.

그중 올토나Ortona 전투는 캐나다군에 쓰라린 교훈을 주었다. 독일군은 올토나 전투를 일련의 시가전으로 몰고갔다. 캐나다군은 도시를 점령하는 데 한 달이 걸렸다. 이 전투로 캐나다군은 시가전의 명수로 알려지게 되었다.

1944년 6월 4일 연합군은 드디어 로마에 입성했다. 캐나다 군대도 이탈리아 국민들의 열렬한 환영을 받으며 로마 거리를 행진해 들어갔다.

디데이에서 종전까지

1944년 6월 5일로 계획된 작전을 위해 연합군은 오랜 준비를 했으며, 영국의 남쪽 지역은 이 작전을 위해 하나의 거대한 군사기지가 되었다. 조류와 달빛도 적당했다. 6월 4일 병력은 승선명령을 받았고 일부 배들은 출발했다. 그러나 갑자기 기상상황이 악화되어 작전은 연기되고 배들은 회항했다. 6월 5일 오전까지 폭풍이 북프랑스 해안을 강타했다. 상륙군은 다음 명령을 기다리며 갑판에서 숨을 죽이고 있었다.

폭풍이 잠시 멎자 최고사령관인 미국의 아이젠하워 장군은 디데이D-Day를 계획보다 하루 늦은 6월 6일로 결정했다.

당시 독일군은 영국해협 건너 칼레Calais에서 대기하고 있었으며, 영국을 폭격하고 돌아온 독일 조종사들은 연

상륙작전을 펴는 캐나다 제9보병여단. 1944년 6월 디데이.

합군의 주력부대와 병기들이 도버Dover에 집결되어 있다고 보고했다. 그러나 그들이 본 것은 아무도 없는 빈 천막과 모조선박과, 합판으로 만든 가짜 비행기와 바람을 불어넣은 고무 탱크였다.

연합군은 독일군의 눈을 다른 곳으로 돌리게 하고 경계가 비교적 허술한 노르망디Normandy 해안을 급습했다. 연합군은 지난날 디에프 기습 때 독일군이 퇴각시 모든 항구시설을 파괴하고 떠난다는 것을 배웠다. 연합군은 두 개의 완전한 접안시설을 영국에서 만들어 해협을 건너 끌고와 현지에서 조립했다. 트럭과 탱크의 연료는 일명 저승사자Pluto라고 하는 해저 파이프라인을 통해 공급받았다.

밤새도록 독일 방어선에 융단폭격을 가하고 먼동이 트기 전에 특전부대원들이 적의 후방에 투하되었으며, 주력부대가 해안을 공격함으로써 유럽 해방은 시작되었다.

연합군이 베를린으로 진격하고 있는 동안 캐나다군에는 프랑스 · 벨기에 · 네덜란드의 항구들을 소탕하라는 작전임무가 주어졌다. 그것은 시간이 걸리고 매우 위험한 작전이었다. 적군은 탄탄한 방어시설 뒤에 몸을 숨기고 저항했다. 점령된 항구에는 연합군의 배들이 접안하여 더 많은 탱크와 무기와 병력을 하역할 수 있었다. 항구들은 하나하나 점령되어 9월 8일 캐나다군은 드디어 치욕의 디에프 항에 입성했다. 캐나다군은 이번에는 육로를 통하여 보무도 당당한 승전군으로 디에프에 들어갔으며 지난날의 참패를 설욕했다.

또 1945년 캐나다군은 네덜란드를 해방시켰다. 독일군은 퇴각하면서 제방들을 터뜨렸으나 캐나다군은 보트를 타고 계속 전진했다. 집안에서 숨어지내던 네덜란드 주민들이 그들의 해방군을 환영하기 위해 집밖으로 쏟아져나왔다.

드디어 1945년 4월 27일 무솔리니는 국민들에게 잡혀 총살되었고, 시체는 밀란Milan 거리에 거꾸로 매달아 전시되었다. 3일 후에는 히틀러가 베를린에 있는 한 지하실에서 소련군의 요란한 총소리를 들으며 그의 입 속에 리볼버 권총을 밀어넣고 방아쇠를 당겼다. 이로써 1945년 5월 8일, 끝까지 저항하던 독일은 무조건 항복했고 유럽에서의 전쟁은 끝났다.

한편 1945년 8월 6일 최초로 히로시마에 원자폭탄이 투하되어 무려 17만 3천여 명의 사상자를 냈다. 미국은 일본에 항복을 요구했다. 그러나 일본은 대답이 없었다. 3일 후 다시 나가사키에 원폭투하를 가해 8만 명 이상이 죽었다. 일본은 8월 14일 무조건 항복했고, 이로써 제2차 세계대전은 드디어 그 막을 내렸다.

제14장
20세기 중반
CANADA

다시 찾은 평화와
킹 수상

제2차 세계대전이 끝나자 육해공군에서 근무하던 군인들과 기술자들과 간호사들이 전쟁터에서 돌아왔다. 100만 명이 넘는 남녀가 군복을 벗었고 또 다른 100만 명이 군수공장에서 나와야 했다. 제1차 세계대전과 대공황을 기억하는 사람들은 앞으로 닥쳐올 실업문제를 걱정했다.

그러나 경제 전문가들은 대전 중 가장 많은 피해를 입은 소련·독일·일본 같은 나라들이 미국의 도움으로 전후 복구가 활발하게 진행되면 공장들이 다시 문을 열게 되고, 입을 옷과 먹을 양식을 살 여력이 생긴다면 국제무역이 활발해져 세계 경제가 유리하게 될 것이라고 내다보았다.

전문가들의 전망은 옳았다. 전후 경제회복은 엄청난 속도로 진행되었다. 캐나다도 이 행운을 잡았다. 밀의 수출은 불티가 났고, 철광석·석유·우라늄과 같은 지하자원이 개발되었다. 사람들은 돈을 흥청망청 썼고 전쟁 중에 하지 못했던 것을 모두 이룰 수 있었다. 세탁기·나일론 스타킹·자동차는 공장에서 출고되기가 무섭게 날개 돋친 듯 팔렸다. 그리고 가정마다 충분하게 즐길 수 있는 육류와 버터가 식탁에 올려졌다.

특히 대전 중 킹 Mackenzie King 수상은 미합중국과 군사·경제적 협정을 맺어 전쟁 수행을 서로 원활하게 협조했으며 전후에도 양국 관계를 더욱 확대시켜 많은 미국회사들을 캐나다의 자원개발에 참여시켰고 산업에 투자하게 했다. 그 결과 1950년대 캐나다의 경제 성장은 상당 부분이 미국자본에 기반을 두고 있었다. 킹이 그의 권좌를 1948년 11월 15일 로랑에게 넘겨줄 때쯤에는 캐나다는 장래가 약속된 부유한 나라였다. 그러나 일부 국민들은 킹이 미국의 영향을 너무 많이 받았다고 비난했다.

킹 수상.

킹은 영연방 국가들 중 가장 오랜 기간 총리를 지낸 사람으로, 제1차 세계대전 중 로리에 수상 밑에서 노동장관을 지냈고, 1919년 로리에가 죽자 자유당 당수가 된 이래 1920년대 경제 호황기에 수상을 지냈으며, 1935년 베넷으로부터 다시 정권을 찾아 1948년 은퇴할 때까지 22년간을 총리로 재임했다.

그는 괴팍한 성격의 소유자로 평생 미혼으로 지내면서, 가까운 친구도 별로 없이 정치만을 위해 태어난 사람같이 보였다. 주위에서는 그를 모든 일에 철두철미한 현실주의자라고 했으며, 정이라고는 손톱만큼도 없는 무정한 사람이라고 평했다. 그럼에도 불구하고 그를 이해하기 힘든 것 중 하나는 그가 키우던 애견이 죽었을 때는 몇 시간씩 울었다고 일기장에 기록되어 있는 점이다. 그는 또 죽은 모친의 영혼으로부터 메시지를 받는다고 믿었다.

킹의 정책은 시대에 따라 변했다. 1920년대는 정부는 기업이나 국민의 사생활에 간섭하지 말고 시장논리에 맡겨두는 것이 최선이라고 생각했다. 그러나 대공황은 그에게 정부가 국가 경제를 시장논리에만 맡겨두어서는 안된다는 것을 알려주었다. 그는 1940년 실업보험을 최초로 도입했으며, 대전 중에는 기업이윤을 통제하고 노동조합을 강화시켰고 배급제도와 도량형법을 도입했다. 또 대전 말기에는 가족수당Family Allowances도 도입했다.

이렇게 캐나다는 서서히 자유방임국가에서 복지국가로 변해가고 있었다.

뉴펀들랜드 합병

초대 수상 맥도널드는 뉴펀들랜드 없는 캐나다는 완전하다고 할 수 없으며, 뉴펀들랜드는 캐나다 관문의 열쇠라고 했다.

그러나 그들은 여태까지 캐나다에 합병하는 것을 거부하고 영국의 식민지 자치령으로 남아 있기를 고집했다. 해안지역 주민들은 대구와 오징어와 물개 등을 잡아 생활했으므로 수산업이 발달했고, 섬 내륙에서는 목재 산업이 발달했다. 그뿐만 아니라 벨레 섬에는 철광석 · 구리 · 납 · 주석들이 매장되어 있었다. 세인트 존스 상인들은 이와 같은 것들을 주로 영국과 서인도 제도에 내다 팔고, 돌아오는 길에 그들이 생산하지 못하는 기계류와 농산물을 구입해왔기 때문에 그날그날 생활하는 데는 별 아쉬움이 없었다.

그러나 대공황이 닥쳐왔을 때 뉴펀들랜드는 의지할 데가 없었다. 목재와 철광석 거래가 중단되고 수산물의 수출길도 막혀, 1934년에 와서는 3명 중 1명이 일자리를 잃었다. 일반 가정의 수입은 1년에 겨우 150달러에 불과했고, 의료혜택과 교육기관도 없었다. 뉴펀들랜드 정부는 빚더미에 올라앉아 이자를 지불할 돈도 마련할 수 없어 자치령은 결국 파산하고 말았다. 뉴펀들랜드는 영국에 도움을 청했다. 그러나 영국은 자체적으로 해결하도록 권고

했다.

절망에 빠졌던 뉴펀들랜드의 경제적 파탄과 고립은 제2차 세계대전으로 끝났다. 전쟁이 터지자 영국·미국·캐나다에서 돈과 기술이 섬으로 쏟아져 들어왔다. 북미와 유럽 사이에 위치한 뉴펀들랜드의 입지조건은 해군과 공군에 있어서 대단히 중요한 전략적 요충지였다. 세인트 존스는 호송선단의 사령부가 되었고, 새로운 현대식 공항이 래브라도Labrador에 있는 구스베이 Goose Bay와 섬에 있는 간더Gander에 생겼다. 공장에서 생산된 항공기들은 유럽 전선으로 가는 도중 이곳에 들러 재급유를 했다. 당시 뉴펀들랜드에서는 어디서나 미군과 캐나다 군인들을 볼 수 있었다.

대전이 끝난 후 영국은 뉴펀들랜드도 이제는 민주적인 정부형태로 거듭날 때가 왔다고 생각했다. 뉴펀들랜드의 장래문제를 의논하기 위해 주민들이 선출한 대표들이 모였다. 그들은 지금과 같이 선거에 의하지 않고 임명에 의해 뽑힌 3명의 섬 대표와 3명의 외부인사로 구성된 위원회에 의해 계속 다스려나갈 것인지, 아니면 주민들이 투표하여 선출한 자치정부를 구성할 것인지를 놓고 토의에 들어갔다. 그러나 일부 대표들은 캐나다 연방에 합병하자는 제3안을 내놓았다. 그밖에도 일부에서는 미합중국에 합병하자는 의견도 있었으나 정식으로 채택되지는 않았다.

드디어 세 가지 안을 놓고 국민투표가 실시되었다. 그러나 투표결과 세 가지 안 중 과반수를 얻은 것은 하나도 없었다. 다시 제2안과 제3안인 자치정부를 선출할 것인지, 캐나다에 합병할 것인지를 놓고 2차 투표에 들어갔다.

불꽃 튀는 선거전이 벌어졌다. 정부기관에서 일하는 공무원들은 캐나다에 합병되면 그들의 권력 일부가 훼손된다고 생각했고, 상인들은 캐나다가 그들의 시장을 잠식할 것이라고 걱정했다. 그러나 어부와 벌목장 인부들과 광부 등 노동자들은 실업보험이나 노후연금 같은 혜택을 받을 수 있는 안전한 사회를 원했다.

2차 투표 결과는 캐나다 연방에 합병하는 것으로 최종 결정되었다. 뉴펀들랜드와 래브라도는 1949년 3월 31일 드디어 캐나다 연방의 10번째 주로 합병되었다. 이로써 캐나다는 잃었던 양을 찾은 기쁨과 만족감을 얻게 되었다.

DIGEST
84
CANADA

지하자원의 개발

1947년 2월 13일 앨버타의 하늘은 오렌지색 불기둥으로 붉게 물들었다. 그동안 임피리얼 석유는 무려 133번의 시추에서 허탕만 치고 일금 2천 3백만 달러를 탕진하고 나서야 드디어 검은 황금에 적중했다. 캐나다에서 최초로 막대한 매장량을 가진 유전을 발견한 것이었다.

곧이어 다른 석유회사들도 앞다투어 석유탐사에 나섰으며, 앨버타와 서스캐처원에서 많은 유전을 발견했다. 석유뿐만 아니라 천연가스도 많이 발견되었다. 캐나다는 이제 산업체의 동력은 물론이고 각종 교통수단에 필요한 연료와 가정, 학교, 사무실의 난방에 필요한 연료를 자체적으로 조달하게 되었다. 1960년대 초까지 캐나다에서는 2만 개가 넘는 천연가스와 석유유전이 천공되었다.

석유와 천연가스 외에 캐나다는 다른 에너지 자원들도 개발되고 있었다. 세인트 로렌스 강·래브라도·북부 퀘벡·매니토바·브리티시 컬럼비아 등의 풍부한 수량은 수력발전에 의해 동력화되어 전기를 공급했다. 북부 온타리오와 북부 서스캐처원에서는 핵 연료로 쓰이는 우라늄이 엄청나게 매장되어 있는 것이 확인되었다.

히로시마에 투하돼 수많은 인명과 재산을 앗아간 원자폭탄은 인류를 말살시킬 수 있는 살인적인 무기였으나, 전후 원자력은 인류 평화를 위해 이용되었다.

한편 미국에서는 공장들이 그 어느 때보다 더 많은 물건들을 생산했고, 전쟁으로 폐허가 되었던 유럽과 일본에서도 그들의 산업을 재건했다. 그들은 모두가 캐나다의 자원을 원했으며 그것을 위해 투자할 준비를 하고 있었다.

엄청난 캐나다의 지하 자원이 탐사되고 회사들은 광맥을 찾기 위해 서둘러 탐사대를 보냈다. 밤낮으로 삼림이 무차별하게 베어지고 광산 · 공장 · 활주로 · 도로 · 철도 · 주택 · 상점들이 황무지에 들어섰다. 50년대는 과히 신흥도시의 시대였다.

천연자원으로 얻은 부는 산업을 촉발했다. 철강생산이 두 배로 늘었고, 공장들은 광산과 농장과 또 다른 공장에서 쓸 중장비들을 생산했다. 소비자들을 위한 상품들도 많이 만들어졌다. 국민들 사이에 자가용 붐이 일어나 50년대에는 무려 350만 대의 새 차가 국내에서 팔렸다.

이와 같은 자원개발이 장기화될 때 아무도 이에 수반되는 결과에 대해서는 염려하지 않았다. 그러나 자원을 개발하는 데는 심각한 문제가 뒤따랐다.

또 자원개발은 모든 국민들에게 골고루 혜택이 돌아가지 못했다. 동부 대서양 지방과 서부 평원 지방에는 그 여파가 미치지 못했고, 대부분의 캐나다인들은 여전히 빈곤에 시달리고 있었다.

한편 중부 캐나다는 고속으로 성장했으며 주요한 산업들과 도시들이 여기에 모여 있었다. 자원은 모두 다른 주에서 개발되고 있었으나 본사는 모두 토론토와 몬트리올에 있었다. 그들은 자원이 개발되는 현지에는 아무런 배려도 하지 않고 이익을 챙기는 데만 혈안이 되어 있었다. 그 결과 신흥도시들마저 그들의 성장속도를 유지하지 못했다. 시장들은 한산해졌고 도시는 죽었다. 영원한 번영의 꿈이 남기고 간 것은 유령도시들뿐이었다.

그뿐만 아니라 개발회사들이 자연경관에 대해서는 조금도 배려하지 않고 돈만 벌려는 마음에서 땅을 마구 파헤쳤기 때문에 그들이 지나간 자리는 영원한 상처만 남았다. 그들은 또 강물에 각종 공해를 쏟아붓고 대기를 오염시켰다.

　더구나 자원의 탐사와 개발을 위해 캐나다인들은 투자하지 않았고 외국자본, 주로 미국자본이 들어왔다. 외국인들의 투자는 고용을 창출했기 때문에 그 당시로는 좋은 것같이 보였으나 이것은 또한 소유권과 통제력 상실을 의미했다. 1956년에는 미국기업이 캐나다 내의 기업 중 절반 이상을 장악했으며, 캐나다에 있는 60대 기업 중 캐나다인이 소유한 것은 절반도 되지 않았다. 그리고 이와 같은 외국회사들의 점유율은 점점 증가해갔다.

　전설적인 50년대는 캐나다에 번영을 가져다줌과 동시에 미래에 심각한 문제들을 일으킬 씨앗도 뿌려놓았던 것이다.

유엔과 한국전쟁

제2차 세계대전이 끝날 때 세계 50개국의 대표들이 샌프란시스코에 모여 세계 평화를 유지하고 국가 간의 우호관계를 도모하기 위해 국제연합이라는 새로운 국제기구를 결성하기로 했다.

제1차 세계대전 후에도 이와 비슷한 기구로 국제연맹이라는 기구가 결성되었으나 회원국들의 협력이 미비하여, 일본·이탈리아·독일과 같은 나라들이 영토확장을 목적으로 인접국가들에 침략행위를 일삼아도 저지하지 못했고, 제2차 세계대전이 발발하는 것도 막지 못했다.

회의에 참석한 대표들은 과거 국제연맹의 교훈을 거울 삼아 세계가 당면하는 정치·경제·사회·문화 등 모든 분야의 중요문제를 해결할 수 있는 강력한 힘을 가진 기구를 세우기로 했다.

1945년 10월24일 유엔(UN)이 결성되었고, 유엔 본부가 뉴욕의 허드슨 강 언덕에 세워졌을 때 캐나다는 총회장으로 들어가는 입구에 달릴 니켈과 동으로 만든 문짝을 기증했다. 문짝에는 평화·평등·진실·우정 등 4개의 주제를 나타내는 문양이 새겨져 있었다. 이들 4개의 주제들이야말로 국제연합이 추구하는 이념이었다.

1950년 12월 한국전쟁에 참전한 캐나다군들과 인터뷰하는 종군 기자 레베크. 후에 퀘벡당 당수가 된다.

1950년 6월 25일 일요일 새벽 선전포고도 없이 한반도에서 북한군이 기습 남침하자 6월 27일 유엔 안보이사회가 소집되어 북한군의 도발을 침략행위로 규정짓고, 이를 저지하기 위해 남한에 군사지원을 하기로 결의했다. 이것은 국제연합이 결성된 후 침략행위를 저지하기 위해 유엔군이 참전한 최초의 경찰활동이었다. 7월 7일에는 유엔 통합군 사령부를 설치하기로 하고 총사령관에 미국의 맥아더Douglas MacArthur 장군을 임명했다.

당시 캐나다 수상 로랑Louis St. Laurent은 1948년 킹이 은퇴한 후 자유당 당수로 선출되어 수상에 올랐고, 전쟁 발발 전해인 1949년 총선에서 대승하여 정권을 재창출한 사람으로, 일찍이 1945년에는 국제연합 결성을 위한 샌프란시스코 국제회의에 캐나다 대표로 참석했던 관계로 누구보다 유엔의 결의에 적극 동조해야 할 입장에 있었다. 그뿐만 아니라 한국전쟁은 북대서양조약기구NATO에 가입할 때와 마찬가지로 캐나다로서는 전후 미국과의 새로운 관계를 시도하는 시금석이었다.

그러나 미국의 군사지원 요청을 받았을 때 캐나다인들은 이것이 한반도 내의 평화유지를 위한 전쟁인지 아니면 단순히 공산주의에 대항하여 싸우는 미국의 십자군 전쟁의 일환인지 의문이 생겼다. 가톨릭 교도인 프랑스계는 물론 대부분의 캐나다인들은 공산주의에 대한 미국의 성전에는 관심이 없었다. 더욱 심각했던 것은 중국대륙에 새로 들어선 공산정권에 대한 미국인들과 캐나다인들의 시각이 서로 달랐던 점이다.

그러나 캐나다 정부는 이러한 것을 쟁점화하여 미국과 반목하는 것은 현명하지 않다고 생각했다. 가장 중요한 것은 현실적인 관점에서 볼 때 한국전쟁이 가져올 경제적인 파급효과였다. 로랑 정부는 유엔의 결의에 따라 북한의 도발을 침략행위로 보고 한반도의 평화유지를 위해 기꺼이 참전하기로 결정했다. 7월 28일 공군을 참전시킨 데 이어 7월 30일에는 캐나다 해군을 참전시킴으로써 캐나다는 본격적으로 한국전쟁에 뛰어들었다.

남한을 돕기 위해 16개국이, 북한을 위해 중공군과 소련군이 참전하여 한국전쟁은 세계 20개국이 참전한 세계전쟁이 되었다.

주도적인 역할을 한 30만 명의 미합중국 병력을 제외하면 나머지 유엔군은 모두 합쳐 4만여 명이었다. 이 중 캐나다는 3년간 계속된 전쟁에 2만 6천 명의 육해공군을 참전시켜 남한을 도왔으며, 그중 516명이 한국전쟁에서 전사했다. 그러나 한국전쟁은 전후에 우려되었던 경기침체를 종식시키고 1950년대 캐나다 경제에 놀라운 발전을 가져오는 계기를 마련해주었다.

세인트 로렌스 수로

1535년 카르티에 일행이 처음으로 세인트 로렌스 강을 거슬러올라가 지금의 몬트리올에 도착했을 때, 강물이 갑자기 역류하면서 물살이 사납게 구비치자 그들은 더 이상 올라갈 수 없다고 생각하고 탐사를 포기했다. 그러고 나서 400년이 지나도록 북미인들은 아무도 배를 이용해 포트 윌리엄Fort William이나 온타리오까지 갈 수 없었으며, 슈피리얼 호 연안에 있는 덜루스Duluth나 미시간Michigan 등지로도 갈 수 없었다.

그러던 중 1941년 캐나다와 미합중국은 대서양의 배들이 오대호까지 항해할 수 있게 충분한 깊이의 운하를 건설하기로 하고 합의서에 서명을 했다. 당시 캐나다는 퀘벡과 래브라도에 있는 광산에서 캐낸 광석들을 토론토·해밀턴·디트로이트·시카고 등지에 있는 공장으로 보내야 했고, 서부에서 생산한 밀을 세계 시장으로 옮겨야 했으므로 새로운 수송로가 절실히 필요했다. 그러나 미국은 서명을 한 지 10년이 지나도록 계획을 세우는 데만 세월을 보내고 일을 착수할 생각은 하지 않았다.

운하공사의 착공이 지연되고 있는 가운데 캐나다는 미국을 제쳐놓고 단독으로라도 운하 대신 세인트 로렌스 강을 이용한 수로를 건설하기로 결정했

세인트 로렌스 수로 개통식에
서 연설하는 엘리자베스 여왕.
1959년 6월.

다. 캐나다가 수로 착공을 서두르자 미국도 여기에 자극을 받아 행동을 취하
게 되었다. 회담은 다시 시작되어 1954년 양국은 각각 그들 각자의 영토 내
에 해당되는 구역에 대해서는 건설비를 각자 부담하기로 하고 수로 건설에
최종 합의했다.

캐나다의 과학기술이 도입되어 새로 건설된 7개의 갑문 중 5개가 캐나다
인들에 의해 설계되고 완성되었다. 거대한 급류가 폭파되어 산산조각이 나
고, 커다란 섬이 통째로 없어지고 다시 생기기도 했다. 강을 가로지르는 터널
들을 파고 다리들을 새로 놓았다. 6,500명의 수몰지구 주민들을 이주시켰으
며, 역사가들과 고고학자들로 구성된 팀들이 수몰 예정지역의 역사적인 유
적과 건축물들을 수몰되기 전에 안전한 곳으로 옮겨놓느라 분주했다.

1959년 6월 26일 엘리자베스 2세 영국 여왕과 아이젠하워 미합중국 대통
령이 참석한 가운데 세인트 로렌스 수로St. Laurence Seaway가 정식으로 개통되
었다. 많은 상선들이 이 수로를 타고 북미의 산업중심지를 향해 3,700km를
항해할 수 있었고, 거대한 선박들이 포트 윌리엄이나 선더 베이까지 가서 서

부평원 지방에서 밀을 싣고온 열차와 만나 밀을 옮겨싣고 전 세계로 날랐다. 이렇게 수로는 원활한 수송과 물류비 절감으로 캐나다 경제에 많은 기여를 했다.

　이 수로는 원래 깊이가 8.2m밖에 되지 않기 때문에 오늘날 현대적인 선박에는 그 수심이 불충분해 준설사업과 현대화 작업이 지금까지도 계속 진행되고 있다.

전후 인구 증가

캐나다의 인구는 1930년대와 1940년대에는 크게 증가하지 않았다. 대공황이 있던 시기에는 이민이 제한되었고, 제2차 세계대전 중에는 실질적인 이민이 거의 없었을 뿐만 아니라 수십만 명의 캐나다인들이 해외에 파병되었다.

그러나 전쟁이 끝나자 인구는 급속도로 증가했다. 유럽 전선에서 근무하던 제대군인들이 현지에서 만나 결혼한 신부들과 그곳에서 출생한 자녀들을 데려왔다. 약 4만 8천여 명의 신부들이 영국 · 네덜란드 · 벨기에 · 프랑스 등지에서 왔고, 2만 1천여 명의 아이들이 아버지의 나라를 찾아왔다. 캐나다에 도착한 그들은 남편을 따라 각각 멀리 떨어진 지방과 고립된 도시에 흩어져 살면서 문화적 충격을 감수해야 했다. 그들은 또 기후와 풍토가 다르고 생활방식이 다른 이곳에서 가족과 친구들로부터 떨어져 고독하게 지내야 했다. 그러나 이러한 어려움에도 불구하고 그들의 대부분은 새로운 가정에 잘 적응해나갔다.

전후에는 출산율도 증가하여 1930년대에 1,000명당 20.1이던 출산율이 1950년대에 와서는 28.0으로 현저하게 증가했다. 캐나다는 어린이 중심 사

회가 되었다. 따라서 장난감과 유아용품과 어린이 자전거를 만드는 회사들
이 호황을 누렸다. 과밀학급을 해소하기 위해 새로운 학교를 짓고, 모자라는
교사를 위해 영국과 심지어 호주까지 가서 교사들을 구해왔다. 그래도 증가
하는 학생수를 감당하기 힘들었다.

더구나 정부의 이민 장려책으로 영국제도로부터 이민자들이 몰려왔고, 동
유럽의 공산국가에서 추방된 난민들까지 환영을 받았다. 그러나 킹 수상은
캐나다의 이민정책은 주민들의 기본적인 특성을 보호할 것이라고 천명했다.
이것은 캐나다의 인구는 유럽인과 백인으로 유지하겠다는 것을 의미했다.
물론 거기에는 아시아인과 서인도 제도의 이민자들을 제외시킨다는 뜻을 내
포하고 있었다.

캐나다는 전통적으로 영국계와 프랑스계가 인구의 주종을 이루어왔으나,
이탈리아 · 그리스 · 우크라이나 등 남부와 동부 유럽의 여러 지역에서 이민
자들이 몰려옴에 따라 토론토와 몬트리올 등의 대도시의 인구 구성비율이
변화되어 영국계와 프랑스계의 특성도 점차 퇴색하기 시작했다.

한편 인구가 증가함에 따라 새로운 주택이 필요했고, 많은 사람들은 복잡한 도시보다 도시의 외곽에 있는 넓은 외곽지대에서 살기를 원했다. 상점들도 도시를 떠나 새로 생긴 교외의 상가지역으로 옮겨갔다. 새로 조성된 도시 외곽지역의 성장은 경제발전에도 많이 기여했다. 건설업과 각종 생산업체들과 가재도구 제조업체들이 번창했고, 새로운 도로와 고속도로가 건설되자 교외에 사는 대부분의 가정들도 자가용을 소유했다.

도시 외곽지역은 오래되고 복잡한 도시에 비해 쾌적한 환경, 새로 지은 주택, 쇼핑 플라자, 주유소, 햄버거 가게, 고속도로 등으로 특징지어졌다.

50년대는 확실히 성장과 변화의 시대였다. 도시와 패션과 생활양식과 가치관이 변했다. 캐나다인들은 확실히 세계에서 가장 좋은 사회에서 살고 있었다. 대공황과 세계대전의 어둡고 긴 터널을 지나 50년대는 정말 건설적인 시대였다.

그러나 빠른 변화는 사회에 또 다른 부작용을 가져왔다. 이혼율이 증가하기 시작했고, 대도시에서는 청소년 비행이 문제 되었다. 교외의 생활로 자동차가 증가하자 교통난과 배기가스로 인한 공해가 일과처럼 되었다.

캐나다의 전후 정치

디펀베이커 시대

장기집권을 누려온 자유당은 자기들이 캐나다를 다스릴 권리를 가지는 것은 당연하다는 극히 위험한 착각에 빠져 있었다. 그들의 교만은 날이 갈수록 더해갔고 급기야 아무에게도 귀를 기울이려고 하지 않았다.

당시 제1 야당이던 보수당은 1956년 새 당수로 서부 평원 지방 출신인 열정적이고 참신한 인물인 디펀베이커Diefenbaker를 선출했다. 그는 능수능란한 솜씨로 자유당을 공격했으며, 유권자들은 그가 나라를 사랑하고 소외된 계층을 돌볼 수 있는 사람이라고 생각했다.

1957년 선거에서 디펀베이커는 자유당의 교만을 신랄하게 꼬집으면서, 자유당이 지금까지 나라를 위해 아무것도 한 일이 없다고 했다. 그는 북방정책을 들고 나왔다. 캐나다 북부지역에 있는 지하자원을 개발하기 위해 도로를 건설하고 정착지를 세워 북극 지방을 개방하겠다고 했다.

선거 결과 보수당이 다수의석을 얻어 승리했다. 그러나 전체의석의 과반수는 차지하지 못했다. 오히려 야당인 자유당과 합동공화연합과 사회신용당이 합치면 집권당인 보수당보다 의석수가 많아 보수당이 통과시키려는 어떤

법안도 야당의 단합 때문에 통과되지 못했다.

디펜베이커 수상은 이와 같은 여소야대의 정치구도로는 더 이상 국가를 운영할 수 없다고 밝히고 1958년 초에 재선거를 공포했다. 선거결과는 정국안정을 바라는 국민들이 마치 디펜베이커의 최면에 걸려든 듯 보수당에 몰표를 주었다. 보수당이 208석을 얻은 반면, 다른 정당들은 모두 합쳐봐야 57석밖에 얻지 못했다.

선거에서 자신을 얻은 디펜베이커는 페어클로프Fairclough를 연방정부의 첫 여성각료로 앉히고 글래드스톤Gladstone을 캐나다 최초의 원주민 상원의원

진보보수당 당수로 선출된 디펜베이커. 1956년 12월, 오타와.(위), 자유당 정부를 꾸짖는 디펜베이커. 1948년.(아래)

으로 임명했다. 그리고 바니에Vanier를 최초의 프랑스계 캐나다 총독으로 추천함으로써 그는 인사에 있어서 획기적인 개혁을 단행했다.

재임 중 그가 가장 보람을 느꼈던 것은 권리장전Bill of Rights의 제정이었을 것이다. 이 법안은 종교의 자유와 언론의 자유와 그외 인종·피부색·종

교 · 성별에 관계없이 법 앞에서 평등하다는 기본적 권리를 모든 캐나다인들에게 보장했다. 독일과 영국의 혈통을 받은 디펀베이커는 영국적인 문화유산을 약화시키지 않으면서 캐나다를 다중문화의 성격을 띤 사회로 발전시켜 나가려고 했다.

디펀베이커와 보수당은 인권 분야에서는 많은 업적을 남겼으나 정부운영 면에서는 경험 부족으로 많은 오류를 범했다. 찬란하던 50년대의 경제 성장도 점차 둔화되자 디펀베이커 정권에도 어려움이 닥쳐왔다. 캐나다의 화폐 가치가 평가절하되어 국민들의 자존심에 상처를 주었다. 국민들은 이것을 디펀달러Diefendollar라고 불렀다.

그러나 결정적으로 디펀베이커의 정치생명에 치명타를 가한 것은 캐나다의 기술로 설계된 차세대 전투기의 제작을 1959년 그가 취소했기 때문이었다.

캐나다 항공기 제작능력은 제2차 세계대전 중 세계에서 으뜸이었다. 1950년대 캐나다가 설계한 애로Arrow라는 새로운 제트 전투기는 그 당시로 보아 20년을 앞선 차세대 기종이었다. 원형이 제작되어 시험비행을 하는 찰나에 미국의 압력에 의해 디펀베이커는 이 계획을 전면 취소했다. 아이젠하워 대통령의 압력에 부딪힌 디펀베이커는 애로 계획 대신 미국의 보마크Bomarc 미사일을 사야 했다. 이에 국민들은 몹시 격분했다. 국민들은 그가 캐나다 항공산업을 망쳐놓았다고 성토했다. 하룻밤 사이에 15,000명이 일자리를 잃었다. 항공기 기술자들은 일자리를 찾아 다른 나라로 떠났고, 우수한 두뇌들이 미국 등으로 유출되었다. 국민들은 디펜베이커를 결코 용서하지 않았다.

1962년 선거에서 보수당은 92석을 잃었다. 디펜베이커는 116석의 의석으로 정권을 유지하기는 했으나 다시 여소야대의 정국이 되었다.

한편 미국에서 구입한 보마크 미사일은 핵탄두가 필요했다. 그러나 디펜베이커는 국민들의 거센 반발에 부딪혀 핵탄두를 받아들일 결심을 포기해야 했다. 이로써 전투기도 없고 핵탄두도 없는 캐나다는 냉전시대에 국가방위를 위해 적절하게 대처하지 못했다. 그의 각료장관들마저 그에 대한 확신을 잃었다. 그는 정책 결정에서 결단력이 부족했고, 우유부단한 정무수행으로 인해 1963년 드디어 권좌에서 밀려났다.

외교관 출신, 피어슨

1957년 선거에서 22년간이나 장기집권하던 자유당이 보수당에 패배하자 로랑이 사임하고 그 뒤를 이어 피어슨Lester Pearson이 자유당 당수로 선출되었다. 피어슨은 로랑 밑에서 외무장관을 지냈으며, 특히 1956년 수에즈 위기Suez Crisis가 발발했을 때 유엔에서 평화유지군Peace Keeping Forces을 창설하여 파송할 것을 제안하여 위기를 극복하는 데 기여한 공로로 노벨 평화상까지 수상한 유명인사였다.

그러나 피어슨이 이끄는 자유당은 1958년 총선에서 디펜베이커가 이끄는 보수당에게 참패를 당함으로써 캐나다 역사상 가장 큰 거대 여당을 보수당에 안겨주었다. 유권자들에게 피어슨은 정치가라기보다는 외교관으로서의 이미지가 더 강하게 각인되어 있었던 반면 디펜베이커는 정치가다운 강렬한 인상을 보여주었다. 또 열정적인 디펜베이커에 비해 조용한 성격의 피어슨은 하원에 나가 열변을 토하는 것보다 집에서 야구 구경이나 테니스를 하면서 지내는 것을 더 좋아했다.

제1 야당 당수로 특별한 정치적 역량을 보이지 못하고 있던 피어슨에게 쿠바 위기는 또 한 번 그에게 기회를 가져다주었다. 1967년 소련이 쿠바에

미사일 기지를 세우려고 하자 미·소 간에 긴장이 고조되어 전쟁 일촉즉발 위기까지 갔고 국제적 위기감이 팽배해졌다. 이런 상황에서 당시 총리로 있던 디펜베이커는 캐나다 국내는 물론 유럽 주둔 캐나다 나토 기지에 있는 보마크 미사일에까지도 핵탄두를 장착하는 것을 거절했다. 솔직히 핵탄두가 없는 미사일은 아무 쓸모없었다. 캐나다의 우방

노벨 평화상을 수상한 피어슨.

들과 심지어 디펜베이커의 각료들까지 핵탄두를 받아들이도록 압력을 가했으나 그는 끝까지 거절했으며, 이 문제로 3명의 각료들이 사임하는 사태까지 벌어졌다.

피어슨은 이때 의회에 나가 우리는 우리가 저질러놓은 일에 대해 책임을 져야 한다고 전제하고 미사일을 받아들였으니 핵탄두도 받아들여야 한다고 주장했다. 그의 연설은 캐나다 국민들로부터 많은 공감을 받았다.

1963년 총선에서 피어슨이 이끄는 자유당은 디펜베이커의 보수당을 꺾고 정권을 잡았다. 그러나 피어슨의 자유당은 하원에서 확실한 다수당이 되지 못했다. 그는 여소야대의 정국을 극복하고 정권을 유지하기 위해 그의 특유의 외교적 수완을 발휘했다. 그는 합동공화연합에서 당명을 바꾼 신민주당 New Democratic Party과 공조관계를 유지하기 위해 신민주당이 지향하는 방향으로 정책을 펴나갔다. 이 때문에 보수당은 언제나 자유당의 정책을 비난했고 추문을 들추어내어 피어슨 정부를 당황하게 만들었다.

피어슨 정부는 1965년 2월 15일 건국 100주년을 2년 앞두고, 98년간이나 논란이 되어오던 국기를 제정하여 그동안 빌려쓰던 영국 국기를 내리고 의

사당 평화의 탑 위에 캐나다 국기를 최초로 게양했다. 1965년 이전에는 2개의 영국기를 빌려 가정에서는 유니언 잭을 사용했고, 국제회의 등 외교관계에서나 올림픽과 같은 국제경기에서는 호주나 뉴질랜드 국기처럼 한쪽 귀퉁이에 유니언 잭이 그려져 있는 붉은색 바탕의 영국 해군기를 사용했다. 대부분의 영국계 캐나다인들은 영국기를 사용하는 것을 자랑스럽게 생각했으나, 영국계가 아닌 주민들은 그들의 생각과는 달랐으며, 특히 프랑스계 캐나다인들은 영국기는 1759년 뉴프랑스를 멸망시킨 침략자들을 상기시키므로 매우 불쾌하게 생각했다. 그 결과 그들이 사용하던 깃발은 국민들의 단합보다 분열을 조장시켰다.

피어슨은 전 국민이 공감할 수 있는 상징이 있어야 한다고 생각했다. 그는 1964년 의회가 새로운 국기를 선정할 것이라고 발표했다. 전국에서 2,000개 이상의 디자인이 응모되어 올라왔으며, 국기가 결정되기까지 33일간 위원회에서 무려 252건의 연설을 하면서 열띤 논쟁을 벌였다. 의회에서 논쟁을 벌이는 동안 의사당 밖에서는 전국에서 모여든 극렬파 영국계 주민들이 영국기를 그대로 사용하자며 격렬하게 시위를 벌였다. 붉은 단풍잎이 캐나다 국기로 결정되었을 때 사람들은 새 국기가 국민들로부터 외면을 당할 것이라고 생각했다. 그러나 예상과는 달리 대부분의 국민들은 새로운 국기를 반겼다.

정부는 육군과 해군과 공군을 통합하여 캐나다군도 창설했다. 피어슨은 또 연방 정부와 주정부 간의 협의회를 상설기구로 두어 중앙정부와 주정부 간에 상호 협조하여 국민들에게 최선을 다하기로 했다.

피어슨은 또 프랑스계와 영국계의 불편한 관계를 해소하기 위해 이중언어와 이중문화정책을 위해 왕립위원회Royal Commission를 설치했다. 그리고 모든 공공 행정업무는 이중언어로 되어야 한다고 규정했다. 이것은 영·불계 캐나다인들이 동등하게 대접받고 고위직에 대한 기회도 똑같이 가질 수 있는 계기를 마련해주었다. 그가 재임하고 있는 동안 캐나다 경제는 그 어느 때보다 미국의 지배가 심했다. 재무장관 고돈Gordon은 이러한 상황을 역전시키려고 애를 썼다. 그러나 그가 미국의 지배에 대한 위험성을 너무 떠들었기 때문에 캐나다인들의 자존심을 건드려 도리어 인기가 떨어졌다. 피어슨은 총리로서 건국 100주년인 1967년 한 해를 마감하고 그 이듬해, 그와는 전혀 다른 기질을 가진 자유당 당수에게 권좌를 넘겨주었다. 그의 이름은 트뤼도Trudeau였다.

신민주당

캐나다는 전통적으로 자유당Liberals과 보수당Conservatives이 번갈아 정권을 잡아오면서 양당구도를 지향했으며, 특히 중앙정치권에서는 제3당들은 살아남기 힘들었다.

합동공화연합도 대공황기에 자본주의의 폐해를 경고하면서 창당되어 잠시 반짝했으나, 50년대에 와서 경제가 회복되어 호황기에 들어서자 설 자리를 잃어가고 있었다. 특히 냉전시대에서 볼 때 그들은 위험하고 급진적인 개혁파로 비쳐졌으며, 일부 사업가들과 언론인들은 그들을 공산주의자들로 매도했다. 더구나 1958년 총선에서 디펜베이커가 이끄는 보수당이 사상 유례없는 압승을 거두자 합동공화연합은 전멸했다. 그러나 골수당원들은 그들의 정치적 의지를 굽히지 않고 이것을 도리어 새로운 도약의 기회라고 생각했다.

마침 이 시기에 캐나다 노조도 정치에 눈을 돌리고 있었다. 1919년 5월 1일 위니펙 총파업이 있은 후 노조는 정치권 밖에 있었으나, 대기업들이 여야 정치권에 정치자금을 헌납하고 노사분쟁이 있을 때마다 정부는 사주 편을 들어주는 등 정경유착이 심화되자 노조는 그제야 정부 내에 그들의 편이 없다는 것을 깨달았다. 노조 지도자들은 점차 그들도 정치적인 세력이 필요하다는 것을 인식하게 되었고, 1956년 노조는 캐나다 노동회의Canadian Labour Congress를 결성했다. 캐나다 노동회의는 노동자들의 힘을 모아 그들 자신들을 보호하는 우산과 같은 조직이었다.

노조 지도자들은 이에 그치지 않고 그들의 주장과 권익을 대변할 정당을 찾고 있었다. 2년 후 합동공화연합과 캐나다 노동회의의 대표들이 새로운 신당을 창당하기로 의견의 일치를 보았다. 이것은 합동공화연합의 부활과 노

신민주당 당수 더글러스, 1961년 8월, 창당대회.

조의 권익을 대변할 수 있다는 점에서 양쪽을 모두 만족시켰다.

1960년 선거에서는 신당이 정식으로 출범하기도 전에 몇몇 후보들이 입후보하여 의회에 미리 진출했다.

1961년 드디어 캐나다 역사상 가장 큰 정당대회가 오타와에서 열렸다. 대의원들은 새 정당의 당명을 신민주당이라고 붙였다. 신민주당은 노조 지도자와 농민, 지식인들과 과거 합동공화연합의 당원들로 구성된 공동체였다. 그들은 위트와 정열이 넘치는 서스캐처원 주지사 더글러스Douglas를 초대 당수로 선출했다. 이로써 캐나다는 지금까지 정책면에서 서로 유사했던 자유당과 보수당과는 확실히 차별되는 새로운 정당을 선택할 수 있게 되었다.

1961년 신민주당은 창당되자마자 서스캐처원, 매니토바, 브리티시 컬럼비아 주의회 선거에서 모두 승리했으며, 온타리오에서도 그 세력이 확대되어 가고 있었다.

신민주당은 중앙정치에서는 언제나 제3당으로 머물렀지만, 서부 캐나다에서는 중앙정치에서도 진보보수당에 대적하는 제2 야당으로 부상했다. 당시 자유당은 종종 신민주당의 정책을 인용하여 자기들의 정책으로 만들었다. 특히 사회복지, 경제정책, 천연자원 분야에서 자유당은 신민주당의 아이디어를 많이 표절했다. 언론과 정치권에서도 신민주당을 더 이상 공산주의자들이나 좌익세력으로 보지 않았다. 1980년에 있었던 총선에서는 신민주당이 전국에서 200만 유권자들의 지지표를 얻어 하원의석 중 32석이나 차지했으며, 캐나다인들의 존경을 받는 당이 되었다.

신민주당이 캐나다 사회에 기여한 가장 위대한 업적은 전국 무료의료 시혜일 것이다. 캐나다 의료보험Medicare은 1962년 신민주당에 의해 서스캐처원에서 처음 도입되었다. 의사들은 환자 대신 주정부가 진료비를 지불하면 수입이 줄고 환자와의 신뢰관계가 붕괴될 것이라는 이유로 의료보험 시행을 맹렬히 반대했다. 더글러스 주지사는 의료 시혜는 지불능력이 없는 주민들 뿐만 아니라 모든 주민들의 정당한 권리라고 그의 뜻을 굽히지 않았다. 의사들이 파업에 돌입하자 주정부는 국제적으로 지지를 호소하여 의료보험에 동참할 외국의사들, 특히 영국의사들을 데려와 논쟁이 진정될 때까지 주민들에게 무료의료 혜택을 베풀었다. 의료보험이 의사와 환자 간의 관계를 해하지 않고 의사들의 수입에도 영향을 주지 않는다는 것이 밝혀지자 파업에 가담했던 의사들도 이 계획에 동참했다.

서스캐처원에서 의료보험이 성공하는 것을 지켜본 자유당의 피어슨 정부는 캐나다의 모든 주에서 의료비를 공동 부담하는 의료보험을 실시하도록 제안하게 되었고, 이것이 전 국민 의료보험의 효시가 되었다.

제15장
트뤼도에서
크레티앵까지

CANADA

1960년 캐나다는 젊음과 활기가 넘쳐흐르는 오색 찬란한 시대였다. 그러나 정치무대에서 맴도는 얼굴들은 구태의연하고 비슷비슷한 모습들이었기 때문에 캐나다 국민들은 그들에게 싫증을 느꼈다. 특히 건국 100주년의 감격과 생동감 속에서 국민들은 정치권에도 신선한 피가 수혈되기를 원했다.

이때 떠오른 사람이 트뤼도Pierre Elliott Trudeau였다. 법무장관이었던 그는 다른 정치인들에 비해 훨씬 젊고 이상적인 사람으로 보였다. 그는 미혼으로, 스포츠와 춤과 파티를 즐겼으며, 세련된 옷을 즐겨 입었다. 그는 또 캐나다에서 대학을 졸업하고 미국의 하버드 대학과 영국의 스쿨 오브 이코노미스트 School of Economist에서 공부를 계속한 후, 당시로써는 서방세계와 완전히 단절되어 있던 공산중국과 소련에서 한동안 방랑생활을 했으며, 귀국 후 퀘벡 주의 아스베스토스 파업Asbestos strike 때 석면광산 노조 측 변호사로서 대기업과 퀘벡 주정부와 맞서 싸우는 등 파격적인 일들을 함으로써 국민들에게 신선한 충격을 주었다. 그는 새로운 아이디어와 강한 추진력, 캐나다에 대한 깊은 애정을 가진 사람이었다.

1968년 피어슨이 사임하자 트뤼도가 자유당 당수로 선출되었다. 그는 수

상에 오르자마자 총선을 실
시하기로 하고 선거전에 들
어갔다.

트뤼도가 연설하는 곳은
록 콘서트장과 같았다. 10대
들이 환호와 기성을 지르고,
군중은 그들의 영웅에게 접
근하려고 야단들이었으며,
여성들은 그에게 키스하려고
법석을 떨었다. 그는 확실히
스타였다. 모든 캐나다인들
의 권리가 존중되고 모든 국
민들이 양질의 생활을 즐길
수 있는 바로 그러한 사회를
구가하는 그의 확고한 정치

트뤼도, 1968년 선거전.

관에 대해 국민들은 가슴을 설레었다.

트뤼도 한 사람으로 인해 타당 후보들은 자유당에 대항할 엄두를 내지 못
했고, 자유당은 1968년 선거에서 압도적인 승리를 거두었다. 더구나 캐나다
는 1962년 이래 여소야대의 정국이 계속되었으므로 국민들은 굴욕적인 소
수당 정부에 지쳐 있었다. 안정정국을 원하던 국민들은 정부가 소신껏 일을
하려면 다수당 정부가 되어야 한다는 것을 깨달았다. 유권자들은 트뤼도가
원하는 여대야소의 정국을 만들어주기 위해 그에게 몰표를 주었다.

그러나 트뤼도가 총리로 재임하던 1970년대는 어려운 시기였다. 경제가
전반적으로 침체되고 실업률이 증가되었으며 물가가 상승했다.

영국계와 프랑스계 사이는 물론이고 근자에 이민 온 사람들과 토박이들
사이에 긴장이 고조되고, 원주민들과 여성들은 평등한 대우와 동등권을 요
구하고 나섰다. 1968년 선거에서 정의로운 사회를 선거 슬로건으로 내세웠
던 트뤼도가 이러한 문제들을 해결하지 못하자 기대를 걸었던 국민들은 실

망하고 분노했다.

그럼에도 불구하고 트뤼도는 재임기간 동안에 여러 가지 상징적인 개혁을 단행했다. 그는 인사에서 라스킨Laskin을 최초의 유대계 대법원장으로 임명했고, 맥기본McGibbon과 슈타인하우어Ralph Steinhauer를 각각 온타리오 주의 최초 여성 총독과 앨버타 주의 최초 원주민 총독으로 임명했다. 그 외에도 마르샹Marchand은 연방정부 각료장관이 된 최초의 원주민이었고, 소베Sauvé는 최초의 여성 하원의장이었다. 그 후 그녀는 캐나다 최초의 여성 총독의 지위에까지 오른다. 그러나 트뤼도의 이러한 상징적인 주요 업적들도 원주민들과 여성운동가들의 여론과 압력에 밀려 마지못해 채택된 것이라고 매도되었다.

트뤼도의 업적 중 또 하나는 프랑스계 캐나다인들의 인권을 신장시켜준 것이다. 그는 불어를 쓰는 캐나다인들이 퀘벡 이외의 타 주에서 언어와 법적 권리를 가지지 못한다면 그들은 퀘벡이라는 보호구역 안에만 영원히 격리된 채 남아 있게 될 것이라고 말했다.

그의 목표는 영어와 불어를 쓰는 캐나다인들이 언어와 법적 권리를 캐나다 어디에서나 동등하게 누릴 수 있는 국가를 건설하는 것이었다. 그는 1969년 연방정부의 모든 행정업무에서 영어와 불어를 병행하여 사용하도록 하는 공용어 법Official Language Act을 통과시켰다. 이것은 공직자들이 제2 외국어를 배워야 한다는 것을 의미했고, 캐나다에서 사업을 하는 회사들은 그들의 모든 제품에 영어문안과 불어문안을 동시에 쓰도록 요구받았다. 그러나 이 법은 연방정부가 장악하는 업무에 대해서만 적용되었고, 주정부들은 연방정부의 방침을 제대로 따르지 않았다.

트뤼도는 또 1971년 캐나다는 이중언어 국가뿐만 아니라 다중문화 사회가 될 것이라고 규정했다. 이민법도 바뀌어 새로운 지역으로부터 오는 이민도 장려하기로 했다. 따라서 지금까지 이민이 어려웠던 서인도 제도 · 아시아 · 아프리카 · 라틴아메리카 등지로부터도 피부색과 종교를 초월한 다양한 인종들을 받아들인 캐나다는 드디어 다중문화 사회가 되기 시작했다.

새로운 이민정책과 다중문화

20세기 전환기에 이민장관을 역임했던 시프톤은 서부의 평원 지방에 정착할 건강하고 일 잘하는 농부들의 이민을 장려했고, 그 뒤를 이어 1905년에 새 이민장관으로 취임한 올리브는 영국계 이민만을 원했으므로, 제2차 세계대전 전까지만 하더라도 아프리카는 물론 아시아인, 유대인, 동유럽인들의 이민은 어려웠다. 1914년 인도로부터 수백 명의 시크Sikhs 교도를 싣고 온 고마가다 마루 호는 밴쿠버 항에서 한여름을 기다리다 끝내 상륙치 못하고 돌아갔고, 1939년에는 907명의 유대인을 싣고 온 세인트 루이스 호도 입국을 거절당했다. 그 당시 캐나다인들은 유대인의 입국을 반대하는 연판장에 10만 명 이상이 서명했다. 유럽으로 돌아간 세인트 루이스 호는 다행히 네덜란드 정부의 배려로 안식처를 마련했으나, 네덜란드가 독일군에 점령되자 그들은 모두 나치 수용소로 끌려가 처형되는 비운을 맞았다.

제2차 세계대전 후에는 인도주의적 제스처로 유럽의 난민들을 받았으나 원칙은 변하지 않았다. 캐나다는 대영제국과 미국과 프랑스계 이민을 여전히 선호했고 유색인종의 이민을 엄격히 제한했다.

그러던 것이 1970년대에 와서는 많은 캐나다인들이 그동안의 이민정책이 잘못되었다는 것을 깨닫고, 이민은 피부색·출신국·언어로 평가되어서는 안 되며, 캐나다의 필요한 분야와 부족한 부분을 채울 수 있는 개인의 능력에 기초를 두어야 한다고 생각했다.

1976년 트뤼도 정부는 새로운 이민정책을 발표했다. 이민자를 교육수준, 전문기술 분야, 경력, 나이, 영어나 불어 능력, 캐나다 내 친척 유무 등 10가지의 기준을 점수제로 평가하여 선정하기로 했다. 당시 유럽에서는 생활 여건이 좋았으므로 이민을 원하는 사람이 적은 반면, 아시아, 아프리카, 카리브 제도에 있는 국가들은 가난했으므로 더 좋은 기회를 잡기 위해 캐나다로 이민했다.

새로운 이민정책은 캐나다의 모습을 바꾸어놓았다. 시내 버스를 타면 옆 좌석에 아시아인과 아프리카인들이 앉았고, 자녀들도 학교에서 피부색이 다른 급우를 만났다. 슈퍼마켓에 줄을 서 있는 고객들은 전 세계에서 모여든 인종들로 형형색색이었다. 많은 사람들이 흥분과 호기심으로 그들을 보았고 때로는 놀라운 눈으로 보았다. 주민들은 종종 문화의 차이 때문에 그들을 이해하지 못하는 점들이 있어 두려움을 느꼈고, 두려움은 곧 증오와 편견으로 변했다.

편견은 이민자들의 생활을 어렵게 했다. 일자리가 있어도 캐나다에서 일한 경력을 요구하기 때문에 그들에게는 그림의 떡이었고, 따라서 좋은 직장을 가질 수가 없었다. 주거에 있어서도 인종차별은 불법이었으나 집주인들은 유색인종들에게 집을 빌려주지 않았다. 일부 주민들은 이민자들이 캐나다인들의 일자리를 뺏는다고 믿었으며, 캐나다에 실업이 있는 한 이민을 받아들여서는 안 된다고 주장했다. 그러나 그들의 주장과는 달리 캐나다에 도착한 이민자들은 의복과 가재도구와 가구 등 필수품을 구입했고, 얼마 안 가서 주택과 자동차도 구입했다. 이민자들의 구매력은 공장 가동률을 높였고, 수많은 캐나다인들에게 일자리를 마련해주었다.

더욱이 1960년대 피임약이 도입된 이래 캐나다의 출산율은 전체 인구가 줄기 시작할 정도로 서서히 저하되고 있었고, 인구가 증가하지 않으면 캐나다의 경제는 현상유지가 어렵게 되므로 이민은 불가피했다.

한편 1980년대에는 몇몇 대규모 이민집단들이 보트를 타고 캐나다 해안에 홀연히 도착하여 난민이라고 주장하면서 입국을 요구했다. 대부분의 국민들은 그들의 주장이 캐나다 난민정책을 악용하는 것이라고 느꼈다. 그러나 이러한 악용에도 불구하고 캐나다의 난민정책은 전제주의 국가에서 탈출하는 정당한 난민들에게 보금자리를 마련해주고 있다. 문제는 어떻게 정당한 난민과 난민정책을 악용하는 사람들을 구별하는가 하는 것이다.

결과적으로 이민은 캐나다 경제발전에 많은 기여를 했고, 캐나다를 다양한 문화가 공존하는 특색 있는 사회로 만들었다. 그러나 1971년 트뤼도가 제정한 다중문화 사회는 미국의 이민정책과는 차이가 있었다. 미국의 이민정책은 모국의 문화와 완전히 인연을 끊고 미국사회에 동화시키는 용광로 Melting Pot 정책이지만, 캐나다의 이민정책은 모국의 문화와 전통을 그대로 유지하면서 캐나다 사회에 융화하는 소위 모자이크Mosaic 정책으로 특징지어진다.

트뤼도의 개혁과
퇴진

트뤼도의 경제정책

제2차 세계대전 후 30년간 거의 중단 없이 성장해오던 캐나다 경제는 1970년대 초에 와서 그 성장 속도가 주춤해졌다.

가장 큰 원인은 1973년 석유수출국기구(OPEC)가 유가를 통제하기로 단합했기 때문이었다. 1년도 되지 않아 유가는 배럴당 8달러에서 12달러 이상으로 뛰었고, 1980년에 들어와서는 배럴당 30달러를 상회하면서 유가 인상은 걷잡을 수 없었다.

석유와 석유제품은 모든 산업국가들의 필수품이었으며, 특히 북반구에 위치한 캐나다와 같이 추운 나라에서는 더욱 그러했다.

고유가의 결과는 소비자 물가의 상승과 인플레이션 시대를 가져왔다. 올라가는 물가를 보고 노동자들은 임금인상을 요구했고, 임금이 오르면 기업주는 생산단가를 올려야 했다. 결국 임금과 물가의 악순환이 계속되었다. 또 유가의 상승은 실업률도 높였다. 유가가 얼마나 오를지 모르는 상황에서 기업가들은 새로운 사업에 투자하기를 꺼렸고, 노동자들을 찾는 회사도 없었을 뿐만 아니라 많은 근로자들이 해고당했다.

트뤼도는 캐나다 산업이 외국회사, 특히 미국회사들에 의해 점유되는 것을 막아야 한다고 생각했다. 그는 고던과 같은 국수주의 경제학자의 영향을 받았다. 고던은 캐나다의 자원과 산업에 외국의 지배가 너무 많은 것은 캐나다가 자립하는 데 위험한 장해요인이라고 지적했다.

1974년 트뤼도 정부는 캐나다 기업과 자원을 소유하려는 외국회사들을 심사하기 위해 외국인투자심사청Foreign Investment Review Agency을 설립하고, 외국인 회사들이 기업의 주식 지분을 50% 이상 소유하지 못하도록 제한했다. 외국인투자심사청FIRA은 상승일로에 있던 캐나다 기업의 외국인 소유를 억제하는 효과를 가져와 국수주의자들을 만족시키기는 했지만, 미국 투자의 제한으로 경기침체를 가중시켰다.

일반 국민들은 기업의 소유권과 경영권이 외국인들에게 넘어가는 것을 걱정하기에 앞서 경제성장과 일자리를 더 중요시했다. 그러므로 캐나다 기업의 외국인 소유에 대한 논쟁은 1970년대와 80년대 내내 계속되었다.

트뤼도는 또 중앙정부가 강력한 힘을 가져야 캐나다가 직면한 모든 문제를 해결할 수 있다고 믿었다. 그러나 주정부들은 중앙정부가 그들에게 혜택을 주는 것이 전혀 없다고 느꼈으며 그들은 더 많은 권한을 요구했다. 피어슨 때부터 매년 정기적으로 열리는 주-연방협의회에서도 서로가 팽팽히 맞서 격렬한 논쟁만 벌였다.

주요쟁점은 자원, 특히 석유와 가스에서 생기는 세수를 누가 장악하는가하는 다툼이었다. 많은 사람들은 이런 갈등과 대결의 분위기를 조성하는 것은 트뤼도의 완고하고 비타협적인 성격 때문이라고 생각했다. 그는 지방 분권의 확대를 막고 중앙정부의 권한을 강화시키기 위해 누군가가 나서야 한다고 했다.

트뤼도는 변호사 출신답게 경제문제보다 정치와 헌법문제에 더 신경을 썼다. 정부예산만 하더라도 1970년대 전에는 균형예산을 유지하던 것이 1970년에 들어와서는 세입이 감소하는데도 불구하고 실업의 증가로 더 많은 예산이 실업보험과 여타 사회복지 사업에 필요했기 때문에 1970년대 중반에 와서는 세입보다 지출이 많은 적자예산이 되었다. 1970년대 후반에는 연간 적자액이 120억 달러가 넘었고, 1980년대에 와서는 380억 달러로 매년 국가 빚이 불어갔다. 트뤼도의 정적들은 매년 이와 같이 나라 빚이 증가하면 국가 경영이 불가능하게 된다고 지적했다.

1979년 선거에서 국민들은 변화를 기대했다. 진보보수당Progressive Conservatives의 새 당수 클라크Joe Clark는 트뤼도의 경제정책을 신랄하게 비판하면서 균형 있는 예산을 약속했다.

총선 결과는 진보보수당 136석, 자유당 114석, 신민주당 26석, 사회신용당 6석으로 트뤼도는 진보보수당에게 정권을 넘겨주게 되었다.

트뤼도의 재집권

1979년 총선에서 클라크가 이끄는 진보보수당이 정권을 잡았으나 야당의 석보다 적은 소수당 정부에 지나지 않았다. 원래 여소야대의 정치구도에서 정부를 운영하려면 신중을 기해야 하나 클라크는 소수당 정부를 마치 다수당 정부처럼 운영하다 8개월 만에 하원에서 불신임당하고 다시 총선을 치르게 되었다.

1980년 선거 결과 자유당 147석, 진보보수당 103석, 신민주당 12석으로 자유당은 다시 정권을 탈환하고 트뤼도도 다시 수상에 올랐다. 두 번째 임기 중 트뤼도가 최우선적으로 심혈을 기울인 것은 새 헌법에 대한 것이었다.

1980년에 있었던 퀘벡 주민투표에서 퀘벡인들은 레베크Lévesque 지사와 분리주의를 외치는 퀘벡당이 제안한 주권연합의 발상을 부결시켰다. 선거에 앞서 트뤼도와 자유당은 퀘벡인들이 주민투표에서 분리주의자들의 제안을 부결시켜준다면 퀘벡과 캐나다인들의 욕구를 충족시킬 수 있도록 헌법을 개정하겠다고 약속했다. 주민투표 결과에 따라 트뤼도가 약속한 헌법개정 작업이 시작되었다. 대부분의 국민들이 1867년에 제정된 영령 북미법령(B.N.A. Act)의 개정을 지지했으나 모든 주의 지도자들로부터 지지를 받는다는 것은 불가능했다.

트뤼도는 3가지 목표를 설정했다.

첫째, 헌법 수정권 이양

지금까지 영국 의회가 가지고 있던 헌법 개정권은 캐나다로 이양되어야 한다.

둘째, 헌법개정 원칙

헌법개정은 모든 주지사들을 만족시켜야 하며, 주정부의 권한과 특히 퀘벡 주의 이권을 보호해야 한다.

셋째, 인권과 자유 헌장

헌법안에서 모든 캐나다인들의 인권과 자유가 보장되어야 한다. 이 헌장은 캐나다의 어떤 법률도 인권을 유린하지 못하도록 보호해야 한다.

시간이 걸리고 어려움이 따랐지만 새 헌법은 1981년 11월 5일 퀘벡 주지사 레베크를 제외한 모든 주지사들의 찬성을 얻어냈다. 새 헌법은 영국 여왕의 서명을 받고 1982년 그 효력을 발했다. 이로써 영령북미법령은 헌법 Constitution Act으로 거듭났다.

새로운 헌법에 대한 트뤼도의 꿈은 이루어졌으나 퀘벡으로 인해 부담이 되었다. 레베크와 퀘벡 관리들은 새 헌법을 거부했으며, 그들이 반대했음에도 불구하고 새 헌법이 그들에게 적용되는 사실을 매우 못마땅하게 생각했다.

퀘벡 주민들의 욕구를 충족시키려고 했으나 도리어 다른 주들의 소망을 충족시켜준 꼴이 되었다. 퀘벡은 여전히 불만에 쌓였고 고립된 상태로 남게 되었다.

트뤼도가 재집권하게 된 해의 자치령 제정기념일인 1980년 7월 1일에는 캐나다 의회에서 그동안 캐나다 국민들 사이에서 널리 불려오던 '오, 캐나다 O, Canada'가 공식 승인되어 캐나다 국가로 제정되었다.

원래 이 곡은 1880년 프랑스인들의 캐나다 국경일인 생 장 침례일 St. Jean Baptiste Day을 경축하기 위해 당시 캐나다 총독이었던 론 경과 그의 부인이자 빅토리아 여왕의 딸 루이 공주의 의뢰를 받아 피아니스트 라발리 Lavallée가 작곡하고 훗날 퀘벡 주 법원장이 된 루티에르 Routhier 경이 불어로 노랫말을 붙인 것으로, 곡이 발표되자 퀘벡인들 사이에서 대히트를 했다. 그 후

1908년 퀘벡 창건 300주년을 기념하기 위해 몬트리올의 법관이자 기록관이었던 위어 Stanly Weir 경이 영어로 새로운 가사를 지어 라발리의 곡에 붙여 이때부터 영어권 캐나다인들 사이에서도 널리 애창되던 노래였다.

한편 1867년 7월 1일 제정되었던 자치령제정기념일인 도미니언 데이 Dominion Day는 1982년 새 헌법이 제정된 후로부터 매년 7월 1일을 캐나다 데이 Canada Day라고 그 명칭을 바꾸어 불렀다.

트뤼도는 국내보다 국외에서 더 인기가 있었다. 국제정세에 대한 그의 연설과 견해는 세계 각국의 지지를 받았다. 1970년 서방국가로는 최초로 공산 중국과 외교관계를 수립했고, 그때까지 소홀히 여겼던 중남미 여러 국가들과도 관계 개선을 시도했다.

미국이 공산국가들과 서방국가들 간의 동서갈등을 강조했던 데 반해, 트뤼도는 남반구 국가들의 경제·교육·의료의 욕구를 무시해서는 안 된다고 강조하면서 동서갈등보다 북남갈등이 더 위험하다고 경고했다.

임기 말년에는 세계평화를 위해 핵무기 감축과 핵전쟁의 위험을 줄이는 데 전력했다. 그러나 그의 노력에도 불구하고 미·소 간에 고조되어 있던 군비경쟁을 막는 것에는 실패했다.

에너지 정책과 트뤼도의 퇴진

1980년대 캐나다 석유산업의 대부분은 미국 석유회사들의 소유였다. 트뤼도와 자유당은 유가 상승으로부터 국내 소비자들을 보호하기 위해 생산량과 가격에 대한 통제를 정부가 더욱 강화해야 한다고 느꼈다.

1981년 정부는 국가에너지계획National Energy Program을 발표했다.

> 첫째, 국내 석유 특히 북극해와 대서양의 연근해 석유를 증산하여 자급자족율을 높인다.
> 둘째, 캐나다 소유의 석유회사 페트로-캐나다Petro-Canada를 설립한다.
> 셋째, 석유생산회사에 대한 세제혜택을 줄이고 여기에서 발생하는 세수를 연방정부 예산으로 돌린다.
> 넷째, 국내 석유가격을 국제 석유가격과 불리하여 안정가로 유지시킨다.

트뤼도와 자유당 정권의 의도는 유가의 상승으로 얻어지는 세수를 날로 증가하는 의료보험, 각종연금, 실업보험과 같은 사회복지 예산으로 활용하자는 것이었다. 그러나 국가에너지계획은 석유 생산업자들의 반대에 부딪혀 계획대로 시행되지 못했다. 그뿐만 아니라 많은 회사들이 캐나다에서는 더 이상 수익을 낼 수 없다고 보고 미국에 가서 새로운 유전을 개발하기 위해 캐나다를 떠났다. 또한 지금까지 석유개발로 많은 혜택을 입던 앨버타 주민들은 트뤼도와 자유당 정부에 대해 배신감을 느꼈다. 그들은 중앙정부가 석유산업으로 얻어지는 그들의 이익을 다른 지역 주민들을 위한 사회복지 기금으로 이용하려 한다고 생각했다. 많은 서부지역 주민들도 트뤼도와 자유당이 그들에게 찾아온 기회를 박탈한다고 믿었다.

서부 지역 주민들은 자신들에게 돌아올 이익이 동부 캐나다인들을 돕기 위해 희생되었다고 믿었다. 이러한 서부인들의 피해의식은 그들의 이권을 보호하기 위해 서부도 캐나다에서 분리되어야 한다는 서부 분리주의자들을 규합하기 시작했다.

트뤼도는 킹 수상을 제외하고 그 어느 수상보다 오랜 기간인 15년 동안을 수상으로 재임했다. 그는 재임하는 동안 정치적 목표를 대부분 달성했으나 국가경제는 퇴보했다. 많은 국민들, 심지어 자유당 내에서까지도 그의 은퇴를 바라고 있었다.

1984년 2월 29년 트뤼도는 눈 속을 산책했다. 산책에서 돌아왔을 때 그의 마음은 이미 결정되었다. 그 다음날 그는 은퇴를 발표했다. 그의 은퇴는 많은 사람들에게 결코 빠른 것은 아니었다.

그는 맥도널드 초대 수상 이래 그 어느 수상보다 캐나다 국민생활에 많은 영향을 끼쳤고 또 많은 업적도 남겼지만 기업인들, 특히 서부의 기업인들 사이에서는 인기가 없었다. 그의 고집은 주정부와 중앙정부 간의 갈등 분위기를 조성하는 데 일조했다. 15년간 그는 국가를 개혁하는 데 많은 공을 세웠으나 캐나다 국민들은 그의 은퇴를 모두 반겼으며 새로운 모습의 지도자를 찾고 있었다.

트뤼도의 후임은 1975년 당시 자유당의 각료로 있던 중, 트뤼도와 뜻이 맞지 않아 사임하고 토론토에서 변호사로 있던 터너Turner가 새 당수로 선출되어 1984년 7월 수상에 올랐다.

터너는 수상이 되자 9일 만에 총선을 공포했다. 이때 제1 야당이던 진보보수당도 멀로니Mulroney가 새로운 당수가 되어 당을 이끌고 있었다. 멀로니는 선거전에서 변화를 바라는 유권자들의 민심을 잘 포착했다. 선거 결과는 캐나다 역사상 가장 압도적인 승리 중의 하나가 되었다. 진보보수당 211석, 자유당 40석, 신민주당 30석, 무소속 1석이었다.

터너는 수상 취임 후 단 2달 만에 수상직을 내놓아야 했다. 그 결과 1968년에서 1979년까지는 10년 넘게 트뤼도가 혼자서 수상에 재임했던 것에 비해, 1979년에서 1984년까지는 5년 사이에 클라크, 트뤼도, 터너, 멀로니 등 무려 네 번이나 수상이 바뀌었다.

멀로니의 외교정책

멀로니의 등장

1984년 선거에서 보수당에게 거대 의석을 안겨준 것은 새로운 변화를 열망하는 캐나다 국민들의 기대가 크다는 것을 의미했다. 멀로니_{Brian Mulroney} 수상은 경제를 활성화하여 일자리를 창출하고, 국가부채를 줄이고 개인사업을 육성하며, 주정부와 중앙정부 간의 갈등을 해소하고 국방력을 증강하며, 미국과의 관계를 개선하겠다고 약속했다.

그러나 집권 초기에 국민들을 실망시키는 일련의 사건들이 터졌다. 3년 동안에 무려 8명의 장관들이 이권과 관계되는 추문과 혐의로 사임해야 했다. 정부는 만연되어가는 특정인에 대한 특혜사업 때문에 비난을 받았고, 멀로니 자신도 정책수행에 있어서 우유부단하다는 비난을 받았다. 정부는 방향감각을 잃은 것 같았고, 1986년 정당별 지지도에 대한 여론조사에서도 멀로니의 진보보수당은 자유당과 신민주당에 이어 3위로 추락했다.

멀로니를 위기에서 구한 것은 경제 회복이었다. 산업체들이 불어나고 일자리가 그 어느 때보다 빠르게 창출되면서 캐나다 경제는 서서히 개선되기 시작했다. 비록 대서양의 연안 지방과 퀘벡 주의 실업률은 여전히 높은 자리에 머물러 있었지만, 전국 평균 실업률은 11%에서 7%로 떨어졌다. 또 정부의 연간 적자도 목표에는 미치지 못했으나, 380억 달러에서 280억 달러로 100억 달러나 감소했다.

멀로니는 기업을 육성하기 위해 법인에 대한 세금을 인하했다. 그리고 트뤼도 정부가 미국인들의 투자를 제한하기 위해 도입했던 외국인투자심사청 FIRA을 폐지하는 대신 캐나다 투자Investment Canada라는 외국인 투자 장려책을 도입했다. 그뿐만 아니라 석유산업에 미국인 투자를 유치하기 위해 트뤼도가 도입한 국가에너지계획NEP도 취소했다. 멀로니는 미국 청중들을 향해 캐나다는 외국인 투자자들을 위해 열려 있다고 외쳤다. 캐나다 경제의 국수주의자들은 멀로니가 미국에 나라를 팔아먹는다고 맹렬히 비난했다. 그러나 경제번영의 들뜬 분위기 속에서 일반 국민들은 새로운 회사들이 들어서고 일자리가 생기는 데만 눈을 떴지 미국인들의 투자가 확대되는 것에 대해서는 별로 신경을 쓰지 않았다.

멀로니는 약속대로 주정부와 중앙정부 간의 갈등을 줄이고 특히 퀘벡 주로 하여금 헌법에 찬동하여 동참시키려고 애를 썼다. 그는 1987년 주-연방 협의회에 참석한 전국 주지사들을 퀘벡에 있는 미치레이크 산장으로 초대했다. 놀랍게도 여기서 미치레이크 합의Meech Lake Accord라는 것이 만장일치로 채택되었다. 합의서의 내용은 다음과 같았다.

1. 퀘벡을 다른 주들과는 차별된 고유한 특성을 가진 특별사회로 인정한다.
2. 주정부는 그들의 주민들 가운데서 상원의원과 대법원 판사를 지명할 권한을 가진다.
3. 상원의원 수, 대법원 규모, 준주의 주 승격과 같은 연방정부의 구조조정은 모든 주의 만장일치가 있어야 하며, 각 주는 거부권을 행사할 수 있다.
4. 각 주는 국가가 추진하는 사회사업에 참여하지 않을 수도 있으며, 주 자체에서 추진하는 사업이라도 국가의 관심사업일 경우에는 연방정부로부터 재정적 지원을 받을 수 있다.

이것은 연방 정부와 주정부의 비준을 받아야만 효력을 발생할 수 있도록 되어 있었다.

미치레이크 합의는 퀘벡 주의 요구를 충족시켰으므로 곧 바로 퀘벡 정부의 인준을 받았고, 연방정부와 대부분의 주정부들의 인준도 1989년 초까지 받았다. 그러나 매니토바와 뉴브런즈윅은 끝내 비준을 하지 않아 법적 시한인 1990년 9월 23일을 넘겼다.

미치레이크 합의는 퀘벡을 연방에 끌어들이고 연방과 주정부 간의 갈등을 해소하도록 약속되었으나 일부 주정부의 비준을 받지 못해 그 뜻을 이루지 못했다.

1991년이 되자 다시 광범위한 토론들이 시작되었다. 1992년 여름에는 퀘벡 주와 원주민 대표들을 포함해서 각 주대표들이 여러 차례 모임을 가졌다. 여기서 퀘벡을 특별사회로 인정하는 문제, 원주민들의 자치권을 인정하는 문제, 상원과 하원의 구조조정과 같은 또 다른 헌법 제안이 대두되었고, 연방수상과 10개 주지사들 그리고 주요 원주민 대표들이 만장일치로 새로 제안된 헌법에 합의했다. 그러나 1992년 10월 26일 실시된 국민투표에서 찬성 46%, 반대 54%로 부결됨으로써 헌법 개정에 대한 논의는 당분간 유보하기로 했다.

국방 외교정책

멀로니가 이끄는 보수당 정부는 약속대로 국가 방위력을 증강시키기 위해 신형 탱크와 장갑차 등 현대전에 필요한 병기를 구입했으며, 공군도 최신 미국전투기인 CF-18로 무장했다.

1986년 미합중국이 캐나다 정부에 아무런 통보도 없이 북극해에 쇄빙선 폴라시Polar Sea 호를 보내면서 이 해역을 공해상이라고 했을 때 여태까지 북극지역에 대해 아무런 관리나 통제를 하지 않던 캐나다 정부가 이곳을 캐나다 영해라고 주장하고 나섰다. 그리고 1987년 멀로니 정부는 북해를 포함한 캐나다 연안을 순찰할 핵 잠수함 도입을 고려 중이라고 발표했다.

핵 잠수함은 소련과 미국 등 그 어떤 나라 잠수함의 움직임도 감시하고 통제할 수 있으며 북극에 대한 영해권 주장도 수호할 수 있으므로, 최소 80억 달러의 예산이 드는 사업임에도 불구하고 대부분의 국민들은 이 계획을 지지했다. 멀로니 수상은 국제연합과 영연방에서도 선도적인 역할을 했다.

1984년 멀로니는 유엔 캐나다 대사에 보수당도 아닌 과거 온타리오 신민주당 대표였던 루이스Lewis를 임명함으로써 국민들을 놀라게 했다. 루이스의 발굴은 멀로니가 결정한 가장 성공한 인사 중의 하나였다. 아무도 피어슨 이래 유엔 총회에서 캐나다의 위상을 그처럼 강하게 부각시킨 사람은 없었다. 루이스는 특히 제3세계 국가들의 빈곤과 관계되는 쟁점에 대해 역설했다. 1988년 캐나다는 유엔에서 탁월한 역할이 인정되어 2년간의 유엔 안보이사회 회원국이 되었다.

한편 제2차 세계대전 후 과거 대영제국에 속했던 영국 식민지 국가들이 결성한 영연방에서도 캐나다는 주도적인 역할을 했다. 1980년대에 회원국인 남아프리카에서 인종차별 문제가 불거져나왔으나, 영국이 적극적으로 나서지 않아 회원국들 사이에서 지도력과 존경심이 실추되었다.

그러나 멀로니는 이때 모든 영연방 회원국들에게 남아프리카와의 교역을 거부하고 경제 제재를 가하자고 외쳤고, 대처Thatcher 영국 수상을 설득하여 제재조치에 동참시키려고 했으나 실패했다. 멀로니는 남아프리카의 인종차별정책을 종식시키려고 노력한 그의 공로가 높이 평가되어 1980년대 말에 가서는 영연방 지도자의 한 사람으로 부상했다.

1988년 첫 임기를 마치면서 치른 선거에서 멀로니와 보수당은 그들의 치적을 선거전에 활용했다. 의석 수는 감소했지만 국민들은 다시 한 번 확실하게 다수당으로 집권할 수 있도록 보수당에게 표를 몰아주었다. 총선 결과는 진보보수당 169석, 자유당 83석, 신민주당 43석이었다. 보수당은 맥도널드 정권 이래 처음으로 2회 연속 총선에서 승리했다. 특히 100년 동안이나 자유당의 아성이던 퀘벡에서 거둔 보수당의 승리는 프랑스계 캐나다인들의 지지도가 바뀌었다는 것을 나타냈다.

많은 국민들이 장래에 있을 자유무역에 대한 염려와 미치레이크 충격에 대해 우려했으나, 대부분의 국민들은 이러한 걱정들을 제쳐놓고 미래에 대한 굳은 신념으로 1990년대의 미래를 멀로니에게 다시 맡겼다.

자유무역

1980년대 초 캐나다와 미국은 두 나라 모두 경제 후퇴의 경험을 했으며, 1980년대 중반이 되자 캐나다 업계에서는 미국과 새로운 무역협정을 맺어야 한다는 여론이 일기 시작했다. 그들은 이것만이 더 큰 시장을 보장받는 길이고 앞으로 닥쳐올 미국의 높은 관세장벽을 깨뜨릴 수 있는 길이라고 주장했다.

1983년 야당시절에는 미국과 자유무역을 하는 것은 코끼리와 함께 잠을 자는 것과 같아서, 코끼리가 언제 꿈틀거릴지 항상 두려울 것이고 몸부림을 치면 압사하고 말 것이라던 멀로니 수상도 1985년에 와서는 새로운 경제정책의 일환으로 미국과의 자유무역을 수용하기로 했다.

2년간의 협상 끝에 캐나다와 미국 사이에 새로운 무역협정이 체결되었다. 협정의 주요 내용은 다음과 같았다.

1. 두 나라 사이에 남아 있는 모든 관세는 1998년까지 철폐한다.
2. 캐나다 내 미국인 투자에 대해서는 그 어떤 제한도 대폭 완화한다.
3. 캐나다의 석유, 천연가스, 수력전기 등 에너지 자원의 수출을 증대하고 에너지

부족과 같은 비상사태가 발생할 때는 두 나라 사이에 자원을 공유한다.

4. 자동차 협정은 이 협정에 영향을 받지 않고 종전대로 유지한다.

5. 미국은 캐나다의 라디오, 텔레비전, 잡지, 신문 등과 같은 문화산업이 미국의 투자로부터 보호받을 수 있도록 캐나다의 권리를 존중한다.

6. 두 나라 사이의 무역마찰은 캐나다인과 미국인들로 구성된 중재위원회에서 해결한다.

이 협정은 캐나다와 미국의회의 비준을 남겨놓고 있었다. 자유무역을 지지하는 쪽의 주장은 수입되는 미국상품들의 가격이 인하되고, 캐나다 상품을 위해 미국의 거대한 시장을 확보할 수 있으며, 캐나다의 경기회복으로 고용이 창출되고 미국 산업과 경쟁하기 위해 캐나다 산업의 능률이 증대된다고 했다. 그 외에도 석유, 천연가스, 수력전기 등 잉여 동력을 미국에 수출할 수 있고, 하나의 지역경제 단위를 형성하여 유럽이나 일본과 같은 경제 블록과 경쟁할 수 있으며, 캐나다 문화를 보호받을 수 있고, 향후 미국의 보호무역 정책으로부터 캐나다의 산업과 자원의 수출을 확보할 수 있다고 주장했다.

그러나 반대하는 쪽의 견해는 완전히 달랐다. 그들은 자유무역을 해도 미국에서 수입되는 상품의 가격이 지금보다 더 이상 인하되지 않으며, 미국과 시장을 제휴하는 것은 일본을 포함한 환태평양 국가들과 유럽 국가들과의 향후 무역협정을 제약하게 되고 미국상품의 범람으로 캐나다 기업들이 문을 닫게 된다고 했다. 그뿐만 아니라 에너지 계획에 차질을 가져오고 캐나다의 사회복지 사업에 위해하며, 캐나다의 문화와 캐나다인들의 생활양식에서 미국화가 가속화될 것이라고 주장했다.

자유무역에 대한 논쟁은 1988년 선거에서 가장 첨예한 쟁점으로 부상했다. 보수당은 새로운 무역협정을 고집했고 자유당과 신민주당에서는 대부분이 반대했다. 국민들도 국가 장래를 결정짓는 중대한 문제를 놓고 거의 반반으로 갈라졌다. 단 한 가지 해결방법은 국민들이 결정하도록 하는 수밖에 없었다. 1988년 11월 총선에서 보수당은 또다시 다수당을 차지했다.

　마침내 캐나다 국민은 그들의 의사를 결정했고 자유무역 협정은 1989년
1월에 그 효력을 발생했다. 그리고 1992년에는 수개월의 협상 끝에 북미자
유무역협정 North American Free Trade Agreement 이 캐나다 · 미국 · 멕시코 등 3국
간에 체결되었다.

원주민들의 목소리

원주민은 최초의 캐나다인이며 캐나다의 본래 주인이다. 그들은 유럽 정착민들이 오기 오래전부터 캐나다에서 자연과 조화를 이루며 생활했다. 그들은 땅을 신성시했으며, 비록 짐승과 물고기를 잡아먹으며 생활을 해도 자연을 보존하는 것은 그들의 철칙이었다.

그러나 유럽 상인들은 동물보다 모피를 더 소중하게 여겼으며, 정착민들은 내륙으로 들어와 원주민들의 땅을 차지했다. 그뿐만 아니라 새로운 정부는 원주민들과 조약을 체결하면서 일방적으로 그들을 소위 보호구역이라는 좁고 척박한 땅에서 살도록 주거지를 제한했고, 극빈자의 생활보조금에도 못 미치는 쥐꼬리만한 연금으로 연명케 했다. 그들은 이렇게 불평등 조약으로 말미암아 대대로 그들 조상들의 유산으로 여겨왔던 광활한 땅을 포기해야 했다.

정착민들은 산림을 파괴하고 원주민들이 사냥하던 사냥터와 목초지를 황폐화시켰다. 원주민들은 그들의 전통적인 생활방식을 잃었고 그들이 소중히 여기던 풍습과 가치도 사라졌다. 원주민들은 그들의 자존심을 송두리째 유린당하고 제한된 보호구역 내에 갇혀야 했다. 그들은 기술이 없어 도시에 나

가도 받아주는 곳이 없었으므로 원주민들의 실업률은 50%가 넘었다. 절망에 빠진 원주민들은 알코올 중독자로 전락했고 자살율도 일반 캐나다인들보다 두 배나 되었다. 그뿐만 아니라 보호구역 내의 가옥과 상하수도·교육시설·문화시설 등은 말할 수 없이 낙후되어 있었다.

1970년대에 들어서 원주민들은 차츰 캐나다 정부가 그들을 영원히 생활보호 대상자들로밖에 취급하지 않는다고 느꼈다. 그들은 캐나다의 일반국민들과 동등한 생활을 원했으며, 그들이 과거 빼앗긴 땅을 다시 찾기 원했다. 그러나 정부는 그것은 더 이상 그들의 땅이 아니라고 했고, 이에 원주민들은 정부의 주장에 맞서 법정투쟁을 했다. 원주민 변호사들은 그들의 조상들이 그들의 땅을 결코 캐나다 정부에 준 적이 없다고 했으며, 정부는 조약을 제대로 지키지 않았을 뿐만 아니라 일방적으로 체결한 불평등 조약이므로 무효라고 주장했다.

최초로 법원에 토지 청구소송을 낸 원주민은 북부 컬럼비아 주에 있는 나스Nass 강 유역의 10,000km²의 땅에 대하여 소유권을 주장한 니쉬가족Nishga이었다. 니쉬가족은 재판이 캐나다 연방대법원까지 가는 동안 그들의 주장을 굽히지 않고 끝까지 싸웠다. 결국 판정은 니쉬가족에게 불리하게 내려졌지만 7명의 판사 중 3명이 판결에 찬성하지 않았다. 비록 원주민들은 소송에서 졌지만 이 재판은 그들에게 용기와 자신감을 주었으며, 적어도 정부로 하여금 그들에게 귀를 기울이게 했고, 정부를 논쟁에 끌어들였다는 데 의미가 있었다.

그러고 나서 같은 해에 북서 준주의 대법원에서는 북서 준주 인디언 연맹이 제소한 100만km²의 토지에 대한 주장을 인정한다고 판결했다. 이 판결의 영향이 작용했던지 캐나다 정부는 보퍼트Beaufort 해에서 천연가스가 처음 발견되었을 때 파이프라인이 지나갈 매켄지 계곡과 서부북극에 거주하는 35개 원주민들에게 파이프라인 건설에 대한 의견을 물었다.

원주민들은 비록 북서 준주가 개발되어 그들에게 일자리가 생기고 경제적으로 좋아진다고 해도 공사가 시작되면 어류와 바닷속의 포유류들을 교란시키고 해양오염을 유발시키며 지상에 가설되는 파이프라인이 순록의 이동경로를 차단한다는 이유로 공사를 반대했다. 그들은 북부에서 캐나다 남부와 같은 산업개발이 조성되는 것을 원치 않았으며, 파이프라인은 그들의 생활을 파괴할 것이라고 믿었다.

정부로부터 조사를 위임받은 버거Berger 판사는 보고서에서 원주민들의 문제가 해결될 때까지 파이프라인 공사를 10년간 연기해야 한다고 건의했다. 그리고 그는 원주민들의 생활방식을 보존하기 위해서는 그들이 원하는 바와 같이 원주민들의 자치정부가 직접 다스리는 새로운 정치적 지역이 있어야 한다는 데 의견을 같이했다.

캐나다 정부는 그의 보고서의 극히 일부만 받아들이고 대부분은 받아들이지 않았다. 파이프라인은 중차대한 사업이므로 10년을 연기할 수는 없었다. 그러나 공사 전까지는 원주민들의 주장이 충분히 수렴되어야 한다는 데는 동의했다.

한편 북부 퀘벡에서도 제임스 만 수력발전사업이 시작될 때 그곳에서 5천 년 동안이나 생활해오던 크리 족과 이누이트 족들에게 적당한 땅과 돈과 의료혜택과 지방자치권을 주기로 원주민과 정부가 협의했다. 그러나 퀘벡 정부는 원주민들에게 협의내용을 충실히 이행하지 않았다.

1970년 말부터 원주민들의 조직은 더욱 강화되었으며 더 큰 목소리를 냈다. 그들은 그들의 전통을 이어갈 땅을 협상할 권리를 찾았고, 보호구역 안팎에서 야기되는 그들의 사회문제에 더욱 적극적인 대응을 하기 시작했다.

엘리자베스 여왕과
캐나다

캐나다 연방정부가 관장하는 관공서나 공공건물에는 수상의 사진이 걸려 있을 법한 곳에 수상 대신 영국 여왕 엘리자베스 2세의 영정이 인자하고 근엄한 모습으로 걸려 있으며, 우표와 화폐에도 여왕의 초상이 새겨 있다. 그뿐만 아니라 캐나다 시민이 되고자 하는 사람은 반드시 영국 여왕에게 서약을 해야 한다. 1976년 7월 몬트리올에서 개최된 제21회 올림픽 대회의 개막식에서는 엘리자베스 영국 여왕이 개회 선언을 하여 전 세계에서 참가한 선수들과 관중들을 어리둥절하게 했다. 도대체 엘리자베스 여왕은 캐나다에서 무엇이며, 캐나다는 과연 독립국가가 맞는지 아니면 아직 영국의 속국인지 혼돈스러울 정도였다.

더구나 캐나다의 공식적인 국가원수는 캐나다 수상이 아니고, 캐나다에 있지도 않은 영국 여왕이라는 것을 알면 더욱 놀랄 것이다. 이것은 캐나다가 한때 대영제국의 일부분이었다는 것을 상기시켜준다. 비록 캐나다는 영국으로부터 독립하기는 했으나 다른 영연방 국가들처럼 영국의 군주가 아직 캐나다의 국가원수로 잔존하고 있어 과거 식민지의 잔재를 반영하고 있다.

따라서 캐나다의 정치체제는 입헌군주국이다. 입헌군주국은 전제군주국

엘리자베스 여왕.

과는 달리 군주의 권력이 법과 관행에 의해 제한되므로 현재 엘리자베스 여왕은 영국에서와 마찬가지로 캐나다에서도 아무런 힘이 없다. 그러므로 오늘날 캐나다에서 엘리자베스 여왕의 역할은 다만 상징적일 뿐이다. 캐나다 국기가 캐나다를 나타내는 상징인 것처럼, 국가 원수로서 엘리자베스 여왕은 캐나다 국민들이 선택한 정부체제의 인적 상징이다. 상징이란 그가 누구인가보다 무엇을 의미하는가가 더 중요하므로 현존하는 왕이나 여왕 대신 군주를 상징하는 왕관, 즉 크라운Crown이라는 용어를 사용한다. 예를 들면 국가의 소유토지는 크라운랜드Crown Land다. 또 크라운은 정부의 권위를 나타내는 상징이므로 캐나다 정부가 발행하는 각종 문서에는 왕관이 표시되어 있다.

캐나다에서 영국 국왕은 총독이 대표하며, 주마다 총독대리가 있다. 캐나다가 영국의 식민지로 있을 때는 총독이 실제로 캐나다를 다스렸으나, 오늘날에는 총독은 단지 조언자일 따름이고 실제로 국가를 다스리는 것은 캐나다 총리다. 총독은 캐나다 총리의 추천에 의해 영국 왕이나 여왕이 임명하며 총독의 임기는 5년 내지 7년이다.

과거에는 영국 국왕이 직접 임명한 총독을 영국 정부가 파견했으나 1952년 캐나다 태생인 매시Massey가 최초로 캐나다 총독이 된 이후부터 현재는 캐나다 시민만이 총독이 될 수 있다. 현 28대 총독은 2010년 10월에 임명된 데이비드 로이드 존스턴이다. 총독은 수도 오타와에 있는 총독공관인 리도 홀에 상주하며, 여름철에는 퀘벡 시에 있는 성채에서 지낸다.

총독의 역할은 캐나다에서 왕권을 대표하며 국가통합의 상징이다.

총독은 캐나다에서 의전과 사교의 리더로서 각종 행사에 참석하고, 학교·병원·공장·사회복지시설 등을 방문하며 캐나다를 방문하는 외국 원수들을 맞는 공식적인 호스트다. 총독은 총리의 정책결정에 대해 공정한 조언자 역할을 하며, 의회를 통과한 법률들을 최종적으로 서명하고, 훈장과 표창을 수여한다. 총독은 또 총리가 제청한 각료와 상원의원을 임명하며, 수상의 요구에 의해 의회를 소집하거나 해산하며, 의회 개원시 정부정책을 요약하여 칙어를 한다. 그리고 총독은 캐나다의 공식적인 대표로 외국을 국빈 방문한다.

총독은 권력은 없으나 캐나다에서 가장 명예로운 존재다. 1980년 8월 캐나다 전국을 대상으로 시행한 갤럽 여론조사에 의하면 캐나다 국민의 47%가 영국 여왕이 캐나다 국가원수로 남아 있는 것을 찬성했고, 43%는 반대했으며, 10%는 모르겠다고 했다.

캐나다 국민들은 독립국가로서의 긍지보다, 충절파의 후예답게 아직도 영국 국왕에 대한 충성심과 애정을 버리지 못하고 있는 것 같다.

세기를 넘는 크레티앵

1993년 2월 경제불황과 헌법개정안의 부결로 멀로니가 사임하자, 그 뒤를 이어 국방장관으로 있던 캠벨Kim Campbell이 그해 6월에 진보보수당의 당수로 선출되어 여성으로서는 캐나다 역사상 첫 번째 수상이 되었다. 그녀는 또 캐나다 역사상 최초의 브리티시 컬럼비아 출신 수상이었고, 제2차 세계대전 후에 태어난 최초의 수상이기도 했다.

캠벨은 수상으로 취임하자 내각의 규모를 과감하게 줄이고 정부기구를 대폭 개편하는 등 의욕적인 출발을 했다. 그러나 취임 후 4개월 만인 그해 10월에 실시된 연방하원위원을 선출하는 총선 결과는 캠벨과 진보보수당에게 악몽과 같은 것이었다.

지난 1984년 총선에서는 211석이라는 사상 최다 득표를 기록했고, 1988년 총선에서도 조금은 감소했지만 169석을 얻어 2회 연속 정권을 장악했던 진보보수당이 전국에서 겨우 2석만 건지는 데 그치고 전멸했던 것이다. 당수 캠벨까지 낙선함으로써 진보보수당은 초상집을 방불케 했고, 캠벨은 취임 132일 만에 수상자리에서 밀려나 의회에서까지 자리가 없는 원외당수로 전락했다. 그녀는 또 하원의석 295석 중 단 2석을 얻음으로써 캐나다 연방선거

사상 가장 참패한 수상으로 기록
되었다. 위니펙 대학의 사워Sauer
교수는 캠벨이 짧은 재임기간에
이룩한 공적은 단 두 가지로, 여성
도 총리가 될 수 있다는 것과 여성
은 역시 무능하다는 것을 증명한
것이라고 혹평했다.

자유당의 여론조사에 의하면 선
거전 초반에는 캠벨이 크레티앵
Jean Chretien보다 2배나 수상이 될
가능성이 있었다. 그러나 선거전
후반에 가서 진보보수당은 비열하
게도 안면신경마비로 어려서부터

크레티앵 수상.

말할 때 입이 한쪽으로 돌아가는 크레티앵의 신체적 결함을 대대적으로 부
각시켜 캐나다 수상이 될 자격이 없다고 했다. 크레티앵 자신은 마음에 상처
를 입었지만 도리어 정치적 이득을 얻어 인기가 서서히 올라갔다. 크레티앵
은 "내가 어렸을 때 사람들은 나를 놀렸다. 그러나 하나님이 나에게 다른 능
력을 대신 주셨기 때문에 그것을 감수하고 오히려 감사한다"고 말했다. 그는
이 말을 선거 막판이 가까워졌을 때 했으며, 그는 이때부터 자신감을 느끼기
시작했다. 유권자들은 보수당에게서 머리를 돌렸다. 유권자들의 반응은 너
무나 냉정하여 소름이 끼칠 정도였다.

자유당은 하원의석 295석 중 60%인 177석을 얻어 거대 다수당이 되었고,
브샤르Bouchard가 이끄는 퀘벡블록이 54석을 얻어 매닝Manning이 이끄는 개
혁당을 누르고 제1 야당으로 부상했다. 이로써 한동안 잠잠했던 퀘벡 분리독
립 운동은 다시 고개를 들었다.

20번째로 캐나다 수상이 된 크레티앵은 엄청난 국가 부채와 퀘벡의 강경
한 분리주의자들의 위협을 떠안고 출범했다. 크레티앵은 마틴Martin을 재무
상에 기용하여 경제개혁을 단행했다. 마틴은 정부의 재정적자를 460억 달러

로 잡고 1994년 2월 예산에서 1년 내에 400억 달러 이하로 줄이겠다고 약속했다. 그는 동서냉전의 종식으로 국방비를 줄이고 대외원조를 삭감했으며 공무원 봉급을 동결했다. 1995년 마틴의 2차 연도 예산에서는 각 주로 지급되는 예산에서 수십억 달러를 삭감하고 정부기구를 대폭 축소하며, 캐나다 국립철도와 같은 국영사업을 민영화하겠다고 발표하면서 더욱 심도 있는 구조조정을 단행했다. 크레티앵은 마틴의 경제개혁을 강력하게 밀었다. 그러나 연금제도까지 손을 보려는 마틴의 계획에 대해서는 제동을 걸었다.

한편 1995년 10월 30일에는 퀘벡 주정부가 분리독립을 위한 주민투표를 실시했다. 크레티앵 캠프에서는 1980년에 있은 주민투표 때와 마찬가지로 60 대 40으로 연방을 지지하는 반대표가 이길 것이라고 자신감에 넘쳐 있었고 여론조사에서도 반대 쪽이 앞섰다. 그러나 과격한 브샤르가 찬성 쪽에 앞장서자 여론조사에서 반대 쪽의 지지율이 차츰 뒤지기 시작했다. 크레티앵은 24일 베르됭Verdun에서 대규모 집회를 열고 만일 'No' 쪽이 승리하면 과감한 개혁을 하겠다고 약속하면서 퀘벡을 특별사회로 인정하겠다고 그의 뜻을 밝혔다. 다음날인 25일은 1993년 총선에서 자유당이 승리한 2주년이었다. 여론이 찬성 쪽으로 기울자 크레티앵은 모든 일정을 취소하고 그날 오후 퀘벡 주민들에게 호소할 텔레비전 연설을 녹화했다. 투표가 끝나고 개표가 시작되자 그날 밤에는 전례 없는 긴장감이 캐나다 전국에 감돌았다.

개표 결과는 반대표가 50.6%였고, 찬성표가 49.4%였다. 480만 표 중 겨우 5만 3천 표 차로 개국 128년의 캐나다는 안정과 번영의 초석이 동강날 뻔한 위기를 가까스로 면할 수 있었다. 크레티앵 쪽의 여론조사에 의하면, 25일과 26일에 있은 크레티앵의 연설이 부동표를 'No' 쪽으로 돌린 결정적 계기를 마련했다고 했다.

크레티앵은 첫 임기 동안 효과적으로 적자재정을 줄이고 퀘벡의 분리독립을 힘겹게 막았으며 깨끗한 정치를 했지만, 여러 면에서 멀로니를 답습했다. 크레티앵은 1993년 선거공약에서 북미자유무역협정을 재검토하겠다고 했으나 단지 약간의 수정만으로 멀로니가 협상한 대로 북미자유무역협정에 경솔하게 서명했다. 그는 또 상품과 서비스에 붙는 세금을 폐지하겠다고 약속했으나 그것도 시행하지 않았다. 그뿐만 아니라 미국과 거리를 두겠다고 했으나 멀로니가 같은 아일랜드계인 레이건Reagan과 가까웠던 것 못지않게 크레티앵도 클린턴Clinton과 가깝게 지냈다. 더구나 불어권에 대해서는 그 어느 때보다 변덕스러워 한때는 퀘벡에 직업훈련과 같은 사업을 적극 배려해주고 어떤 때는 주의 합법적 권한마저 일방적으로 박탈하려고 하는 등 퀘벡에 대한 정책에 일관성이 없었다.

1997년 임기가 만료되고 크레티앵에게 새로운 총선이 다가왔다. 당시 개혁당은 서부에서 튼튼한 기반을 가지고 있었고, 퀘벡블록은 브샤르가 주 정치에서 떠났지만 퀘벡에서는 여전히 막강했다. 보수당은 캠벨이 사퇴한 후 장 샤레Jean Charest가 새 당수가 되어 당을 재정비했으며, 신민주당은 의료보험·교육비·실업문제 등을 쟁점으로 들고나왔다.

그러나 야당표가 갈리고, 크레티앵의 개인적 인기와 두터운 신망으로 인해 자유당은 1997년 총선에서도 301석 중 155석을 얻어 과반수를 넘는 다수당이 되었으며, 자유당은 40년 만에 처음으로 2회 연속 다수여당이 되었다. 진보보수당은 이 선거에서도 군소정당으로 밀려났으며, 1995년 퀘벡 주민투표 때 분리독립을 주도했던 퀘벡블록도 서부 지방에 기반을 둔 개혁당Reform party에 밀려 제1야당의 자리를 개혁당에 내주게 되었다.

크레티앵은 노스웨스트 준주의 동쪽 절반을 분할받아 1999년 4월에 새로 탄생한 누나부트Nunavut 준주를 포함해서 10개 주, 3개 준주와 함께 20세기를 마감하고 21세기를 시작하는 캐나다 총리가 되었다.

제16장
퀘벡과 분리주의

CANADA

뉴프랑스의 후예들

프랑스계 캐나다인들이 북미에 뿌리를 내린 것은 400년 전이다. 1534년 카르티에가 프랑스인으로는 최초로 캐나다를 다녀갔고, 그가 경험한 모피와 황금어장에 대한 소문은 많은 탐험가들을 북미로 끌어들였다.

그러나 혹독한 추위와 괴혈병으로 그들이 겪었던 쓰라린 경험 때문에 프랑스는 그 후 60년간 북미에 정착할 생각을 하지 않았다. 그러다가 1604년 샹플랭이 탐험대를 이끌고 지금의 펀디 만에 도착했고, 1608년에는 또다시 다른 정착민들을 지금의 퀘벡에 데려왔다.

1663년 프랑스의 루이 14세가 이곳에 뉴프랑스라는 새로운 프랑스 식민지를 세우면서 이곳은 모피 교역으로 날로 번성해갔다. 그러나 모피 거래의 주도권을 놓고 영국인들과 갈등이 잦았으며, 1756년에는 두 나라 사이에 전쟁이 터졌다.

1759년에는 퀘벡이 영국군에 함락되고 1년 후에는 몬트리올마저 함락되었다. 프랑스인들은 이때부터 영국군의 통치하에 들어갔다. 많은 이들이 모국으로 돌아갔지만, 남아 있던 사람들은 모국과 단절된 상태에서 그들의 언어와 종교와 전통을 고집스럽게 지키면서 영국인들로부터 온갖 수모를 받아가며 살아야 했다.

1867년 노바 스코샤 · 뉴브런즈윅 · 퀘벡 · 온타리오 등 4개 주가 처음으로 연방을 구성할 때 연방에 참가하는 조건으로 그들은 종교와 언어와 문화를 그대로 유지하도록 보장받았다. 이것은 새로운 국가에서 영국인과 프랑스인이 공존할 수 있다는 것을 확인한 것이었다. 그러나 영국계와 프랑스

1946년 8월 세인트 테레스교 준공식에서의 뒤플레시(지팡이를 든 사람)와 주교 샬 보노(맨 오른쪽).

계 캐나다인들 간에는 사사건건 의견의 대립이 심화되었고, 날이 갈수록 두 민족 간에 불신의 골은 깊어만 갔다.

1870년 연방에 합병된 매니토바가 불어의 보호를 받게 되었으나, 1890년부터 불어 사용권이 폐기되었고 1912년에는 온타리오에서도 불어 사용권이 폐기되었다. 프랑스계 캐나다인들은 퀘벡에서만 그들의 문화가 안전하다고 느꼈다. 더욱이 대공황은 프랑스계 캐나다인들에게 불안과 공포를 가중시켰으며, 퀘벡의 경제위기는 외부의 간섭과 통제 때문이라고 그들은 믿었다.

새로 창당된 국민연합Union Nationale이 1939년 퀘벡 주 선거를 휩쓸어 퀘벡을 장악하면서 당수 뒤플레시Muarice Duplessis는 앞으로 퀘벡의 산업과 자원에 대한 결정은 외부의 간섭 없이 퀘벡 주 자체에서 이루어질 것이라고 약속했다.

국민연합은 프랑스 언어와 종교와 문화가 보존되기를 원했으며, 이것을 달성하기 위해 로마 가톨릭교와 힘을 합쳤다. 이때부터 퀘벡에서는 교회가 각급 학교와 대학을 운영했고, 학교는 젊은이들에게 현대적인 학문을 도외

시한 채 전통적인 가치만을 존중하는 교육을 시켰기 때문에 퀘벡 젊은이들은 사업과 과학과 기술에 대한 아무런 지식도 없이 성장했다.

그뿐만 아니라 외부의 투자는 뒤플레시가 주지사로 있는 동안 오히려 증가했고, 대기업들은 국민연합과 정경유착이 되어 정치자금을 상납했다. 교회·정부·기업들이 똘똘 뭉쳐 퀘벡 내에서 노동조합의 활동을 약화시키고 탄압했다. 그들은 노동조합을 공산주의자들의 책동이라고 매도했다. 상황이 이렇게 되자 노조는 그들의 임금과 작업환경을 개선할 수 없었다. 뒤플레시 정권은 더욱 노골적으로 선거 때 국민연합을 지지한 지역은 도로를 건설해주는 등 개발사업을 지원해주고 자유당을 지지한 지역은 개발사업에서 제외시켰다.

영국계 캐나다인들과 영국 및 미국 상사들도 퀘벡에서 사업을 하려면 뒤플레시를 후원해야 한다는 것을 곧 알게 되었다. 그들은 뒤플레시 정권과 뒷거래를 하면서 날로 성장했다. 그 결과 영어권 기업에서 프랑스어를 사용하는 사람들보다 영어를 사용하는 사람들이 주도권을 잡고 있어도 이를 통제할 사람이 없었다.

뒤플레시가 이끄는 퀘벡 정부에는 부정부패가 만연해 주민들의 생활이 전반적으로 암울했으나, 뒤플레시는 1959년 9월 7일 그가 심장마비로 사망할 때까지 제2차 세계대전 중 4년을 제외하고 퀘벡에서 17년간이나 정권을 장악했다.

조용한 혁명과 퀘백해방전선 운동

DIGEST 98 CANADA

조용한 혁명

1959년 뒤플레시의 죽음은 국민연합의 몰락을 의미했다. 1960년 퀘벡 의회 선거에서 르사주Jean Lesage가 이끄는 자유당이 제2차 세계대전 후 처음으로 승리했다. 퀘벡 주민들은 이제 새로운 시각에서 퀘벡을 보게 되었으며, 캐나다와 세계 속에서 그들이 처해 있는 상황을 새로 인식하고 있었다. 총체적이고 획기적인 변화가 퀘벡 사회에서 시작되었으며, 이것이 바로 '조용한 혁명 Quiet Revolution'이었다.

조용한 혁명은 몇 가지 과업을 목표로 삼았다. 퀘벡은 조속히 현대화해야 했고, 프랑스어와 문화의 보존이 보장되어야 했다. 그뿐만 아니라 퀘벡의 경제는 퀘벡 주민에게 돌아와야 하며, 프랑스계 캐나다인들은 캐나다에서 어디에 있든 완전하고 확실한 평등권을 보장받아야 했다.

1960년대와 1970년대에 걸쳐 퀘벡 정부는 많은 개혁을 이루었다. 교회가 관장하고 있던 교육과 의료사업이 주정부에 의해 운영되었고 현대적인 학교와 병원들이 주민들을 위해 세워졌다. 각종 법률들이 프랑스 언어를 보호하고 프랑스계 캐나다인들의 문화를 보장하기 위해 통과되었다. 또한 노동조합의 권리와 사회복지를 위한 법률들도 확정되었다. 소비자들의 권리와 같은 경우에는 캐나다의 다른 주들보다 더 강화되었다. 또 주정부는 자원개발을 더욱 적극적으로 추진했다. 1963년에는 퀘벡 주 내에 있는 수력발전회사들을 모두 사들였고, 70년대에는 제임스 만에서 세계 최대의 수력발전공사에 착수했다.

퀘벡은 점점 자신감을 얻어 활기 넘치는 사회로 변모하고 있었다. 이와 같은 현상은 예술계에서도 뚜렷하게 나타났다. 수백 명의 예술인들이 새로운 퀘벡을 표출하기 위해 그들의 자질을 아낌없이 발휘했다. 정치 지도자들도 퀘벡의 권익을 위해 지혜롭고 유능하게 대처했으므로 신뢰를 회복했다. 주민들은 퀘벡 주에 대해 새로운 긍지를 갖게 되었고, 자신들을 프랑스계 캐나다인이라 부르기보다 퀘벡인Québécois이라 불렀다.

거의 모든 퀘벡인들은 조용한 혁명 과업을 지지했다. 그러나 목적을 달성하기 위한 방법에 대해서는 여러 가지 주장이 있었다. 트뤼도와 크레티엥과 같은 사람들이 주도하는 편에서는 퀘벡은 연방정부와 더욱 유기적인 관계를 가져야 한다고 주장했고, 다른 편에서는 퀘벡은 캐나다의 다른 주들과 분리되는 것이 더 잘살 수 있는 길이라고 믿었다. 분리를 주장하는 사람들은 퀘벡의 문화와 이권은 다른 주들과 틀리므로 퀘벡은 정치적으로 독립되어야 한다고 생각했다. 자유당에 있던 레베크는 이러한 생각을 하는 분리주의자들을 모아 퀘벡당Parti Québécois이라는 새로운 정당을 만들었다.

한편 일부 극소수의 극렬파들은 퀘벡은 폭력혁명을 통해서만 자유를 쟁취할 수 있다고 믿었다. 그들은 자신들을 퀘벡해방전선Front de Libération du Québécec이라고 불렀다. 퀘벡해방전선은 해방을 위한 전쟁을 맹세했다. 그리고 이 전쟁의 첫 단계는 테러였다.

10월 위기

1970년 10월 5일 아침, 영국 외교관 크로스James Cross가 몬트리올에 있는 그의 집에서 갑자기 총구를 들이대는 괴한들에 의해 납치되는 사건이 발생했다. 납치범들은 곧 자신들을 퀘벡해방전선FLQ의 행동대원이라고 밝혔고,

경찰이 크로스의 납치범들과 협상하는 동안 군인들이 도로를 차단하고 있다.

50만 달러의 몸값과 그들의 뜻을 퀘벡 주민들에게 전할 텔레비전과 라디오 방송시간을 할애해줄 것을 요구했다. 그들은 또 테러 활동을 하다 붙잡혀 교도소에서 수감 중인 퀘벡해방전선의 전사 23명을 석방하여 자기들과 함께 국외로 빠져나갈 수 있도록 길을 마련해달라고 요구했다. 만일 그들의 요구가 관철되지 않으면 크로스를 처단하겠다고 경고했다. 그들은 이번 납치가 폭력을 촉발하여 결과적으로 퀘벡이 캐나다로부터 분리되기를 희망했다.

캐나다 국민들은 다른 나라에서나 있을 법한 테러 사건이 평화롭고 안전한 캐나다에서 발생했다는 데 경악을 금치 못했다. 경찰은 납치범들에 대해 아무런 단서도 잡지 못했다. 5일 후에는 또 다른 납치사건이 터졌다.

10월 10일 토요일, 당시 퀘벡 주의 노동장관이었던 라포르테Pierre Laporte 가 교외에 있는 그의 집 밖에서 아들과 함께 축구를 하던 중 무장괴한들에게 납치되었다. 두 번째 납치사건은 퀘벡 주민들을 더욱 경악케 했다.

중앙정부와 주정부가 위기에 대처하기 위해 공조수사에 나섰다. 경찰수사는 오리무중에 빠졌고, 다음번은 어디서 터질지 몰라 전전긍긍하고 있었다. 드디어 퀘벡 주지사였던 부라샤Bourassa가 연방정부에 계엄령을 선포해줄 것을 요청했다.

계엄령 발동으로 경찰에 용의자의 수색과 조사와 체포를 위해 특별권한이

주어졌고, 군대가 경찰을 돕기 위해 출동했다. 완전군장에 기관총으로 무장한 병사들이 몬트리올·퀘벡·오타와 거리를 순찰했다.

10월 17일, 경찰에 수상한 차가 버려져 있다는 정보가 들어왔다. 폭탄처리반이 버려진 차의 뒤 트렁크를 열었을 때 거기에는 라포르테의 싸늘한 시체가 뉘어 있었다. 그는 자신의 십자가 목걸이로 목이 졸려 있었다.

크로스를 발견한 것은 12월 3일이었다. 그를 발견한 것은 계엄령하의 작전에서가 아니고 통상적인 경찰업무에서였다. 경찰과 군은 크로스가 9주 가까이 갇혀 있던 집을 포위했다. 캐나다 국민들의 이목이 그의 석방을 위한 납치범들과의 협상에 집중되었다.

협상에서 납치범들의 요구가 받아들여졌다. 헬리콥터를 탄 텔레비전 촬영팀이 시내도로를 시속 80km로 달리는 납치범들이 탄 차를 엑스포 67이 개최되었던 곳까지 따라갔다. 거기서 납치범들이 쿠바로 떠나는 동안 크로스는 쿠바 영사에 의해 풀려났다.

한편 라포르테를 납치했던 범인들 중 1명이 11월 6일 몬트리올의 한 아파트에 숨어 있다가 잡혔고, 나머지는 12월 28일 몬트리올 동남쪽 30km에 있던 버려진 한 농가의 지하토굴에서 발견되었다.

10월 위기는 퀘벡 주민들에게 쓰라린 교훈을 주었다. 퀘벡해방전선은 와해되었고, 퀘벡의 분리는 폭력이 아닌 평화적인 방법에 의해 해결되어야 한다고 확신하게 되었다. 영국계·프랑스계를 막론하고 캐나다인들 모두가 처음으로 캐나다의 분리를 진심으로 걱정하게 되었다. 그리고 그들은 협조와 이해 속에서 더욱 열심히 살아갈 것을 다짐했다.

퀘벡의 분리주의

레베크와 퀘벡당

　많은 영국계 캐나다인들에게 레베크René Lévesque는 곧 분리주의를 의미했다. 그는 분리주의의 대표적인 인물이었고, 1980년 주지사로 재임시 퀘벡의 정치적 독립에 대해 퀘벡 주민들에게 주민투표를 실시함으로써 퀘벡 역사상 최초로 퀘벡을 캐나다 연방에서 분리시키려고 시도한 장본인이었다.

　그는 학창시절 변호사가 되려고 했으나 법률학교에 낙방하여 그 뜻을 이루지 못했다. 언론계에 진출한 그는 뛰어난 뉴스보도로 퀘벡의 방송계에서 일약 유명인이 되었으며, 한국전쟁에도 종군기자로 참전한 바 있다.

　뒤플레시가 사망한 후 르사주가 이끌던 자유당은 1960년 주의회 선거를 위해 마땅한 정치 지망생을 찾고 있었다. 그때 레베크가 물망에 올라 곧 자유당 입후보자로 발탁되었다. 자유당은 선거에서 승리했고, 레베크는 르사주의 각료가 되어 조용한 혁명을 주도한 인물 중의 한 사람이 되었다.

　레베크는 퀘벡 주의 경제는 퀘벡에 의해 운영되어야 한다고 굳게 믿었다. 혁명의 일환으로 퀘벡 주정부가 퀘벡 내에 있는 개인 수력발전회사들을 모두 사들여 퀘벡 수력전기Hydro-Quebec라는 방만한 공사로 통합한 것도 이러

한 믿음 때문이었다.

조용한 혁명 기간에 퀘벡은 연방정부나 다른 주정부들과 빈번한 갈등을 빚었고, 더구나 극단주의자들과 테러분자들이 퀘벡의 해방을 위해 무력도발을 일으키자 일부 퀘벡인들은 캐나다 내에서 자행되는 퀘벡의 역할에 대해 점점 실망하게 되었다. 퀘벡해방전선의 등장은 60년대를 폭동과 폭탄으로 얼룩지게 했다. 많은 퀘벡인들이 날이 갈수록 지쳤고, 퀘벡 주와 캐나다의 장래에 대해 혼돈과 회의를 느꼈다.

레베크 역시 이러한 정국에 대해 지쳤으며 폭력은 그를 더욱 실망시켰다. 1967년 대부분의 국민들이 건국 100주년 축하로 들떠 있을 때 레베크는 퀘벡의 독립만이 퀘벡의 언어와 문화와 경제를 보호할 수 있다는 결론에 도달했다. 레베크는 자유당으로는 그의 뜻을 더 이상 펴지 못하게 되자 자유당을 탈당, 1968년 퀘벡당이라는 새로운 정당을 창당하여 당수로 선출되었다.

분리주의 퀘벡당은 퀘벡 주민들의 광범위한 계층으로부터 호응을 받았다. 당의 가장 열렬한 지지자들 중에는 젊은이들과 지식인들이 많이 포함되어 있었다. 그들은 독립된 퀘벡의 장래에 대해 부푼 꿈을 가졌다. 그러나 당원들은 폭력보다 민주주의를 신봉했고, 자유롭고 민주적인 선거만이 퀘벡이 정치적 독립을 쟁취하는 유일한 길이라고 믿었다.

퀘벡당은 퀘벡에서 부정과 부패를 추방하고 불어를 보호하며 사회에서 소외된 계층을 돕겠다고 약속했다. 레베크는 독립의 과정에서 발생할지 모르는 경제적 위기와 실업에 대한 주민들의 불안을 해소시키기 위해 독립이 되

더라도 퀘벡은 캐나다와 밀접한 경제적 누대관계를 계속 유지할 것이라고 강조했다.

퀘벡당은 많은 사람들로부터 호응을 받았으나 1970년과 1973년에 있은 주의회 선거에서 연거푸 의석을 얻는 데 실패했다. 그러나 1976년 퀘벡당에 하나의 극적인 전환점이 도래했다. 퀘벡 주 유권자들은 부라샤가 이끄는 자유당의 실정에 싫증을 느꼈다. 드디어 레베크가 이끄는 퀘벡당은 선거에서 자유당을 물리치고 압도적인 승리를 거두었다. 선거 결과를 보고 많은 캐나다인들이 놀랐다. 특히 영국계 캐나다인들은 퀘벡에 분리주의 정부가 들어섰다는 사실에 더욱 놀랐다.

레베크는 퀘벡당에 표를 던진 유권자들이라 할지라도 모두 분리주의자들이 아니라는 것을 잘 알고 있었다. 자유당에 싫증을 느낀 유권자들이 분리주의와는 관계없이 대부분 퀘벡당에 표를 던졌다. 드디어 레베크는 퀘벡의 분리독립을 주민들에게 묻기 위해 주민투표를 준비했고, 캐나다 국민들은 퀘벡인들의 선거를 불안한 마음으로 지켜보았다.

주민투표

퀘벡당은 퀘벡 주의 장래를 주민들이 스스로 결정할 수 있도록 주민투표에 부치겠다고 약속했다. 드디어 1980년 5월 20일, 캐나다 역사상 처음으로 퀘벡 주의 주민들에게 캐나다 연방에서 탈퇴하여 분리독립하는 문제를 놓고 투표할 수 있는 기회가 주어졌다.

주민투표 찬반 선거전. 1980년 5월 30일.

퀘벡당 지도부에서는 많은 주민들이 분리주의에 대해 두려움을 가지고 있다는 것을 알았기 때문에 그들의 취지가 위험하지 않다는 것을 주민들에게 설득하기 위한 작전을 수년간 연구했다. 그들은 주민투표에서 승리하기 위해서는 일단 주민들에게 분리주의가 절대로 위험하지 않다는 것과, 이번 주민투표에서 찬성표가 많이 나오더라도 바로 독립이 확정되는 것이 아니라는 것을 알려야 했다.

그들은 이번 선거는 캐나다와의 주권연합Sovereignty-association을 협상할 수 있도록 주정부에 그 권한을 위임해줄 것인지를 주민들에게 묻는 선거라고 설명했다. 여기서 주권Sovereignty이란 정치적 독립을 의미했다. 캐나다와의 주권연합이란 캐나다와는 경제적인 유대관계를 계속 유지하며, 양국 간에 같은 화폐를 사용하고 수입에 있어서도 동일한 관세를 적용하는 반면, 퀘벡주의 세금은 퀘벡 주정부만이 징수할 수 있고, 퀘벡은 자체의 독립된 외교활동을 할 수 있으며, 캐나다 정부에서 통과된 그 어떤 법률도 퀘벡에서는 효력이 없다는 것을 의미했다.

퀘벡당은 찬성투표가 바로 캐나다로부터 분리되는 것을 의미하는 것이 아니고 단지 주정부가 다른 나머지 주정부들과 독립에 대해 협상할 수 있도록 그 권한을 주정부에 위임해달라는 것이며, 최종적인 협의사항에 대해서는 주민들에게 다시 투표할 수 있는 기회를 주겠다고 거듭 강조했다.

퀘벡 주민들은 찬반 양편으로 갈라져 선거전에 돌입했고, 집회·연설·전단·매스컴 등을 통해 유권자들의 표심을 잡으려고 분주했다. 레베크와 그의 지지자들은 퀘벡의 언어와 문화를 보호하기 위해 꼭 찬성표를 던져달라고 부탁했다. 또 투표장에 나갈 때는 그들의 쓰라린 역사와 모국

분리 독립을 외치는 시민. 1970년 생 장 침례일.

에 대한 긍지를 기억하자고 하면서 퀘벡인들의 민족감정을 자극했다. 비록 찬성표가 주권국가를 이룩하는 데 미치지 못하더라도 이것은 앞으로 캐나다 연방정부와 더욱 유리하게 협상할 수 있는 힘을 퀘벡 정부에게 심어줄 것이라고 했다.

한편 주권연합을 반대하는 쪽의 선봉장은 라이언Claude Ryan이었다. 그는 원래 부라샤가 창설한 신문사의 편집인이었다. 그는 비록 정치에는 경험이 없었지만 자유당의 새 당수로 선출된 후 이번이 그에게는 첫 번째 유세였고 그의 정치력을 가름하는 시험대가 되었다.

라이언은 퀘벡당이 주권연합이라는 애매모호한 표현을 사용해서 분리주의를 위장하려고 한다고 비난했다. 처음에는 많은 사람들이 그의 연설은 너무 단조롭다고 생각했기 때문에 유권자들의 마음을 사로잡지 못했다. 그러나 시간이 흐르면서 라이언의 연설은 더욱 호소력을 갖추어갔고, 유권자들

에게 솔직하고 헌신적인 사람이란 인상을 심어주었다.

　보수당의 당수 클라크와 신민주당의 브로드밴트도 국가의 단합을 위해 초
당적으로 분리주의에 반대했으며, 중앙의 3대 정당도 모두 반대편에 지지를
보냈다. 당시 수상 트뤼도도 퀘벡에서의 개인적인 인기를 이용해 퀘벡이 캐
나다에 남아 있는 것이 유리하다고 주민들을 설득했다. 그뿐만 아니라 백만
명의 캐나다 국민들이 퀘벡이 캐나다에 남아 있기를 원한다고 연판장에 서
명했으며, 멀리 온타리오에 있는 한 고등학교 학생들은 퀘벡까지 원정와서
주민들에게 분리주의를 반대해줄 것을 호소했다. 또 어떤 사람은 비행기 꼬
리에 '캐나다는 여러분들을 사랑합니다'라고 쓴 긴 깃발을 달고 퀘벡 상공을
선회했다.

　1980년 5월 20일, 이른 아침부터 각 투표장마다 긴 줄이 늘어섰다.
4,362,588명이 투표에 참가해 85%의 투표율을 보였다. 투표가 마감되었을
때 전국의 국민들은 숨을 죽이고 긴장 속에서 결과를 기다렸다. 개표를 시작
한 지 한 시간 만에 결론은 확실해졌다. 레베크와 퀘벡당의 분리주의는 상당
한 표 차로 패배하고 있었다. 40%만 찬성표를 던졌고 거의 60%의 퀘벡인들
은 반대표를 던졌다. 퀘벡 주민들은 분리독립은 물론이고 독립을 협상하는
것조차 원하지 않았다.

　주민투표의 패배는 퀘벡 독립에 대한 레베크의 꿈을 수포로 돌아가게 했
다. 그는 1985년 주지사를 사임하고 2년 후인 1987에 세상을 떠났다. 그의
장례식에는 수많은 사람들이 모여들었다. 비록 대부분의 퀘벡 주민들은 그
의 분리주의를 받아들이지 않았지만, 그가 퀘벡 주민들을 위해 큰 뜻을 품고
그의 생애를 바친 점에 대해서는 모두 인정했다. 레베크가 떠난 후 퀘벡당의
지지율은 60년대 초와 마찬가지로 20%로 떨어졌다.

꺼지지 않는 불씨

부라샤의 복귀와 언어분쟁

1985년 퀘벡 주 선거에서 퀘벡당은 자유당에 의해 패배했고 부라샤Henri Bourassa가 주지사 자리에 다시 올랐다. 지난 10년 동안 퀘벡 정부는 퀘벡당에 의해 분리독립을 위한 논쟁을 하느라 시끄러운 정국을 끌어왔으므로 퀘벡 주민들은 보다 안정된 정부와 경제적 성장을 기대하고 있었다.

부라샤는 취임 후 처음 몇 해 동안은 인기가 있었다. 퀘벡은 특별사회로 인정되어야 한다는 그의 요구가 1987년 미치레이크 합의Meech Lake Accord에서 받아들여졌고, 그 결과 퀘벡은 다시 한 번 캐나다 헌법에 동참하게 되었다. 연방정부로부터 항공기, 조선 등 여러 가지 산업을 위한 정부계약을 수주받음으로써 퀘벡 경제는 많은 도움을 받았다.

1988년 시작된 제2기 제임스 만 수력발전사업은 퀘벡의 내수경제와 미국으로 전력을 수출하기 위해 추진되었다. 퀘벡 경제는 번영을 누렸고, 실업이 감소했으며, 몬트리올은 다시 역동적이고 번성한 도시가 되었다. 이것은 퀘벡이 경제성장에 힘을 쓰고 캐나다의 다른 지역과 조화로운 관계를 이루어 나간다는 것을 의미했다.

꺼지지 않는 불씨 **413**

그러나 1988년 법령 101조와 관련된 언어문제로 인해 퀘벡과 캐나다 전역에서 논쟁이 벌어져 주민들이 또다시 갈라섰다. 이 법령은 1977년 분리주의를 부르짖던 퀘벡당이 프랑스어를 공용어로 만들고 직장이나 퀘벡 사회에서 프랑스어를 상용하도록 확정짓기 위해 통과시킨 법률이었는데, 프랑스계는 환영했으나 영국계는 영어의 사용을 제한한다는 이유로 거세게 반발했다.

1977년 법 제정 당시에는 프랑스어는 퀘벡 내에서 공용어로 사용되며 모든 표시와 간판은 불어만으로 표시되어야 하고, 학교교육에서도 전부터 퀘벡에서 거주하면서 영어를 사용하던 부모를 가진 아이들을 제외하고 모두 불어를 사용해야 한다고 되어 있었다. 1982년에 와서 퀘벡 주 대법원은 간판은 반드시 불어로 표시되어야 하나 영어 등 다른 언어도 삽입할 수 있다고 판결했고, 1984년에는 캐나다 연방대법원에서 이민자들의 자녀들에게는 영어로 교육을 받을 수 있는 선택권을 인정해주었다.

1988년 캐나다 연방대법원은 영어 간판에 대한 권리 주장에 대해 퀘벡 정부가 모든 간판을 불어로 표기하도록 요구할 권리가 있으나 다른 언어의 추가사용을 금지할 권리는 없다고 판결하자, 부라샤 정부는 건물 외부 간판은 불어만을 사용해야 하며 건물 내부 간판은 이중언어를 허용한다는 법령을 통과시켰고, 특히 이 법령에 대한 법원의 월권을 막기 위해 인권헌장Charter of Rights의 33조를 적용했다.

인권헌장의 33조는 원래 인권헌장이 캐나다 대법원에게 너무 많은 권한을 주고 지방의회의 권한을 너무 많이 박탈한다고 우려하는 서부 지방 주들의 승인을 받아내기 위한 절충안으로 채택된 특례법이었다. 그러나 부라샤의 퀘벡 정부가 이 조항을 악용하여 퀘벡 내 영국계 소수민족의 기본 언어권을 침해하자 즉각적인 위기가 캐나다 전국을 휘몰아쳤다.

언어분쟁은 미치레이크 합의에서 규정한 특별사회란 구실을 들어 그렇지 않아도 불편한 퀘벡의 프랑스계와 영국계 사이의 관계를 더욱 악화시켰다.

꺼지지 않는 불씨

1993년 10월 캐나다 연방 하원의원을 뽑는 총선에서 부샤르Lueien Bouchard

가 이끄는 퀘벡블록Bloc Québécois이 53석을 얻어 일약 제1 야당으로 부상했고, 1994년 퀘벡 주의회 선거에서도 파리조Jacques Parizeau가 이끄는 퀘벡당이 승리하자 퀘벡의 분리독립 운동은 다시 고개를 들었다.

파리조는 주지사가 되자 분리독립에 대한 주민투표를 약속했다. 그러나 그의 과격한 발언 때문에 주민들이 분리독립에 대해 불안을 느꼈으므로 부샤르가 앞장서 분리독립 운동을 주도하게 되었다.

부샤르는 라발Laval 대학 시절부터 멀로니 총리와 각별한 친구 사이였으며, 졸업 후 변호사로 있던 중 1988년 멀로니가 이끄는 진보보수당에 입당하면서 정치에 입문했다. 이후 멀로니 총리 밑에서 환경장관과 프랑스 대사 등을 맡으면서 멀로니의 신임을 받았다.

원래 분리주의자가 아니었던 부샤르는 1990년 퀘벡을 특별사회로 규정한 미치레이크 합의가 매니토바 주와 뉴브런즈윅 주의 비준을 받지 못하게 되자 진보보수당을 뛰쳐나와 퀘벡블록BQ을 창당하고 당수가 되어 분리주의 운동을 전개했다.

1995년 10월 29일, 주민투표를 하루 앞두고 퀘벡은 마치 분리독립을 쟁취한 듯 축제 분위기에 휩싸여 있었다. 분리독립을 지지하는 진영에서는 프랑스 국왕을 상징하는 4개의 난초문양이 들어 있는 청백의 퀘벡 기를 앞세우고 영어의 'Yes'를 뜻하는 'Oui'를 외치며 가두행진을 했고, 퀘벡 기의 물결이 도시를 넘쳐흘렀다.

파리조 주지사는 "프랑스 문화가 존중되는 새로운 나라를 건설하자"고 호소했다. 이에 연방주의를 지지하는 크레티앵 캐나다 총리는 "퀘벡이 없는 캐나다나, 캐나다가 없는 퀘벡은 그 어느 쪽도 생각할 수 없다"고 외치며, 분리독립에 반대 투표를 해줄 것을 호소했다. 또 부샤르는 "세계는 내일 퀘벡이란 새로운 국가가 태어났다는 것을 알게 될 것"이라고 승리를 장담했다.

10월 30일, 우열을 가릴 수 없는 열기 속에서 캐나다 역사상 퀘벡의 분리독립을 묻는 두 번째 주민투표가 시작되었다. 캐나다 국민들은 또다시 숨을 죽이고 개표 결과를 지켜보았다. 개표 결과는 찬성 49.4%, 반대 50.6%였다. 간발의 차로 다시 한 번 분리독립의 꿈이 좌절된 것이다.

1996년 6월, 캐나다 연방정부는 연방대법원에 퀘벡 주가 일방적으로 분리 독립을 할 수 있는지에 대해 질의했다. 연방대법원은 퀘벡 주가 연방정부의 동의 없이 일방적으로 분리독립을 할 수 있는 헌법적 권리를 가지고 있지 않으나, 만일 퀘벡 주의 주민투표에서 분명한 다수가 분리독립을 지지할 경우에는 모든 관계 당사자들은 분리독립에 관해 협상해야 한다고 판시했다.

두 번에 걸친 주민투표에서 그들은 비록 뜻은 이루지 못했으나, 연방대법원의 이 같은 판결로 인해 퀘벡 주민들의 분리독립에 대한 열망은 완전히 소진된 것이 아니라 영원히 꺼지지 않는 불씨로 남게 되었다.